W0045234

Weitere Titel der Autorin:

Willkommen im Reich der Gegensätze. China hautnah

Über die Autorin

Britta Heidemann wurde 2007 Weltmeisterin im Degenfechten, 2008 folgte der Olympiasieg und 2009 sicherte sie sich auch noch den Titel der Europameisterin. Damit hielt sie als erste Degenfechterin alle drei großen Titel gleichzeitig inne. Neben ihrer sportlichen Karriere studierte sie Regionalwissenschaften China und engagiert sich seit ihrem Olympiasieg in Peking aktiv für die deutsch-chinesischen Beziehungen. Bei Bastei Lübbe erschien von ihr 2014 *Willkommen im Reich der Gegensätze. China hautnah.*

BRITTA HEIDEMANN

Glück ist eine Frage der Haltung

Stark durch die Gefechte des Lebens

BASTEI
LÜBBE
TASCHENBUCH

BASTEI LÜBBE TASCHENBUCH

Band 60899

MIX
Papier aus verantwor-
tungsvollen Quellen
FSC® C014496

Dieser Titel ist auch als E-Book erschienen.

Vollständig überarbeitete Taschenbuchausgabe

Dieses Buch ist 2011 als Hardcover im Ariston Verlag unter dem Titel
»Erfolg ist eine Frage der Haltung« erschienen.

Für diese Taschenbuchausgabe:
Copyright © 2016 by Bastei Lübbe AG, Köln
Textredaktion: Michael Schickerling
Fotos im Tafelteil: alle Bilder © Privatarchiv Heidemann,
außer Bilder 7, 8, 9, 11 © Xavier Marest, Bild 10 © Thorsten Weber,
Bild 14 © picture alliance/dpa, Bild 17 © Manfred Herrig,
Bild 19 © Georg Hartmann, Bild 20 © NDR, Fotograf: Christian Wyrwar
Titelbild: © Manfred Esser, Bergisch Gladbach
Umschlaggestaltung: Tanja Østlyngen
Satz: two-up, Düsseldorf
Gesetzt aus der Chaparral
Druck und Verarbeitung: GGP Media GmbH, Pößneck
Printed in Germany
ISBN 978-3-404-60899-7

1 3 5 7 6 4 2

Sie finden uns im Internet unter www.luebbe.de
Bitte beachten Sie auch: www.lesejury.de

Ein verlagsneues Buch kostet in Deutschland und Österreich jeweils überall
dasselbe. Damit die kulturelle Vielfalt erhalten und für die Leser bezahlbar bleibt,
gibt es die gesetzliche Buchpreisbindung. Ob im Internet, in der Großbuchhand-
lung, beim lokalen Buchhändler, im Dorf oder in der Großstadt – überall
bekommen Sie Ihre verlagsneuen Bücher zum selben Preis.

Inhalt

Vorwort

»*Meine Frau und ich sowie einige gute Freunde springen daheim im fernen Köln im Wohnzimmer hoch, jubeln, fallen uns um den Hals und sehen im Fernsehen, wie unser Sohn Gerrit mit einer Deutschlandfahne über die Absperrung springt, auf die Fechtbahn stürmt und seine Schwester umarmt. »Wahnsinn, Britta, Wahnsinn!«, können wir von seinen Lippen ablesen. Eine totale Anspannung fällt in diesem Moment auch von uns ab, doch bevor im Zeitraffer die Jahre bis zum Olympiasieg ablaufen können, klingeln schon die Telefone ...«*

So lauten die ersten Sätze des kurzen Manuskripts, das mein Vater zu tippen begonnen hatte. Er kam nämlich als Erster auf die Idee, über die Parallelen zwischen dem Fechten und dem wahren Leben zu schreiben. Über die Faktoren, die für mich auf dem Weg zum ganz großen Erfolg eine wichtige Rolle gespielt hatten.

Ich bin sehr dankbar dafür, dass mir diese Zeilen in die Hände gefallen sind, denn dadurch habe ich die Motivation gewonnen, mich dem Schreiben zu widmen – und somit eine für mich ganz neue Art von Herausforderung anzugehen. Ich freue mich darauf, mit Ihnen gemeinsam die kleinen und großen Gefechte des Lebens zu durchlaufen und meine Begeisterung und Neugierde ebenso zu teilen wie das ganz alltägliche Kopfkino mit Ängsten, Sorgen und Stress, jenen typischen Situationen, die es auf der Fechtbahn wie im Leben zu bewältigen gilt. Ich lade Sie herzlich ein: Erleben Sie in *Glück ist eine*

Frage der Haltung mit mir emotionale Höhenflüge ebenso wie Momente der totalen Verzweiflung.

Was Sie persönlich als Erfüllung oder Erfolg ansehen, weiß ich natürlich nicht, denn das ist bei jedem Menschen anders. Doch bei einer Sache bin ich mir ganz sicher: Die innere Haltung, wie man sich Herausforderungen stellt und auf Ziele hinarbeitet, ist im Fechten ebenso wie im wahren Leben entscheidend.

Daher möchte ich Sie ermutigen: Schreiten Sie stets mit erhobenem Kopf, mit Zuversicht und mit Elan durch die Achterbahn des Lebens. Nutzen Sie sich bietende Chancen, die Sie auf Ihrer persönlichen Planche, egal ob beruflich oder privat, voranbringen. Kämpfen Sie sich durch, auch wenn es mal hart und unbequem ist – aber verlieren Sie sich nicht in sinnlosen Gefechten. Legen Sie rechtzeitig Pausen ein, achten Sie auf Ihr körperliches und seelisches Wohlbefinden, und erhöhen Sie so die Wahrscheinlichkeit, den letzten, den entscheidenden Treffer für ein glückliches und zufriedenes Leben zu landen.

Köln, im Februar 2016
Britta Heidemann

Knapp, knapper, Qualifikation

Beim Betreten der Fechtbahn habe ich einen dicken Kloß im Hals. Dieser Kampf ist unsere allerletzte Chance. Wenn ich jetzt versage, ist unser Traum von Olympia gestorben. Meine Kehle schnürt sich vor Anspannung und Aufregung zu, ich schlucke reflexartig. Meine italienische Gegnerin ist über die Maßen motiviert, eine richtige Furie auf der Planche. Und meine Bilanz aus den früheren Gefechten gegen sie? Die sieht alles andere als gut aus.

Die nächsten drei Minuten bringen zwangsläufig die Entscheidung. Entweder bringe ich meinen Vorsprung von fünf Treffern nach Hause, und wir sind bei Olympia 2012 in London dabei – oder ich verbocke es, und Olympia ade! Ich bin total nervös …

Bei diesem letzten und entscheidenden Wettkampf in Paris im Frühjahr 2012 glaubten viele nicht mehr an unser Comeback. Die Chancen dafür standen tatsächlich mehr als schlecht. Die Olympiaqualifikation für London 2012, die wir im Team zu bewältigen hatten, ist ein Paradebeispiel für die Aufs und Abs, die das Sportlerleben so mit sich bringt. Noch im Herbst 2011 hatten wir an der Spitze der Weltrangliste gestanden – und nach wenigen Monaten fanden wir uns, beinahe chancenlos abgeschlagen, auf Platz 14 wieder.

Wie hatte es so weit kommen können? Vor allen Dingen bescherte uns unsere Selbstsicherheit als Favorit den schnellen Abstieg. Wir waren alle überzeugt, das würde alles schon irgendwie laufen – kein Problem. Wir waren nicht darauf eingestellt, dass wir uns womöglich richtig anstrengen müssten, um diese Qualifikation zu meistern. Nicht dass wir die Turniere nicht ernst genommen hätten, im Gegenteil. Das Problem war eher, dass wir weder konsequent genug noch innerlich so gefestigt waren, wie es erforderlich gewesen wäre.

Denn einige Dinge hatten sich verändert: Unser Team war umgestaltet, der Bundestrainer neu, und es hatte einige für uns eher unvorteilhafte Regeländerungen gegeben. All das trug zu einer wachsenden Unsicherheit im Team bei. Wir hatten es schlichtweg versäumt, uns ausreichend auf die extreme nervliche Anspannung vorzubereiten, die mit einer solchen Olympiaqualifikation einhergeht. Alle waren nervös und fahrig. Das rächte sich schnell und bitter. Direkt den Auftakt beim Weltcup in Rio im Mai 2011 verpatzten wir gründlich mit einer völlig unerwarteten Niederlage gegen England. Die Stimmung im Team schlug schlagartig um, die Atmosphäre war – sagen wir mal – frostig. Kein Wunder, dass es in der Folge auf der Fechtbahn ebenfalls nicht klappte.

Ich fand mich zu jener Zeit allerdings nicht nur in dieser erbärmlich verlaufenden und an allen Ecken krankenden Teamqualifikation in einer Abwärtsspirale wieder, sondern auch in der Einzelkonkurrenz. Nichts wollte gelingen, und ein 126. Platz bei den Weltmeisterschaften 2011 in der Einzelwertung war gewissermaßen der traurige Tiefpunkt davon. Das zog mich alles ziemlich runter. Gute Motivationstipps kannte ich natürlich selbst, doch es war mir schlicht unmöglich, sie in die Praxis umzusetzen und mich auf mich selbst und meine Leistungsfähigkeit zu konzentrieren. Stattdessen mäkelte ich an allem und jedem herum, kritisierte schlechte Bedingungen bei den Wettkämpfen ebenso wie die offensichtlich schwierig zuzuordnenden Verantwortlichkeiten innerhalb des Verbands.

Zu meckern gab es tatsächlich genug. So kam es vor, dass wir eine Stunde vor Wettkampfbeginn vor einer verschlossenen Wettkampfhalle standen, es am Wettkampfort kein Wasser zu kaufen gab, die Kontrolle, ob unsere Kleidung auch wirklich den Sicherheitsstandards entsprach, stundenlanges Anstehen voraussetzte oder wir morgens einen Wettkampf ohne vorheriges Frühstück bestreiten mussten, weil einmal mehr die Absprache zwischen dem Organisator und dem offiziellen Hotel schiefgelaufen war. Und professionelle physiotherapeutische Betreuung war schon länger ein großer Diskussionspunkt zwischen den Athleten und dem Verband. Aber auch wenn meine Kritik in vielen Fällen berechtigt war, bleibt Fakt: Manche Dinge lassen sich nun einmal nicht ändern. Damit haderte ich jedoch, statt es als gegeben hinzunehmen und nach alternativen Lösungswegen zu suchen.

Ende des Jahres 2011 und nach einigen weiteren schlechten Ergebnissen hatten wir kaum noch Aussicht auf die Olympiateilnahme – und meine Fechtehre stand auf dem Spiel. Ich war ebenso wie meine Teamkolleginnen total schlecht drauf und schnitt auch im Einzel weiterhin miserabel ab – doch immer noch waren andere schuld an meinen Misserfolgen: die Trainer, die Gegner, die Uhrzeit, das Wetter, was auch immer. Kritische Reflexion, Fehlersuche und Ehrlichkeit mit mir selbst: Fehlanzeige. In solchen Situationen ist man schließlich selbst felsenfest davon überzeugt, man habe alles gegeben und alles richtig gemacht. Das ist im Grunde auch nur menschlich, denn für die eigene Psyche ist es bequemer, die Schuld erst einmal bei anderen zu suchen. Das Problem dabei: Man wird nicht dadurch besser, dass man andere schlechtmacht oder sich aus der Verantwortung zieht – egal ob im Sport oder in anderen Lebenslagen.

Ich hatte damals ehrliches Feedback dringend nötig. Es war

mein Bruder, der mir, als ich mich mal wieder lang und breit über die Ungerechtigkeiten des Lebens ausließ, schonungslos den Spiegel vorhielt. Um ehrlich zu sein, platzte ihm regelrecht der Kragen. »Britta, jetzt reicht's aber mal!«, sagte er klipp und klar zu mir. »Erinnere dich endlich wieder daran, weshalb du so erfolgreich bist. Konzentriere dich darauf, was du selbst steuern kannst. Schau nach vorne und nicht zurück! Du sagst doch immer, dass man unveränderbare Gegebenheiten hinnehmen muss. Ja, das Team arbeitet derzeit nicht gut zusammen. Und ja, ihr hattet auch etwas Pech. Das ist der Status quo, und damit musst du jetzt eben arbeiten. Handle endlich nach dem, was du immer predigst: Nimm die Herausforderung an und kämpfe!« Er konnte meine ständigen Entschuldigungen und Ausreden, das Abwälzen der Verantwortung auf andere und die alte Leier, dass alle anderen schuld seien, nicht mehr hören. Er redete Tacheles mit mir.

Nach einer kurzen Schmollphase – seine ehrliche Kritik schmeckte mir anfangs natürlich überhaupt nicht – sah ich ein, dass er recht hatte. Eigentlich genügte ein Blick in den Spiegel: Ich hatte abgenommen, war bleich wie ein Laken und hatte Ringe unter den Augen. Einen Powerausschlag an den Armen konnte ich auch nicht verleugnen. Ich dachte an die letzten Monate zurück, an die vielen Tränen, Wutanfälle, Ausraster und Zusammenbrüche. Meine Gedanken drehten sich nur noch im Kreis, ich konnte meinen Ärger und meine Wut nicht loslassen. Ich musste mir eingestehen: Ich war nervlich und körperlich am Ende. So nahm ich mir den Appell meines Bruders schließlich zu Herzen. Mir war klar, dass ich nun handeln musste, um mich aus dieser Misere zu befreien.

Aus heutiger Sicht sehe ich es geradezu als glückliche Fügung an, dass ich Ende 2011 starke Probleme mit dem Gelenk meiner Fechterhand hatte, sodass eine Operation früher oder später erforderlich war. Ich beratschlagte mich wochenlang mit den Ärzten und meinem Trainer Manfred Kaspar, ob ich die Operation noch vor Olympia wagen sollte. Das Risiko lag im wahrsten Sinne des Wortes auf der Hand: Im schlechtesten Fall wäre London 2012 für mich gestorben. Auf der anderen Seite bedeutete die Behandlung eine mehrmonatige Erholung für Kopf und Körper. Und die hatte ich – das war mir ja mittlerweile klar – bitter nötig. Außerdem sah ich in dieser Auszeit die einzige echte Chance, noch einmal von vorne zu beginnen und die Olympiaqualifikation womöglich doch noch zu meistern.

Also ging ich das Risiko ein. An meinem 29. Geburtstag lag ich auf dem OP-Tisch einer Klinik, statt zu feiern. Der Eingriff verlief problemfrei, und bald ging es auch mit meiner Stimmung wieder bergauf. Denn kaum war ich aus meinem täglichen Trainingsprogramm ausgestiegen, merkte ich, wie gut mir das tat. Durch diese Zwangspause löste sich der Knoten in meinem Kopf. Der Fokus auf die Heilung meiner Verletzung lenkte mich derart ab von allen anderen Problemen und gab mir einen solchen Energieschub, dass ich endlich wieder Spaß am Sport hatte. Jeden Tag verbrachte ich mehrere Stunden bei der Physiotherapie, und ich trainierte meine fechterische Beinarbeit so gut wie möglich. Bereits sieben Wochen nach der OP stand ich im Februar 2012 wieder im Wettkampf auf der Fechtbahn.

Die erstklassige Betreuung durch die Physiotherapeuten und Ärzte sowie das konsequente und abgestimmte Training gaben mir die nötige Sicherheit und Stabilität, um auch das Vertrauen in mich selbst wiederzugewinnen. All jene Faktoren, die ich nicht ändern konnte, etwa die Wettkampfbedingungen, würden mich ab sofort nicht mehr ablenken, nahm ich mir vor. Selbst meine bittere Einzel-Niederlage bei den Weltmeisterschaften vor einigen Monaten war nicht mehr so wichtig. Entscheidend war, was vor mir lag, erkannte ich. Ich war wieder voll einsatzbereit. Meine kurze Auszeit hatte viel mehr als nur mein Handgelenk geheilt.

Ende März 2012 stand schließlich der letzte Olympiaqualifikationswettbewerb in Paris an. Unsere Chancen lagen bei unter zehn Prozent, wir wussten, dass wir mindestens einen Podestplatz würden erreichen müssen, um die Qualifikation noch möglich zu machen. Ein schwieriges Unterfangen, aber die Hoffnung stirbt ja bekanntlich zuletzt – und wir hofften für unseren entscheidenden Wettkampf auf ein kleines Wunder. Zudem war ich gewappnet und gut vorbereitet.

Zu Hause hatte ich schon vor unserer Abreise eine Liste mit den Dingen erstellt, die ich alternativ zum Fechten machen könnte, falls das hier schiefgehen sollte. Mein persönlicher Plan B sozusagen. Nie hätte ich gedacht, dass mir so viele Möglichkeiten einfallen würden, was ich mit meinem Leben – abseits vom Sport – noch alles anfangen könnte. Ich hatte geschrieben und geschrieben und nach einer halben Stunde festgestellt, dass ich mehr als genug zu tun haben würde, auch wenn es mit dem Fechten vorbei wäre. In dem Moment überkam mich eine merkwürdige Erleichterung, eine große psychische Last fiel von mir ab. Denn diese Liste machte mir bewusst: Das Leben geht weiter. Es gibt immer neue Möglichkeiten, neue Optionen, neue Wege, neue Ziele. Es hat keinen Sinn, sich verrückt zu machen. Ein weiterer Lichtblick vor dem Turnier war, dass wir uns endlich im Team ausgesprochen hatten. Wir hielten anschließend Kriegsrat: Wohin wollen wir und was ist unser konkretes Ziel? Die klare und einstimmige

Antwort lautete: die Olympiaqualifikation schaffen. Darin waren wir uns einig. Und auch darin, dass wir, um unser Ziel zu erreichen, an einem Strang ziehen mussten. Wir hatten den Traum Olympia noch nicht aufgegeben, und das machte uns allen Mut. Für die Erfüllung unseres Traums würden wir in Paris kämpfen! »Solange der Wettkampftag nicht vorbei ist, haben wir eine Chance«, beschlossen wir.

Und um ganz ehrlich zu sein: Am Wettkampftag interessierte mich mein Plan B nicht im Geringsten. Ich wollte zu Olympia, unbedingt sogar. Dieses Ziel hatte ich klar vor Augen. Und so war es wohl kein Zufall, dass es so kam: Gefestigt und konzentriert wie lange nicht mehr gewannen wir tatsächlich Mannschaftskampf um Mannschaftskampf. Wir hatten uns bis zum Bronzematch durchgekämpft, als uns die Erkenntnis wie ein greller Blitz durchzuckte: Platz drei würde für die Qualifikation reichen!

Wir hatten also noch eine Chance. Aber wir mussten uns gegen die italienische Mannschaft durchsetzen – die damaligen Weltranglistenersten. Und ich würde die Schlussfechterin sein, also die, die den Staffelstab ins Ziel bringen muss. So aufgeregt war ich selten zuvor in meinem Leben. Ich hatte regelrecht Angst, mir war fast schlecht, denn hier und heute würde eine folgenschwere Entscheidung fallen. Entweder qualifizierten wir uns für Olympia, oder meine Fechtkarriere wäre zu Ende, so viel war mir klar. Es hing nun einzig und allein von mir ab. Ich suchte mir eine ruhige Ecke, um mich vor dem Mannschaftskampf zu sammeln.

Noch wenige Sekunden. Mein Vorsprung ist weiterhin komfortabel. Mit fünf Treffern Vorsprung bin ich in dieses entscheidende Gefecht gegangen, die Italienerinnen haben gegen uns nicht gut ausgesehen. Zu Beginn dieses Gefechts habe ich kurz gewackelt, habe mich gefragt, ob ich dem Druck standhalten kann. Erst nachdem meine ungeliebte italienische Gegnerin in weniger als einer Minute bereits zwei Treffer aufgeholt hatte, habe ich wieder zu mir gefunden und mir gut zugeredet, dass es schließlich nicht das erste Mal wäre, dass ich einen Vorsprung verwalten und Nervenstärke beweisen kann. Also, warum nicht auch heute?

Ich schiele auf die Zeitanzeige, während die Italienerin ihren letzten fulminanten Angriff unternimmt. Und jetzt ist es vorbei – die Zeit ist um! Ich schreie wie verrückt, meine Mädels rennen zu mir auf die Fechtbahn, wir fallen uns gegenseitig in die Arme, hüpfen überglücklich herum, Freudentränen fließen in Strömen. Unser Glück kennt in diesem Moment keine Grenzen.

Am Rande nehme ich verschwommen die verwirrten Gesichter einiger Fechterinnen anderer Nationen wahr. Sie haben wohl noch nicht richtig begriffen, was uns soeben im letzten Moment gelungen ist, warum wir uns so maßlos freuen. Mit 112 zu 111 Punkten, also mit nur einem einzigen Punkt Vorsprung vor Estland, haben wir den letzten von acht Olympiaplätzen ergattert. Wir haben – im wahrsten Sinne des Wortes – eine Punktlandung für die Qualifikation für die Olympischen Spiele in London 2012 hingelegt!

Knapper hätte es kaum ausgehen können. Eine riesige Last fiel mir von den Schultern. Ich kann mich nicht erinnern, in meinem Leben jemals so erleichtert gewesen zu sein – vielleicht mit der Ausnahme jenes Tages, an dem ich erfuhr, dass ich für das Abitur in Mathe nicht in die Nachprüfung musste. Ich konnte es kaum fassen, dass wir in letzter Sekunde dem Olympia-Aus von der Schippe gesprungen waren. Das ehrliche Feedback meines Bruders hatte zumindest bei mir den Stein ins Rollen gebracht, doch den Ausschlag gaben letztlich der Mannschaftszusammenhalt und unser phänomenaler gemeinsamer Endspurt. Das war eine wahre Teamleistung mit unheimlich viel Elan und Herzblut! Diese Olympiaqualifikation bestärkte meinen Glauben daran, dass eiserner Wille und ein klares Ziel gepaart mit positiver Einstellung das Zünglein an der Waage sind. Sie beweist, dass man immer eine Chance hat, zu gewinnen, und zwar so lange, bis der letzte Kampf entschieden ist. Es lohnt sich, alles in die Waagschale zu werfen!

1 | Der Gang auf die Planche:
Die Fechtbahn wartet

Mit einem Degen bewaffnet warte ich auf meinen Auftritt. Doch heute gehe ich nicht auf die Planche, sondern trete vor ein anderes Publikum. Bei einer Unternehmensveranstaltung soll ich einen Vortrag halten. Ich werde dem Publikum von meinen Erlebnissen aus der Welt des Spitzensports berichten, von Erfolgen und Niederlagen, von Triumph und Verzweiflung, von Rückschlägen und neuer Motivation. Denn all das habe ich in meiner sportlichen Karriere durchlebt.

Die schönste Erinnerung ist sicherlich die an meinen Olympiasieg in Peking 2008, zu dem eine Videoaufzeichnung abgespielt werden soll. Danach soll ich »dynamisch auf die Bühne joggen«, so die Regieanweisung. Während ich mich noch frage, wie ich das in meinen Highheels bewerkstelligen soll, sehe ich schon die emotionalen Momente meines größten sportlichen Erfolgs auf der großen Leinwand noch einmal ablaufen und höre die aufgeregte Stimme von ARD-Reporter Michael Drevenstedt aus dem Lautsprecher: »14 zu 10 ... Einer fehlt noch zum Olympiasieg – und das ist er! Mit einem Doppeltreffer gewinnt Britta Heidemann dieses Gefecht mit 15 zu 11! Sie hat gesagt: ›Das sind meine Olympischen Spiele‹, und es sind ihre Olympischen Spiele. Gold für Britta Heidemann!«

Diese Sätze habe ich mittlerweile wohl Hunderte Male gehört, überlege ich, während ich zügigen Schrittes auf die Bühne gehe. Es sind die Aufnahmen vom Olympischen Finale im Damendegen in Peking am 13. August 2008, als ich mich gegen die Rumänin Ana

Maria Brânză durchsetzte. Wie jedes Mal, wenn ich diese Film-
sequenz sehe, kann ich auch jetzt kaum fassen, dass wirklich ich
es bin, die dort oben auf der Fechtbahn steht, die sich – so scheint
es zumindest – kaum richtig freuen kann, die die Arme in die Höhe
streckt und dabei ziemlich fertig aussieht. Die lange Zeit der Vor-
bereitung fand an diesem Moment ihren Höhepunkt, und ich war
einfach nur platt, aber auch unsagbar zufrieden.

Ich blinzle noch einmal bei der Erinnerung an diese Achterbahn-
fahrt der Gefühle, sammle mich kurz und begrüße strahlend das
Publikum.

Der Weg zum Olympiasieg in Peking hat sich in jeder Hinsicht
gelohnt, und zwar nicht nur wegen des krönenden Abschlus-
ses. Es war der berühmte »Weg zum Ziel«, der mich glücklich
und zufrieden gemacht, der mich erfüllt hat. Es war harte,
disziplinierte Arbeit nötig, aber dennoch hat es auch unheimlich viel Spaß gemacht, für dieses Ziel zu trainieren, mit einem
motivierten Team aus Trainern, Physiotherapeuten und vielen anderen, die mich begleiteten, zu arbeiten und an Verbes-
serungsmöglichkeiten zu feilen. Peking war ein Projekt, das
auch ohne die Goldmedaille für immer in meinem Gedächtnis
geblieben wäre.

Natürlich habe ich nicht nur die ganz großen Erfolge gefeiert
wie den Olympiasieg. Ich weiß aus eigener leidiger Erfahrung,
dass jahrelange disziplinierte Arbeit nicht immer mit einem
Sieg endet und dass selbst ein Triumph nicht bedeutet, dass
man immerzu auf der Erfolgswelle schwimmen wird. Das Leben eines Topathleten ist wie das Alltagsleben durchsetzt von
Rückschlägen, Enttäuschungen und Durststrecken, von denen
ich mich nicht unterkriegen lassen darf. Im täglichen Umgang
mit Sieg und Niederlage muss ich mich in Frustrationstole-

ranz üben, mit Druck umgehen können und mentale Stärke beweisen, um den entscheidenden Treffer zu setzen. Vor allem lernen wir Fechter, uns bei jedem Gefecht dem Gegner zu stellen, die Herausforderung anzunehmen, uns zu überwinden. Und: Wir haben Freude daran!

Stellschrauben zum Glück

Ich spaziere durch das olympische Dorf und kann es kaum glauben, dass jetzt tatsächlich Olympische Spiele in Peking anstehen. Dass ich mich als Weltranglistenerste für dieses Ereignis qualifiziert habe. Dass ich überhaupt dabei bin. Jeden Tag ergreift mich hier das Erlebnis Olympia von Neuem, und es nimmt mich gefangen.

Ich setze mich in einen der vielen Pavillons und sinniere über meine Chancen am Finaltag. Es gefällt mir überhaupt nicht, dass trotz meiner guten Vorleistungen gar nichts klar ist und mir niemand eine Garantie dafür geben kann, dass ich ins Halbfinale oder sogar ins Finale kommen werde. Gerade als ich zum Telefon greifen und dieses Dilemma mit einer Teamkollegin, die alles von zu Hause aus verfolgt, besprechen will, radelt meine frühere Mannschaftskollegin, die jetzt als Offizielle mit dabei ist, vorbei. Sie bleibt stehen und fragt mich, ob ich auf den morgigen Wettkampf gut eingestimmt sei. »Ja, das bin ich«, antworte ich ihr. Daraufhin erwidert sie, dass ihr das bisher alle gesagt hätten. »Na, klasse!«, denke ich. Aber sie hat recht: Es ist wirklich alles offen. Ich traue mich kaum, wieder aufzustehen und weiterzugehen.

Die Tage bis zum Wettkampf sind irgendwie verflogen, morgen ist es so weit. Ich weiß, dass diese Konfrontation unausweichlich ist. Trotzdem belastet mich das – zum Glück begegnet mir Sylvia Henn, die Physiotherapeutin unseres Fechtteams, und fragt mich, ob wir zur Mensa schlendern und uns einen Kaffee holen wollen. Gut, dass sie da ist und mich noch einmal ablenkt ...

Es ist jetzt schon nach 22 Uhr, aber ich kann noch nicht schlafen – zum Glück fängt der Wettkampf morgen erst um 15 Uhr nachmittags an. Ich beschließe, noch einige Telefonate zu führen, mit meinem Freund, meiner Teamkollegin, meiner besten Freundin, meinem Bruder Gerrit. Alle leisten ihren Beitrag dazu, dass ich mich in einem mental guten Zustand halte. Da es so warm ist und es im Apartment ziemlich hallt, gehe ich nach draußen vor das Gebäude der deutschen Mannschaft. Dabei treffe ich meinen Turnfreund Fabi Hambüchen, der mir viel Glück für den Wettkampf wünscht, mich umarmt und sagt: »Hau rein, Große, mach se platt!« Der Bundestrainer der Florettfechter, die morgen parallel mit uns ihren Wettkampf haben, sitzt vor dem Eingang auf einer Bank und zwinkert mir zu: »Das machste morgen, Britta!«

Während ich telefoniere, nicke ich immer wieder vorbeilaufenden deutschen Teamkollegen zu, die jetzt alle nach und nach zu Bett gehen. Viele schieben den guten Wünschen für den Wettkampf und einem Schulterklopfen kleine Bemerkungen hinterher, die auf meinen Telefonmarathon abzielen. Offensichtlich sieht man mich hier ständig mit dem Handy in der Hand herumlaufen. Egal, ich gehe auf mein Zimmer und fange an zu lesen. Ken Folletts Buch Die Säulen der Erde *gehören die letzten Stunden meiner Wettkampfvorbereitung.*

Weit nach Mitternacht erst schalte ich das Licht aus und träume von Tom Builder, der Hauptfigur des Romans, von mittelalterlichen Märkten, meiner ersten Gegnerin und klirrenden Degen.

Beim Fechten spricht man sowohl von »Kampfsport« als auch von »Fechtkunst« – und die Vereinbarkeit dieser Elemente fasziniert mich. In Berührung damit kam ich aber erst nach einem Umweg über viele andere Sportarten. Wasser war von Beginn an mein Element, und so war es kein Zufall, dass ich als Kind jahrelang mehrfach die Woche beim Schwimmtraining eifrig »Kacheln zählte«. Später bewog mich unter anderem eine Allergie dazu, mich sportlich umzuorientieren. Da ich neben dem Schwimmen im Leichtathletikverein war und ich die sportliche Vielfältigkeit liebte, fiel meine Wahl schnell auf den Modernen Fünfkampf, eine Kombination aus Reiten, Fechten, Schießen, Schwimmen und Laufen. Schon nach kurzer Zeit beschloss ich aber, mich vollständig dem Fechtsport zu widmen. Nicht, dass ich den Modernen Fünfkampf nicht gemocht hätte, im Gegenteil: Es war eine intensive Zeit, in der ich viele Freundschaften geschlossen habe und die mir meine erste internationale Medaille bei unvergesslichen Jugendweltmeisterschaften in Florida eingebracht hatte. Ein Teil der Wettkämpfe fand im SeaWorld direkt neben dem Orca-Becken statt. Während des Fechtens und Schießens konnten wir das Platschen der Killerwale und die Stimmen der begeisterten Zuschauer hören. Jedoch zogen mich vor allem die psychischen Herausforderungen und die große Bedeutung von strategischem Geschick und technischen Fertigkeiten beim Fechten in ihren Bann. Denn hier lernte ich zum ersten Mal den Kampf gegen die eigene Psyche kennen. Beim Laufen oder Schwimmen kämpfte ich im Grunde gegen meine körperlichen Grenzen, eine schlechte Leistung machte sich vor allem auf der Stoppuhr bemerkbar. Doch beim Fechtsport weiß nur der Athlet selbst, ob er sein Potenzial vollends ausgeschöpft hat oder nicht, das merkte ich schon bald. Wie im richtigen Leben hängt es ausschließlich von einem selbst ab, wie man sich verhält und was man aus seinen Chancen macht.

Wenn Sie beispielsweise Ihren Freunden von Ihrer Jobsuche

erzählen – wer könnte schon überprüfen, wie groß Ihr Einsatz tatsächlich war? Nur Sie selbst wissen mit Sicherheit, ob Sie überdurchschnittlich viele Bewerbungen geschrieben, sich vor dem Vorstellungsgespräch ausführlich vorbereitet und sich eingehend über das Unternehmen informiert haben. Das ist beim Fechten nicht anders. Vor allem im Training ist man nicht immer hundertprozentig bei der Sache. Dann verliert sich so ein Gefecht ziemlich schnell. Manchmal ärgert mich das so sehr, dass ich versucht bin, gar nicht mehr um Punkte zu fechten, sondern meinen Trainingspartner davon zu überzeugen, dass wir »einfach so« vor uns hinfechten und Techniktraining machen. Auf diese Weise drücke auch ich mich ab und zu mal vor der Entscheidung »Sieg oder Niederlage«.

Der Geist ist eben erfinderisch, wenn es um Ausreden geht, egal ob es sich um eine Gefechtssituation handelt oder um die Frage, ob man sich zur nächsten Prüfung anmeldet oder den Wechsel in einen neuen Job wagt. Im Ernstfall zu bestehen und die Nerven zu behalten gelingt aber nur, wenn man sich auch beim Training überwindet, sich der anfangs immer etwas unangenehmen Situation zu stellen. Und einmal mittendrin, läuft es meist von selbst.

Anstehende Prüfungen, näher rückende Deadlines bei der Arbeit, klärende Gespräche mit dem Chef, dem Kollegen oder dem Partner können ebenso stressig und fordernd sein wie die Suche nach der Antwort darauf, welchen Karriereweg man einschlagen oder wie man sein Leben planen und gestalten soll. Gleichzeitig sind dies alles tolle Herausforderungen, Chancen, die man ergreifen und nutzen kann. Und Chancen multiplizieren sich häufig, wenn man sie ergreift.

Dabei muss jeder von uns seine eigene Herangehensweise, sein eigenes Portfolio an Maßnahmen finden, um für sich persönlich Glück zu definieren und sich dementsprechend Ziele zu stecken. Während der eine Spaß an einem Projekt oder insgesamt mehr Freiheiten haben muss, um motiviert zu sein, braucht der Nächste das Gefühl, sich ganz und gar auf dieses eine Ziel ausgerichtet zu haben, um erfolgreich arbeiten zu können. Das liegt unter anderem daran, dass wir alle unterschiedliche Grundvoraussetzungen und Fähigkeiten mitbringen. Das ist im Übrigen auch beim Fechten so, denn es ist eine der wenigen Sportarten, bei denen man die Athleten nicht zwingend am Körperbau erkennen kann: Es gibt kleine und große, kräftigere und schlankere Athleten. Der eine ist flinker, der andere strategisch besser, der Nächste setzt seine mentale Stärke ein, um zu gewinnen. Mit ganz unterschiedlichen Mitteln gelangen sie zum Erfolg.

Dennoch gelten einige Grundregeln für alle. Ein Ziel zu erreichen ist immer mit Arbeit und Disziplin verbunden. »Von nichts kommt nichts!«, heißt es doch so schön. Auf der anderen Seite muss man sich auch auf sein Bauchgefühl verlassen. Nicht selten gilt nämlich das Motto: »Weniger ist mehr!« Das Abwägen verschiedener Faktoren, wohlüberlegte Entscheidungen und Intuition spielen auch im Fechtsport eine große Rolle.

In sich hineinzuhören und zu erspüren, was einem guttut, fällt nicht jedem leicht. Viele Menschen, alte wie junge, fühlen sich überfordert, von Arbeit überlastet und wissen überhaupt nicht mehr, was für sie das Richtige ist. Sie fragen sich: »Wie soll ich diesem Druck nur standhalten? Wie viel halte ich noch aus – und was traue ich mir überhaupt zu? Wie finde ich den Mut, meinen eigenen Weg zu gehen? Werde ich mich motivieren können, mich durchzukämpfen, auch wenn es unbequem wird? Darf ich mir Pausen gönnen, wenn mir alles zu viel wird?

Darf ich überhaupt Spaß an einer Herausforderung haben? Und wie gehe ich die Aufgaben des Lebens an?« Ich glaube, dass es ein paar einfache, grundsätzliche Stellschrauben gibt, die zu einem erfüllten Leben führen können. Daher möchte ich Ihnen nahebringen, was für mich persönlich der Schlüssel zum Glück und zur Zufriedenheit ist.

Die Fechtbahn des Lebens

Fechten ist eine traditionelle Form der Auseinandersetzung mit einem Gegner. Ob mit Säbeln, Degen oder Schwertern – seit der Antike ziehen Menschen auf diese Weise in den Kampf, um sich mit ihren Kontrahenten zu messen. Neben dem Ringen und dem Boxen gehört das Fechten zu den Sportarten, die auch Teil der ersten Olympischen Spiele der Neuzeit 1896 in Athen waren.

Doch was macht die Faszination der Fechtkunst aus? Warum begeistern uns die Helden aus Mantel-und-Degen-Filmen wie *Zorro, Die drei Musketiere* oder *Fluch der Karibik*, die sich mit geschickten Paraden und Ausweichmanövern am Ende immer gegen ihre Widersacher durchsetzen? Nicht selten hüpfen gestandene Männer im Anzug und Krawatte auf Abendveranstaltungen in vermeintlicher Fechtposition vor mir herum und schwenken den imaginären Degen, wenn das Gespräch aufs Fechten kommt. Auch wenn für mich ein Gefecht im Hollywood-Film natürlich kein »echtes« Fechten ist, wird die Kernbotschaft der historischen Auseinandersetzungen dahinter durchaus transportiert: Wer im Duell den Gegner als Erster traf, hatte ihn verletzt oder entscheidend geschwächt – er hatte den Punkt gemacht.

Auch im heutigen Degenfechtsport, daneben gibt es noch Florett und Säbel mit jeweils eigenen Regeln, gilt der komplette Körper von Kopf bis Fuß als Trefferfläche. Diese Form des Fechtens erfordert den höchsten Grad an Konzentration. Die vermeintlich simple Regel »Wer trifft, der trifft« spiegelt zwar die reale Duellsituation am besten wider, ermöglicht aber auch Zufallstreffer des schwächeren Gegners, sobald der stärkere Fechter einen Fehler begeht. Genauso kann es ein sogenanntes Double, also einen Doppeltreffer geben, wenn beide Kontrahenten gleichzeitig punkten.

Dieser Umstand lässt das Fechten mit dem Degen zu einer spannenden Nervenprobe werden, bei der ich mich als Fechterin gegen jeden noch so schwachen Gegner aufs Höchste motivieren und extrem konzentriert ans Werk gehen muss, um den nächsten Treffer zu setzen und zu gewinnen. Ich habe schon so manches Gefecht an schwächere Gegner verloren, weil ich nicht ganz bei der Sache war und sich in der Folge schnell eine Situation entwickeln konnte, in der David gegen Goliath gewinnt.

Um sich in diese emotionale Situation einfühlen zu können, nutze ich gerne die Gelegenheit, blutige Anfänger, etwa meine Freunde, Bekannte oder Geschäftspartner, auf der Fechtbahn aufeinander »loszulassen«. Anfangs verläuft das Gefecht in der Regel fröhlich scherzend und herumalbernd, aber irgendwann wird es ernst. Klare Sache: Niemand verliert gerne oder möchte eine hohe Führung verspielen. In der Summe haben alle Spaß daran, einmal im Leben tatsächlich einen echten Degen in der Hand zu halten. Die Erkenntnis, dass man sich aufs Äußerste konzentrieren muss, um den Siegtreffer zu setzen, nehmen aber auch alle mit nach Hause. Stellen Sie sich vor, wie Sie sich fühlen würden, wenn Sie bei einem Gefecht – wir fechten auf fünfzehn Treffer – mit einem letzten Treffer beim Stande von 14 zu 14 alles gewinnen oder verlieren. Oder auf eine andere Sportart übertragen: Sie sind der letzte Elfmeterschütze, und mit Ihrem Torschuss entscheidet sich die Partie.

Im Training üben wir solche Situationen ständig. Das schult den Umgang mit Druck ebenso wie mit Sieg und Niederlage. Doch das allein versetzt natürlich niemanden in die Lage, jedes beliebige Gefecht zu gewinnen. Es geht vielmehr darum, die Chancen dafür zu erhöhen, dass man den letzten, den entscheidenden Treffer setzen kann.

Die Uhr zeigt zehn Sekunden an. »Durchatmen, Spannung aufbauen, auf geht's!«, sporne ich mich an. Ich starte einen Angriff, es fällt ein Doppeltreffer. Ein paar Sekunden später strecke ich mich erneut, um meine koreanische Gegnerin Shin A Lam zu treffen. Wieder ein Doppeltreffer – das gibt es doch gar nicht! »Komm schon«, feuere ich mich innerlich an, »noch ein wenig schneller und direkt starten!« Direkt nach dem Signal starte ich meinen Sturmangriff. Doppeltreffer! Langsam werde ich unruhig mit einem Blick auf die verbleibende Zeit. Nur noch vier Sekunden. Ich kann es gar nicht fassen, dass kein Einzeltreffer fällt, wahrscheinlich genauso wenig wie meine koreanische Gegnerin. Ich nehme noch einmal alle Konzentration zusammen, denn ich weiß: Mir rennt die Zeit davon.

Ich muss nämlich unbedingt den letzten Treffer setzen. Nach neun Minuten regulärer Gefechtszeit sind wir mit einem Gleichstand in die Verlängerungsminute gegangen. Bei Gleichstand nach Ablauf der Verlängerung wäre Shin A Lam die Siegerin, denn sie hatte eben das Losglück zugeteilt bekommen. Fällt also kein Einzeltreffer, verliere ich und verpasse – per Losentscheid! – den Einzug ins Finale der Olympischen Spiele. Unvorstellbar!

Schon fällt der nächste Doppeltreffer. Auf der Uhr leuchtet in Rot die Anzeige 0:01. Panik kriecht in mir hoch. Meine Gegnerin steht am Ende der 14 Meter langen Fechtbahn und kann keinen Schritt mehr zurückweichen. Ich muss mir noch einmal mein Training in Erinnerung rufen, wir haben viele Sprints trainiert. Komm, komm, komm. Ich weiß, dass ich schnell bin. Doppeltreffer! Die Uhr zeigt noch immer eine Sekunde an, denn Zehntel- oder gar Hundertstelsekunden sind hier nicht darstellbar. Wieder Start bei einer Sekunde: Doppeltreffer. Hat überhaupt jemand auf die Uhr gedrückt? Mir scheint, dass es dem Zeitnehmer einfach zu schnell geht. Also noch einmal. Während wir auf Aufruf der Kampfrichterin in Position gehen, springt die Uhr auf 0:00, doch die Schiedsrichterin entscheidet, dass die Uhr noch einmal auf eine Sekunde gestellt wird. Das ist meine letzte Chance! Der koreanische Trainer diskutiert mit dem Kampfgericht auf der Fechtbahn. Währenddessen gehe ich auf und ab, gehe in mich, konzentriere mich. Die Obfrau bittet uns beide an die Startlinie.

Jetzt geht es um alles oder nichts, in dieser letzten der letzten Sekunden!

Diese dramatische Situation werde ich nie vergessen: Der Wettkampftag der Olympischen Spiele 2012 in London ging genauso aufregend weiter wie die Qualifikationsphase. Beinahe alle Gefechte gewann ich mit einem Treffer. Besonders dramatisch war wohl mein Halbfinalgefecht gegen die Koreanerin Shin A Lam, gegen die ich in der »längsten Sekunde der Welt«, wie später einige Zeitungen titelten, in der wortwörtlich letzten Hundertstelsekunde, zum Siegtreffer traf.

»Was ist denn daaaaas, was ist denn daaaas? War das die rote Lampe? Warten wir auf die Entscheidung, wir brauchen sie noch. Wir brauchen jetzt noch die Entscheidung des

Kampfgerichts. Es gibt einen Videobeweis. Das halten wir aber jetzt schon fest: Britta Heidemann hat *alles* gegeben, um dieses Halbfinale zu gewinnen.« Der Live-Kommentator war – gemeinsam mit Millionen deutschen Fernsehzuschauern und Fans – wahrscheinlich dem Herzinfarkt nahe, als ich in dem Moment auf der Fechtbahn meine letzte Chance nutzte. Ehrlich gesagt hegte ich keine großen Hoffnungen, aber als dann meine Lampe aufleuchtete, die meinen Treffer anzeigte, explodierte ich vor Glück. Wenn ich heute die Fernsehbilder dazu sehe, erschrecke ich fast vor mir selbst, in meinem Gesicht spiegeln sich viele Emotionen, die sich in diesem Augenblick entluden. Mit diesem Sieg erreichte ich das Olympische Finale – und sicherte die erste deutsche Medaille der Olympischen Spiele. Und ja: Ich habe alles gegeben.

Keine Frage, natürlich scheitert man auch ab und zu trotz größter Anstrengung, setzt gewissermaßen den letzten Treffer nicht. Im Finale der Olympischen Spiele in London verlor ich zum Beispiel um einen Treffer. Selbstverständlich ging mir das nahe und wurmte mich – aber am Ende wusste ich, dass ich mir die Silbermedaille hart erarbeitet hatte und mit meinem Erfolg zufrieden sein konnte.

Es geht eben nicht nur um den Gesamtsieg, sondern vielmehr darum, die grundsätzliche und umfassende Verantwortlichkeit für das eigene Leben zu übernehmen. Auch als Fechter muss man sich immer wieder vor sich selbst rechtfertigen und die eigene Leistung hinterfragen. Es sind genau diese Fragen, die man zu stellen und möglichst ehrlich zu beantworten hat, wenn man erreichen möchte, was man sich vorgenommen hat oder wenn man seinem Ziel nahe kommen möchte. Genau das ist die eigentliche Kunst im Fechten: sich mental mit dem inneren Selbst auseinanderzusetzen, gegen die eigenen Gedanken zu kämpfen, sich im inneren Dialog zu überwinden, sich selbst einzugestehen, dass man noch mehr geben kann, dass man sich nicht ablenken lassen darf. Denn all das muss man zu steuern und zu kontrollieren versuchen. Absolute Konzentration, der Fokus auf das Wesentliche und Disziplin im richtigen Moment – das sind Dinge, die ich speziell durch das Fechten gelernt habe und die mir auch auf der Fechtbahn des Lebens nützlich sind.

Viele Gesetzmäßigkeiten und Regeln gelten für beide Welten. Auch das Leben birgt so manche spannende Herausforderung – wir erleben Erfolge und Niederlagen, Freudentaumel und Frust. Manchmal geraten wir in Zwickmühlen, aus denen wir uns mit geschickten Winkelzügen befreien müssen, in »Wortgefechten« wenden wir Paraden, Finten und taktische Angriffe an. Das Leben hält genügend Duelle bereit, die man – mit sich selbst oder mit anderen – ausfechten muss. Die entscheidende Frage ist: Mit welcher Haltung gehen Sie die Herausforderungen des Lebens an? Ich möchte Sie deshalb mitnehmen auf eine Reise in die faszinierende Welt des Fechtens, in der Sie viele alltägliche Lebenssituationen wiedererkennen werden. Lassen Sie uns mit Begeisterung und einer Prise Leichtigkeit auf die »Planche«, die Fechtbahn des Lebens, treten. Um hier zu bestehen, gilt es zunächst einmal, die richtige Haltung anzunehmen.

Mein Tipp →

Im Leben gibt es viele tolle Herausforderungen. Sie können dabei den Mut zeigen, die Dinge, die Sie ändern möchten, anzugehen und mit Entschlossenheit Ihr Glück zu erarbeiten. Sie können die Weichen so stellen, dass Sie ein zufriedeneres Leben führen können. Antrieb und Wille sind die Voraussetzungen für das Erreichen Ihrer Ziele und Träume. Wenn Sie sich den Duellen des Lebens stellen, sie mit der nötigen Leichtigkeit oder sogar Spaß angehen und sie ausfechten, ist schon ein großer Schritt zu mehr Zufriedenheit getan.

2 | »En garde«:
Die richtige Ausgangsposition entscheidet

Bin ich bereit? Bin ich mental und körperlich in der richtigen Verfassung? Diese Fragen stelle ich mir, als ich in dem Bus sitze, der mich und einige Mitstreiterinnen zur olympischen Fechthalle Pekings bringt. Bevor es für mich dort auf die Planche geht, atme ich noch einmal tief durch und überlege ein letztes Mal, ob ich in der Vorbereitung auch alles richtig gemacht habe. In den letzten Tagen habe ich eine Achterbahnfahrt der Gefühle durchlebt. Ich war hysterisch, ängstlich, gut gelaunt, gereizt, aufgedreht und nervös.

Es fällt mir gerade schwer zu beurteilen, ob ich gut oder schlecht abschneiden werde, und mich und meinen Zustand einzuschätzen. Ich merke nur, dass ich irgendwie neben mir stehe. Das ist ein gutes Zeichen, oder? Ich starre aus dem Fenster und traue mich eigentlich gar nicht weiter nachzudenken. Ich rufe mir lieber ins Bewusstsein, dass ich das, worum es heute geht, kann – und dass ich es will. Es wird sich früh genug herausstellen, ob ich all das umsetzen kann, was ich mir vorgenommen habe.

Der Bus hält vor der Fechthalle. Ich muss Tränen der Nervosität unterdrücken. Am liebsten würde ich mich der Situation nicht stellen. Ich ahne, dass es alles andere als einfach sein wird. Ich ziehe meine leichte, viel zu dünne Deutschlandjacke fester um den Körper. Mir ist kalt. Die Tür öffnet sich, und ich steige aus dem Bus, zeige meine Olympiaakkreditierung vor und nähere mich dem Eingang des olympischen Gebäudekomplexes, aus dem die unterkühlte Luft der Halle strömt. Ich reiße mich zusammen, möchte mir nicht anmerken lassen, wie angespannt ich bin.

Ich schüttle meine Zweifel ab und besinne mich lieber auf posi-
tive Gedanken: dass ich mich in Peking pudelwohl fühle, dass wir
bislang eine fröhliche und harmonische Wohngemeinschaft in un-
serem Apartment hatten und dass ich glücklich bin mit den vielen
Sportfreunden um mich herum. Ich bin fit wie ein Turnschuh und
ausgeschlafen. Jetzt liegt es an mir, diese gute Grundlage zu nut-
zen.

Ohne zu zögern schreite in das Dunkel des Eingangsbereichs.

Das französische Kommando »en garde« – die internationale
Sprache des Fechtens ist Französisch – bedeutet so viel wie
»in Stellung gehen«. Das ist für den Fechter der Moment, in
dem er sich auf den bevorstehenden Kampf fokussieren und
sich dafür in die Position zur Aufnahme des Gefechts begeben
muss. Nach diesem Appell gibt es außerdem noch die Frage
»Êtes-vous prêts?« – »Seid ihr bereit?«.

Eine gute Frage, denn aus einer optimalen Ausgangsposition heraus starten zu können ist zweifelsohne entscheidend.
Ein Gefecht – egal ob auf der Planche oder im Alltag – wird
nicht erst im Moment des konkreten Schlagabtauschs gewonnen. Der Sieg beginnt mit einer langen Vorlaufzeit, auch wenn
wir häufig nicht bemerken, was wir bereits in den Momenten
vor der tatsächlichen Konfrontation, also vor dem Gespräch
mit dem Vorgesetzten, vor der Wettkampfsituation im Sport
oder vor sonstigen Herausforderungen, unterbewusst gedanklich steuern und beeinflussen. Dabei liegt es im Ermessen und
in der Verantwortung jedes Einzelnen, sich eine gute Grundlage zu erschaffen. Ob wir für die anstehenden Aufgaben und
Gefechte des Lebens die richtige Einstellung mitbringen,
ob wir unseren Körper so trainieren und pflegen, dass er fit
und belastbar ist, und ob wir zumindest versuchen, ein in-

neres Gleichgewicht herzustellen, ist allein unsere Entscheidung.

Alles eine Frage der Einstellung

Ich gehe durch den im trüben Licht liegenden Gang und sehe rechts vor mir eine behelfsmäßige Pinnwand mit dem Tableau, der Setzliste des heutigen Finaltags. Bislang habe ich noch nicht nachgesehen, ob ich bei der Auslosung zur Setzung auf Startplatz eins oder zwei gelost worden bin. Ich hätte mich bereits früher informieren können, aber ich schaue lieber erst jetzt nach. Meine kostbare Vorbereitungszeit damit zu verplempern, mir über eine Gegnerin Sorgen zu machen und sie mir womöglich noch starkzureden – das war noch nie meine Art.

»Ich nehme, was kommt und wie es kommt«, denke ich, als ich meinen Namen auf der Liste suche. Trotzdem schlägt mein Herz auf einmal wie wild – wie in den Momenten, in denen man in der Uni fieberhaft die eigene Matrikelnummer auf dem Aushang mit den Klausurergebnissen sucht. Noch zwei Stunden bis Wettkampfbeginn und schon jetzt durchströmt mich das Adrenalin. Okay, es ist die Koreanerin, der ich mich in der Runde der letzten Sechzehn werde stellen müssen. Auch gut. Im Grunde ist es egal, gegen wen ich antreten muss. Es ist, wie es ist. »Da muss ich jetzt eben durch«, sage ich mir.

Ich atme durch und gehe weiter in Richtung Rolltreppe, die zur Warm-up-Halle führt.

Meine absolute Überzeugung ist: Die grundsätzliche Einstellung zum Leben ist die Basis für alles Weitere. Man kann viel über das Erreichen von Zielen und die verschiedenen Methoden des effizienten Arbeitens philosophieren und Tipps geben – wenn jemand keine Lust verspürt, sich auf neue Herausforderungen einzulassen und Chancen zu ergreifen, nützt das alles nichts. Erst mit der Bereitschaft, das Leben positiv zu sehen und es aktiv zu gestalten, kann man Freude an Herausforderungen sowie Spaß am Weiterkommen entwickeln und etwas Konstruktives für sich aus einer Situation mitnehmen. Und ich bin überzeugt davon, dass man diese innere Einstellung steuern kann.

Neugierde wecken

Das innere Feuer, das einmal entfacht uns dazu antreibt, vorankommen zu wollen und uns den Herausforderungen des Lebens zu stellen, ist dabei ausschlaggebend. Mich persönlich beflügelt eine grundlegende Leichtigkeit, die in meiner Erziehung von Anfang an vorherrschte. Meine Eltern vermittelten meinem Bruder und mir stets das Gefühl: Das Leben ist spannend, es geht immer weiter, und es ist aufregend! So hieß es immer: »Wenn das eine nicht klappt, funktioniert das Nächste. Aber gib erst einmal alles!« Meine Eltern förderten vor allem unsere Begeisterungsfähigkeit, die Lust und Freude, Neues zu entdecken und auszuprobieren. Und sie vermittelten uns das Selbstvertrauen, dass wir alles erreichen können. Alles in allem war es eine Erziehung, in der wir ohne Bestrafung oder Drohungen zu Fleiß, Durchhaltewillen und Eigenverantwortung angehalten wurden. Ohne Hausarrest, Taschengeldentzug oder sonstige »harte Erziehungsbandagen«, sondern stets mit dem Grundgedanken, uns Kindern eine Begeisterung für Herausforderungen zu vermitteln und unsere Neugierde anzustacheln.

Eine gewisse Richtungsweisung, ein für uns Kinder klares Gerüst an Werten mit dehnbaren Grenzen war dafür die Basis. Meine Eltern beschreiben das immer als eine Welt mit einigen starren Säulen, die durch Gummiseile miteinander verbunden sind. Für uns bedeutete das, dass wir wussten, in welchen Grundmustern wir uns bewegten, dass wir uns allerdings auch durchaus mal etwas über die Grenzen hinauswagen konnten. Für unsere Eltern bedeutete es, dass sie uns vertrauen konnten, denn sie konnten sicher sein, dass wir auf ihre Hinweise und Ratschläge hören würden. So habe ich zum Beispiel als Fünfzehnjährige einen unvergesslichen mehrmonatigen Auslandsaustausch nach Peking angetreten, der mir viele Einblicke in die chinesische Kultur gegeben und mich nachhaltig geprägt hat. Mittlerweile bin ich Chinawissenschaftlerin und ich habe zahlreiche außergewöhnliche Erlebnisse durch meinen Berufsweg mitgenommen. So durfte ich in den letzten Jahren nicht nur mehrere Minister als »Botschafterin« nach China begleiten, sondern auch die deutsche Fußballnationalmannschaft. Ob Politik, Sport, Kultur oder Wirtschaft – es gibt kaum einen Bereich, der nicht an diesem Land interessiert ist, und ich konnte als Vortragende oder Delegationsmitglied viele Menschen mit unterschiedlichsten Hintergründen kennenlernen.

Meine Eltern hatten recht: Das Leben *ist* spannend!

Mein Tipp →

Insgesamt ist die Freude am Erleben, die grundsätzliche Begeisterungsfähigkeit eine Frage der Einstellung. Sie allein entscheiden, mit welcher inneren Haltung Sie an die Aufgaben des Lebens herangehen. Eine offene, unvoreingenommene Grundhaltung ist die beste Ausgangslage dafür, Ihre Ziele zu verfolgen. Schauen Sie sich die Dinge lieber mit eigenen Augen an, bevor Sie sie bewerten. Man kann nicht wissen, was einem gefällt, wenn man nichts ausprobiert! Das Leben bietet tausend Möglichkeiten – machen Sie Ihren Kindern Lust auf Neues, indem Sie ihnen Dinge zutrauen. Mit einem klar definierten Grundgerüst kennt man seinen Handlungsspielraum, fühlt sich in ihm sicher und kann sich dadurch umso selbstbewusster neuen Aufgaben widmen.

Freude am Schaffen: positiv einstimmen

Ich sitze gemeinsam mit meinen fünfunddreißig chinesischen Mitschülern im Klassenraum der fünfundzwanzigsten Mittelschule von Peking, vor mir steht meine Schale mit dem Mittagessen. An die Stäbchen, mit denen ich gerade eine Erdnuss herausfische, habe ich mich längst gewöhnt. Als mir meine Nachbarin aus dem Gemeinschaftstopf eine Hühnchenkeule in mein Schälchen legt und mich dabei angrinst, muss ich an meine ersten Tage alleine hier denken. Meine Mutter und mein Bruder hatten mich zunächst begleitet, mussten aber vor ein paar Tagen wieder zurückfliegen. Ich hatte mich tapfer von den beiden verabschiedet und dann mit einem etwas mulmigen Gefühl aber auch mindestens genauso neugierig in das Alltagsleben gestürzt.

Jeden Tag passieren mir so viele neue Dinge. Gestern war ich auf einem chinesischen Markt – verrückt, wie lautstark dort um Preise gefeilscht wird. Meine Ausflüge mit dem Fahrrad sind ein einmaliges Erlebnis – so viele Fahrräder und einen so wirren Verkehr kenne ich aus Deutschland nicht. Mein Zwischenfazit: Alles ist spannend, und meine Gastfamilie ist toll, auch wenn ich weder die Hitze mag noch die Kakerlaken in meinem Zimmer. Es gibt eigentlich nur ein echtes Problem: Ich kann mich kaum verständigen. Trotz meines Intensivkurses Chinesisch kann ich bislang wenig kommunizieren, und fast niemand spricht Englisch. Vorgestern, als ich meine Schulbücher bekam, alle in chinesischen Schriftzeichen selbstverständlich, war ich zugegebenermaßen etwas verzweifelt und habe geweint. Heute habe ich aber von meinen Klassenkameraden ein Wörterbuch geschenkt bekommen. Das wird also schon klappen, denke ich und werde wieder in die Gegenwart geholt, als ein Mitschüler zu mir kommt und mir in Zeichensprache deutlich macht, auf den Schulhof mitzukommen und dort Basketball zu spielen.

Erfreut stehe ich auf, nicke und folge ihm und einigen anderen Schülern in Richtung Klassentür.

Meine jugendliche Leichtigkeit hatte bereits nach wenigen Tagen meines Chinaaufenthalts über die Berührungsängste gesiegt. Nach kürzester Zeit fühlte ich mich voll in die Familie integriert, und ich hatte mich genauso an die heißen Sommernächte gewöhnt wie mich mit den klimabedingt zahlreichen Insekten arrangiert. Das Sprachproblem regelte sich nach kurzer Zeit von selbst, denn als Jugendliche lernte ich die neue Sprache wie selbstverständlich nebenher. Glücklich kam ich drei Monate später von dieser Reise wieder. Als ich begeistert davon berichtete, wunderten sich allerdings viele meiner Klassenkameraden – und manchmal auch deren Eltern –, dass ich nicht postwendend zurückgeflogen war, als ich mit Kakerlaken und Sprachproblemen zu kämpfen hatte. Dieser Gedanke war mir allerdings vollkommen fremd. Es gab ein paar Widrigkeiten, na und? Meine Eltern hatten uns beigebracht, dass man etwas zu Ende bringt, wenn man es angefangen hat, sofern es nicht gefährlich wird oder sich als gänzlich falsch erweist. Und da ich deshalb also sowieso überhaupt keine Sekunde darüber nachdachte zurückzufliegen, konnte ich nach den anfänglichen Sprachproblemen meine Zeit in China umso mehr genießen, die Eindrücke aufsaugen und mit einem erfüllten Gefühl und neuem Selbstbewusstsein – ich schaffe alles! – in das neue Schuljahr starten.

Ich möchte Ihnen gerne schildern, wie unsere Eltern mir diese positive Einstellung vermitteln konnten. Meinen Eltern ging es wie gesagt darum, uns den Blick für das Schöne an den Dingen zu öffnen und uns viele Möglichkeiten zu bieten. Sie förderten uns bei der Ausübung unserer Interessen – allerdings mit einer Konsequenz, für die ich meinen Eltern heute dankbar bin: Wenn wir uns einmal für etwas entschieden hatten, forderten sie eine gewisse Durchhaltekraft. Dann ging es weniger darum, *ob* wir es machten, sondern viel mehr darum *wie*.

Ich wollte damals zum Beispiel unbedingt Orgelspielen lernen. Meine Eltern unterstützten meinen Wunsch. Allerdings stand vor dem Kauf dieses teuren Instruments und der Anmeldung in der Musikschule folgender Hinweis meiner Eltern: Sollte ich mich dafür entscheiden, würde ich mindestens vier Jahre Orgel spielen müssen, damit sich der finanzielle Aufwand lohnt. In diesem Wissen stimmte ich zu. Ich muss ehrlich zugeben, dass ich ein paar Mal drauf und dran war, das

Orgelspielen wieder aufzugeben. Aber in dem Bewusstsein, dass meine Eltern viel investiert hatten und sie eine Aufgabe eh nicht so leicht akzeptieren würden, kämpfte ich mich durch meine Lustlosigkeit. Ich kann mich nicht daran erinnern, jemals ernsthaft darunter gelitten zu haben, nicht sofort der ersten »Null-Bock-Stimmung« nachgegeben zu haben. Vielmehr war ich stolz, meinen Eltern zum Beispiel am Weihnachtstag etwas vorspielen zu können – und das tue ich auch heute noch.

Bestimmt haben auch Sie schon mal Sätze wie die folgenden selbst formuliert: »Zum Glück habe ich das damals durchgezogen!« Oder: »Es hat sich total gelohnt, dass ich mich da durchgebissen habe.« Ich bin überzeugt, dass das Glücksgefühl des Schaffens jeden Menschen erfüllt. Wir alle möchten gerne eine Leistung erbringen, die uns zufriedenstellt. Und niemand ist sonderlich glücklich, wenn er unnötigerweise durch das Abitur fällt, die Führerscheinprüfung nicht besteht, weil er nicht gelernt hat, eine schlechte Arbeitsleistung abliefert oder mit seiner Zeit nichts anzufangen weiß. Oder wenn er ein Jahr nach dem Umzug noch immer unausgepackte Kartons gestapelt hat oder das latent ungute Gefühl hat, sein Potenzial in irgendeinem Feld nicht ausreichend genutzt zu haben.

Jeder genießt es, persönliche Erfolge zu feiern, gelobt zu werden und stolz auf sich zu sein. Und ich weiß aus meiner eigenen Jugend: Wenn man nicht beigebracht bekommt, dass man leiden muss, wenn man etwas leistet, sich anstrengt oder auch mal durchbeißt, sondern dass es ganz im Gegenteil sogar erfüllend ist, wenn man etwas Neues dazulernen kann und etwas geschafft hat, erleichtert das vieles!

Wie ich das meine, zeigt vielleicht ein kleiner Trick meiner Eltern, mit dem es ihnen gelang, mich positiv auf die Schule einzustimmen: In dem Sommer, bevor ich in die Grundschule kommen sollte, hatte ich mich mal wieder lautstark mit meinem Bruder gestritten: Wir waren uns über die Verteilung der Spielsachen nicht einig. Daraufhin nahmen unsere Eltern mich beiseite und meinten, dass so ein zankendes Mädchen ja noch gar nicht reif genug für die Schule sei. Ich dürfe nur dann zu den »Großen« gehören, wenn ich ab jetzt zeigen würde, dass ich mich auch dementsprechend benehmen kann. Wie sehr habe ich mich den Rest der Ferien zusammengenommen, um zu beweisen, dass ich natürlich schon ein großes Mädchen war! Denn ich wollte unbedingt in die Schule, wo man den Aussagen meiner Eltern zufolge viel Spaß haben, basteln und mit anderen großen Kindern zusammen sein konnte. Meine Eltern haben uns immer ein positives Bild hinsichtlich der Schule vermittelt. Es hieß immer: »Du darfst in die Schule.« Nie: »Du armes Kind musst in die Schule.« Ich bin mir sicher, dass das auf unsere Grundeinstellung zur Schule und zum Lernen einen großen Effekt hatte. Wie stolz war ich am Tag meiner Einschulung – ich fand die Grundschule toll und wollte sogar samstags hingehen, obwohl kein Unterricht war!

Mir fällt noch ein weiteres Beispiel aus Kindheitstagen ein: Mein Bruder war erkältet, und meine Mutter hatte eine Thaisuppe zubereitet, die in unserer Familie seit jeher als Erkältungsbekämpfer gilt. Sie war sich aber sicher, dass sich mein kleiner Bruder querstellen würde, wenn sie ihn dazu zwingen würde, das recht scharfe Gericht zu essen. Also setzte sich meine Mutter demonstrativ an den Tisch und löffelte die Suppe selbst. Mein neugieriger Bruder kam an den Tisch gestapft und wollte wissen, was ihr denn da gerade so gut schmeckte. Da antwortete ihm meine Mutter, dass es eine Thaisuppe sei, die er aber leider noch nicht essen könne, weil er noch so klein und die Suppe so scharf sei. Daraufhin fing mein Bruder an zu quengeln, er bekräftigte, dass er auch etwas essen wolle und überhaupt nicht zu klein für die Suppe sei. Und um das zu beweisen, aß mein Bruder tapfer auf, obwohl das Gericht tatsächlich scharf war. So bekam meine Mutter ihren Sohn dazu, freiwillig etwas zu tun, was sonst viel Kampf und Ärger gekostet hätte. Kein einziger Imperativ, kein Schimpfen, kein »Du musst aber!« waren notwendig. Stattdessen war mein Bruder sogar noch stolz wie Oskar und wurde zudem schneller wieder gesund. Er hatte also anstelle des negativen Eindrucks, etwas gegen seinen Willen tun zu müssen, ein gutes Gefühl mitgenommen, weil meine Mutter ihm gar nicht erst den Eindruck vermittelt hatte, dass das Essen der Suppe unangenehm sein könnte.

Mein Tipp →

Es ist egal, ob es sich um kleine, alltägliche Vorhaben handelt wie den Frühjahrsputz, oder ob man große Ziele anstrebt wie zum Beispiel den Abschluss einer Ausbildung: Glück und Zielstrebigkeit widersprechen sich nicht, sondern sie bedingen sich sogar häufig gegenseitig. Denn jeder genießt es, persönliche Erfolge zu feiern. Fragen Sie sich also nicht, worauf Sie verzichten, wenn Sie sich für etwas einsetzen, sondern, was Sie dadurch gewinnen können! Stimmen Sie sich positiv ein, statt sich etwas von vornherein madig zu machen.

Ziele: die eigene Messlatte setzen

Das Erleben eines Erfolgsmoments hängt von vielen Faktoren ab, vor allem von der eigenen Zielsetzung. Ein persönlicher Erfolg ist nicht unbedingt nur dann erzielt, wenn man ganz oben auf dem Treppchen steht. Jeder sollte sich seinen eigenen, individuellen Maßstab setzen. Welches Ziel ist realistisch? Sich fordern, aber nicht überfordern, lautet dabei die Devise.

Nur wenige schaffen es im Sport ganz nach oben aufs Treppchen, das liegt in der Natur der Sache. Man könnte sich fragen, was so viele Menschen trotzdem beim Sport hält. Ich meine nicht nur die Topathleten, sondern spreche auch von der Vielzahl an Triathleten, Marathonläufern oder überhaupt allen Volkssportlern, die sich häufig akribisch auf einen Wettkampf vorbereiten und intensiv dafür trainieren. Sollten Sie Gelegenheit haben, mit einem dieser Athleten zu sprechen, werden Sie immer eine Begeisterung heraushören für den Sport an sich und für die individuellen Ziele, die derjenige erreichen will. Vielleicht sind Sie auch selbst einer und können sich diese Frage direkt beantworten: Sportler fordern sich bis an ihre persönlichen Grenzen, versuchen sie zu verschieben – und das erfüllt sie.

Bei mir ist es genauso: Wenn ich mir etwas vornehme und schließlich an dem Punkt stehe, den ich mindestens erreichen wollte, sage ich mir, dass noch mehr geht. Und dann noch ein bisschen mehr. Diese Schritt-für-Schritt-Methode hat mir Erfolge beschert, die ich mir im Vorfeld nie erträumt hätte.

Die meisten Menschen brauchen einen gewissen Grad an Herausforderung, damit ihr Ehrgeiz geweckt wird. Oft genug erfordert es viel mehr Antrieb und Eigenmotivation, eine kinderleichte Aufgabe zu bewältigen, als wenn man sich mit einer echten Herausforderung etwas beweisen kann. Das Sprichwort »Man wächst mit seinen Aufgaben« kommt schließlich nicht von ungefähr. Sie kennen das sicherlich auch aus dem Berufsleben: Eine echte Herausforderung kann zu Höchstleistungen antreiben.

Setzen Sie sich also ein Ziel, das realistisch ist, aber durchaus an Ihre Grenzen geht. Das ist nicht nur zufriedenstellend, sondern erfüllt nebenbei noch einen ganz anderen Zweck: Wenn man die Messlatte hoch ansetzt, konzentriert man sich dadurch auf das Optimum und erreicht in der Regel ohne Stress ein etwas niedrigeres Ziel.

Im Sport erlebe ich immer wieder, dass sich Athleten selbst den Erfolg versperren, weil sie sich zu wenig zutrauen, sie bereits vor den Vorkämpfen Angst haben und ihr höchstes Ziel ist, diese Phase zu überstehen. Mit einem ambitionierten Wunschergebnis könnten sie die Vorausscheidungen meiner Ansicht nach ohne Probleme meistern, weil sie diese Etappe auf dem Weg zum Ziel als Selbstverständlichkeit betrachten und sich mental nicht so sehr mit dem Vorkampf belasten würden.

Kämpfen Sie also im übertragenen Sinn nicht nur gegen Gegner, die Sie locker besiegen können, sondern suchen Sie sich echte Herausforderungen. Wenn Sie sich einem starken Gegner stellen, wachsen Sie selbst daran, weil Sie sich durchbeißen und kämpfen müssen. Nutzen Sie die Dynamik, die Jetzt-erst-recht-Energie, die daraus entstehen kann. Unterfordern Sie sich nicht künstlich, freuen Sie sich lieber, wenn die anstehende Aufgabe Sie an Ihre Grenzen bringt. Sie werden sehen: Ihre Erfolgschancen und damit auch Ihr Wohlbefinden sind in diesem Fall tendenziell höher.

Fordern Sie sich, setzen Sie Ihre Messlatte so hoch an, dass Sie dabei Ihr Potenzial voll ausschöpfen können. Wer sich selbst nicht künstlich zurückhält, kann das scheinbar Unmögliche erreichen. Wenn Sie merken, dass noch etwas mehr geht, dann versuchen Sie es, halten Sie sich nicht absichtlich zurück – denn Grenzen lassen sich verrücken. Alles ist möglich! Versuchen Sie aber gleichzeitig, realistisch zu bleiben, und überfordern Sie sich nicht. Gelingt es Ihnen, diese Balance zu halten, können Sie sich am meisten über Ihre Leistungen freuen. Ein guter Gradmesser kann dabei Ihr persönlicher Erfahrungsschatz sein. Auch Ihr engstes Umfeld kann Ihnen dabei helfen, Ihr Leistungsvermögen realistisch einzuschätzen und Ihre Zielvorstellungen entsprechend zu gestalten.

Zwischenetappen definieren

Die grundsätzlichen Fragen lauten: »Was ist mein Ziel?« Oder auch: »In welche Richtung möchte ich mich entwickeln?« Nur mit diesem Wissen kann man den Weg dorthin gestalten und sich an Fortschritten erfreuen. Auch der Weg kann das Ziel sein.

Es ist schwierig, ohne Vorüberlegungen und die geringste Planung etwas zu leisten. Es ist wesentlich effektiver, sich zuerst Gedanken zu machen, als blindlings loszulegen und sich dann in der Weitläufigkeit des Projekts zu verlieren oder in unwichtigen Details zu verrennen. Damit das nicht passiert, ist es sinnvoll, sich ein längeres Vorhaben in Teilziele zu unterteilen.

Zugegeben, es ist schon eine Gratwanderung: Einerseits müssen Sie Ihr gestecktes Ziel, Ihr Wunschergebnis, fest im Blick behalten und andererseits Etappenziele einbauen und nacheinander abarbeiten. Aber es ist auch ein Schlüssel zum Erfolg und gleichzeitig ein wunderbares Mittel für den Umgang mit Druck – ein Thema, auf das ich in Kapitel 5 noch eingehen werde.

Auf dem Weg zum Olympiasieg in Peking 2008 beispielsweise gab es für mich mehrere Stationen, die ich nacheinander absolvieren musste, um überhaupt an den Spielen teilnehmen zu können. Zunächst war die Qualifikationsphase zu überstehen, dann ging es um die Positionierung auf der Weltrangliste für die Setzung bei den Olympischen Spielen, anschließend begann die Vorbereitung auf die Spiele, und am Ende stand der Wettkampftag selbst. Es war wegen dieser verschiedenen Phasen umso wichtiger, im Moment zu leben und sich mit dem Augenblick zu beschäftigen. Die Athleten, die sich bereits vor dem Ende der Qualifikation gedanklich zu sehr mit dem Siegesjubel auf dem olympischen Podest beschäftigt hatten, waren am Ende gar nicht beim Kampf um die olympischen Medaillen dabei.

Beschäftigen Sie sich also immer mit dem Schritt, den Sie gerade gehen, und nicht darüber hinaus. Belohnen Sie sich aber, wenn Sie eine Etappe erreicht haben. Ich bin davon überzeugt, dass der Stolz darauf, Fortschritte gemacht zu haben, sowie das damit verbundene bewusste Auskosten eines Teil- oder Zwischenerfolgs die Grundlage dafür bieten, für den nächsten Schritt motiviert zu sein und sich auf ihn konzentrieren zu können.

Die Erleichterung nach unserer schwer erkämpften und mehr als knappen Olympiaqualifikation in Frankreich 2012 war riesig. Gemeinsam mit meinem Freund überlegte ich, wie wir diese glückliche Wendung feiern könnten. Wir entschieden uns für einen einwöchigen Trip nach Mallorca, all inclusive, zusammen mit meiner Schwägerin und meinem Bruder. Und es stellte sich heraus, dass dieser Kurzurlaub genau das Richtige für mich war, um die Ereignisse der vorangegangenen Monate zu verarbeiten. Eines Abends stand ich auf der Terrasse, während der Rest feierte, und telefonierte mit meiner Teamkollegin. Wir mussten noch einmal über die Ereignisse der letzten Tage sprechen. Auf der Heimfahrt von Paris nach Köln hatte ich bereits vier Stunden lang im Auto mit meinem Trainer Manfred über das Unglaubliche geredet. Mir hatten immer wieder Tränen in den Augen gestanden, die ich heimlich wegzwinkerte. Selbst bei diesem Telefonat, eine Woche nach dem Turnier, überwältigten mich meine Gefühle. Ich merkte, dass es dauern würde, bis ich diese Emotionen verdaut hatte. Ich schwebte auf Wolke sieben und war so voller Emotionen, dass ich mich sowieso nicht beim Training hätte konzentrieren können.

Mein Tipp →

Etappenziele sind wichtig auf dem Weg zum Erfolg. Sie strukturieren Ihr Gesamtvorhaben und erleichtern den Überblick. Machen Sie es sich zur Gewohnheit, nach jedem erreichten Teilziel einen gedanklichen Haken an diese Phase zu machen, indem Sie sich etwas gönnen. Es ist nicht gesund, sich unter Dauerstress zu halten – um den Weg zum Ziel weiter zu verfolgen, müssen Sie zwischendurch Energie tanken.

Lassen Sie sich aber nicht dazu hinreißen, sich auf den Lorbeeren Ihrer Teilziele auszuruhen! Verlieren Sie Ihr Wunschergebnis niemals aus den Augen, halten Sie Ihre Motivation und die notwendige Spannung aufrecht. Jede Trainingseinheit, jede Entbehrung lohnt sich für die Aussicht und die Hoffnung, etwas Großartiges erreichen zu können.

Motivation finden

Motivation ist die treibende Kraft auf dem Weg zum Ziel. In Ländern wie China, in denen ein harter Wettbewerb herrscht und der Wohlstand erst wenige erreicht hat, bedeutet die Aufnahme an einer Sportschule oder sogar in das Nationalteam einen sozialen Aufstieg, und zwar für die ganze Familie. Ein gutes Abitur bedeutet vielleicht ein Stipendium oder die Aufnahme an einer Eliteuniversität. Das hat meistens einen guten Job zur Folge, und damit wäre auch der Absicherung der Familie Rechnung getragen. Die Motivation liegt hier auf der Hand. Was einem in unserer Wohlstandsgesellschaft den Antrieb gibt, muss jeder für sich herausfinden.

Ich persönlich bin immer dann besonders motiviert, wenn ich mich herausgefordert fühle. Jeder kennt wahrscheinlich folgendes Phänomen: Man hat den ganzen Tag frei und müsste »eigentlich« nur kurz Staub wischen und durchsaugen – und doch schafft man nur eines davon mit Mühe und Not. Am nächsten Tag hat man hingegen zehn Aufgaben zu erledigen, bekommt das aber komischerweise locker koordiniert und ist am Abend stolz und zufrieden mit sich. So geht es mir zumindest: Wenn die Dinge unmöglich zu erreichen oder unvereinbar scheinen, drehe ich auf. Dann möchte ich es mir beweisen. So kommt es, dass zum Beispiel die aufwendige Kombination aus Studium und Sport mich damals eher beflügelte als hemmte. Ich definierte dann einfach die Aufgabe, drei Klausuren zu schreiben und trotzdem die Qualifikation für die Weltmeisterschaften zu schaffen, als mentale Vorbereitung für die Wettkämpfe und freute mich, als ich alles erfolgreich bewältigt hatte. Was motiviert Sie?

Die eigene Antriebsfeder finden

Ich diskutiere häufig mit meinem Umfeld die Frage, ob der Ansporn eines Menschen, ein Ziel zu erreichen, in der Befriedigung des Siegens, also des Erfolgs liegt oder vielmehr in der Frustration, die er ertragen müsste, wenn er etwas nicht schafft. Mir persönlich hat es immer missfallen, etwas nur teilweise erreicht zu haben. Auf jeden Fall bin ich unzufrieden, wenn ich genau weiß, dass ich mehr hätte leisten können.

Ob es die Freude am Sieg ist oder die Abneigung gegen das Verlieren ist, die uns antreibt: Solange die Seele das bekommt, was sie braucht – Zufriedenheit, ein gutes Gefühl, Selbstbestätigung oder auch Lob von den richtigen Leuten –, ist die Quelle der Motivation, die Ursache des Antriebs völlig gleichgültig. Denn das Ziel ist letzten Endes für alle dasselbe: mit einem glücklichen Gefühl aus einer Situation herauszugehen.

Genauso spannend ist die Frage, ob zum Beispiel Athleten für ihre Sportart brennen und daraus Motivation schöpfen oder ob die Sportart eigentlich egal wäre, solange sie es nach oben schaffen. Lieben Sie Ihren Job oder das monatliche Gehalt, das damit einhergeht? Erfüllt Sie eine Aufgabe oder die Tatsache, dass Sie die Aufgabe erfolgreich bewältigen? Die

Motivation muss, wie ich finde, nicht unbedingt im Kern der Sache liegen. Für mich war es beispielsweise während meiner Schulzeit eine Motivation, mit einer guten Note nach Hause zu kommen, weil ich dann meinem Vater zuschauen konnte, wie er vor Freude durch die ganze Wohnung hüpfte – und ich bekomme auch heute noch tolles Feedback von meinen Eltern, was mich jedes Mal wieder glücklich und stolz macht.

Das Gemeinschaftsgefühl, das Erleben und das Emotionenteilen ist auch im Sport eine große Motivation. Ob ich durch das intensive Training nicht etwas entbehrt und meine Jugend vertan hätte, werde ich häufig gefragt. Mittlerweile ist diese Annahme für mich geradezu eine Steilvorlage: Wie viele Jugendliche oder junge Erwachsene haben sonst die Chance, die Welt zu sehen, viele Menschen und Länder kennenzulernen? Eine Party nicht etwa zum hundertsten Mal im Stammclub im Heimatort zu feiern, sondern an der Copacabana, in Florida oder in Sydney, weil dort Turniere stattfinden? Die Erfüllung abseits des rein Sportlichen spielt für Topathleten wie für engagierte Freizeitsportler meist eine große Rolle.

Mein Tipp →

Warum lohnt sich Einsatz? Weil es Spaß macht und weil man stolz ist, wenn man ein Ziel erreicht. Weil es sich gut anfühlt, wenn man sein eigenes Geld verdient, für das man etwas geleistet hat. Weil es erfüllend ist, Grenzen und Rahmen zu haben und diese herauszufordern. Weil es viel mehr Freude bereitet, sich aus eigener Leistung heraus nach oben zu arbeiten, als schon für das Nichtstun belohnt zu werden. Was ist Ihre Antriebsfeder? Finden Sie es heraus.

Sich bei der Stange halten

Jeder hat auch mal einen Durchhänger oder ist zwischendurch unmotiviert. Im Alltag muss man sich immer und immer wieder aufraffen und zu Dingen motivieren, auf die man gerade überhaupt keine Lust hat. Einige Aufgaben erfordern viel Routinearbeit, die nicht besonders spannend sind. Wer durchläuft nicht Phasen, in denen er sich im Büro für öde Arbeiten motivieren oder durch lange Trainingsstunden durchbeißen muss, während draußen herrlichstes Sommerwetter ist und man nur zu gerne in der Sonne liegen würde? Als Hallensportler kenne ich das Gefühl gut. Natürlich kostet es dann Überwindung, die Aufgabe durchzuziehen, vor allem, wenn sich der Einsatz erst sehr viel später auszahlt und noch nicht in Sichtweite ist. In solchen Momenten halte ich mich mit Gedanken an den Erfolg am Ende des Tunnels bei der Stange und mache mir klar, dass jede Trainingseinheit und Entbehrung ein Puzzleteil auf dem Weg dahin ist. Gleichzeitig versuche ich, mir kleine Akzente im Trainingsalltag zu setzen, die mir Spaß machen. Manchmal genügt die Aussicht darauf, mit meinem Trainer oder den Trainingskollegen einen Plausch zu halten – schon steht das Training an sich weniger im Vordergrund und ist leichter zu bewältigen.

Außerdem: Eine Arbeit schlecht zu erledigen und dafür Kritik einzustecken finde ich wenig erfüllend – und wenn ich mich schon durch eine wenig spannende Etappe quälen muss, möchte ich wenigstens hinterher das Gefühl haben, dafür belohnt worden zu sein.

Mein Tipp →

In Phasen des Stillstands können Sie sich motivieren, indem Sie sich fragen: »Will ich, dass der Zustand so bleibt? Will ich noch einmal verlieren?« Wahrscheinlich nicht! Ich vermute, dass Sie ebenfalls lieber Erfolge feiern möchten. Also, geben Sie sich einen Ruck, damit Sie Fortschritte erzielen und wieder zufriedener mit sich selbst werden. Und wenn Ihnen zwischendurch die Puste für Routinearbeiten oder langweilige Aufgaben ausgeht, denken Sie an das Gesamtbild, den Erfolg, der am Ende steht. Ab und zu muss man sich durchquälen – danach ist man umso stolzer auf sich!

Übung macht den Meister

»Nicht alle haben es so leicht wie du, Britta«, höre ich ab und zu. Mit meinem Talent sei ich nicht das Maß der Dinge. Doch gute Voraussetzungen, Begabung oder Talent bedeuten nicht, dass man automatisch alles spielend schafft, was man mit diesem Potenzial erreichen könnte. Durchhaltevermögen und Disziplin gehören immer dazu – auch für diejenigen, denen scheinbar alles zufliegt.

Ich habe den Eindruck, dass besonders bei denjenigen, die keine optimalen Ausgangsbedingungen mitbringen, eine ganz spezielle Form von Motivation entsteht, eine Urmotivation »aus dem Bauch heraus«. Diese hilft ihnen, aus ihrer Situation herauszukommen, sich emporzuarbeiten und sich selbst oder auch anderen zu beweisen, dass sie alles schaffen können, was sie sich vornehmen. Alles in allem sind es häufig eben nicht die Supertalente, die an die Spitze kommen, gerade weil es für den entscheidenden Anstoß zum echten Erfolg immer einer großen inneren Motivation und eines besonderen Einsatzes bedarf. Menschen mit außergewöhnlichen Begabungen sind dies oft nicht gewohnt und geben sich daher häufig mit dem guten Mittelmaß zufrieden, das sie ohne allzu große Anstrengung erreichen können. Wenn es darum geht, sich richtig ins Zeug zu legen, verlieren viele Talente die Lust.

Mein Tipp →

Um sich durchzusetzen, brauchen Sie einen langen Atem. Disziplin und Ausdauer gehören dazu genauso wie der Wille, sich durchzubeißen. Geben Sie sich nicht dem Irrglauben hin, mit wenig Einsatz alles erreichen zu können. Harte Arbeit gehört dazu, wenn man Meister werden möchte! Finden Sie Spaß an Details, die Sie noch verbessern können, so wird Ihnen in langen Übungseinheiten nicht langweilig.

Doch ein altes Sprichwort behält seine Gültigkeit: »Übung macht den Meister.« Es ist eine Illusion zu glauben, dass man sich verbessern oder richtig gut werden kann, ohne viel zu üben, zu lernen oder zu trainieren. Nicht umsonst besagt eine chinesische Weisheit: »Der Mann, der den Berg abtrug, war derselbe, der damit angefangen hat, kleine Steine wegzutragen.« Im Sport ist es genauso wie im Leben: Man braucht einen langen Atem. Nur mit vielen Übungsstunden, Tausenden Wiederholungen der gleichen Aktionen und der Ausdauer, eine Durststrecke ohne große Erfolge durchzustehen, kann man sich nach oben arbeiten. Auch heute noch stehen für mich beim Training täglich dieselben Wiederholungen und Übungen der gleichen Bewegungsabläufe und die weitere Verfeinerung der Technik auf dem Programm.

Aller Anfang ist schwer

Egal wie talentiert man ist – unten anfangen muss jeder, wenn er etwas Neues beginnt. Oft muss man sich anfangs mühsam durch die ersten Schritte quälen. Hat man sich da durchgeboxt, läuft es danach umso leichter, manchmal sogar überraschend gut.

Auch ich habe meine fechterische Laufbahn nicht direkt mit einem Titel begonnen, sondern landete bei meinen ersten Deutschen Jugendmeisterschaften im Jahr 1996 auf dem fünfundneunzigsten, dem vorletzten Platz. Ich erinnere mich genau daran, dass ich während meiner sechs Gefechte der Vorausscheidung in der Fechthalle stand und auf die Tribüne schielte, wo sich die »Guten« langsam einfanden, um bei der späteren Finalrunde mitzufechten. Ich stellte mir vor, wie schön es doch wäre, irgendwann einmal auch so gut zu sein. Doch dieser Traum war noch weit entfernt von der Realität. An diesem Tag lief für mich gar nichts gut – und ich hatte gegen keine meiner damaligen Gegnerinnen eine Chance.

Es war zwar kein erhebendes Gefühl, ohne einen einzigen Sieg wieder nach Hause zu fahren – und von Spaß konnte keine Rede sein. Doch wirklich deprimiert war ich wegen meiner Niederlagen nicht, schließlich hatte ich erst kurz zuvor mit dem Fechten begonnen. Vielmehr verspürte ich den Reiz oder den Ehrgeiz, weiterzutrainieren, meine fechterischen

Fertigkeiten zu verbessern, um beim nächsten Mal mindestens einen Sieg zu verbuchen. Diszipliniertes Training und die Lust, mich verbessern zu wollen, bescherten mir daraufhin erste Erfolge, wodurch ich wiederum immer mehr Spaß am Fechten gewann. Das größte Problem ist also eigentlich der Anfang. Einmal am Werk haben wir in der Regel Spaß an den Dingen, die wir tun.

Lassen Sie sich nicht von der Angst zu scheitern abhalten, den ersten Schritt zu gehen – wenn Sie es gar nicht erst versuchen, erreichen Sie mit Sicherheit nichts, erst recht keine innere Erfüllung.

Mein Tipp →

Aller Anfang ist schwer! Orientieren und erfreuen Sie sich zunächst an kleinsten Fortschritten. Haben Sie sich einmal durch den harten Prozess des Lernens durchgearbeitet, erhalten Sie die Lorbeeren dafür! Einmal mittendrin macht eine Aufgabe häufig Spaß. Vielleicht entdecken Sie dabei sogar ein verstecktes Talent, nachdem Sie die Anfangsschwierigkeiten überwunden haben.

Vor der Freude am Tun stehen also in der Regel Fleiß und Konzentration – und um sich konzentrieren und mit Energie ans Werk gehen zu können, muss auch der Körper mitspielen. Mit anderen Worten: Sie müssen fit, ausgeruht und gesund sein.

Die körperliche Basis

Ich bin auf dem Weg in die Mensa. Mal wieder. Ich fühle mich etwas entrückt, die ganz spezielle Atmosphäre des olympischen Dorfs in Peking ist für mich noch weniger zu greifen als in den Tagen zuvor. Ich sehe andere Sportler, die ihren Wettkampf bereits hinter sich haben oder sich noch in der Vorbereitung befinden: dicke, dünne, große, kleine Athleten, die bunt durcheinandergemischt sind.

Doch heute schenke ich ihnen keine Beachtung. Ich gehe durch die Gummistreifen, die an den Türen hängen, um die kühle Luft im Inneren zu halten, und ziehe meine Deutschlandjacke an, die ich für diese niedrigen Raumtemperaturen wohlweislich mitgenommen habe. Ich möchte mich ja nicht in letzter Sekunde noch erkälten. Ich schlendere Richtung Salattheke, suche mir ein paar besonders frisch erscheinende Salatblätter heraus und mache mich auf den langen Weg von der asiatischen zur europäischen Küche. Ich kann mir mein Essen selbst zusammenstellen. Ein Traum! Die olympische Mensa erfüllt mein Ideal der Kombination aus entspanntem Beisammensein in der Gruppe und gesunder Ernährung.

Ich gehe mit dem Tablett in Richtung der vielen Sitzreihen und versuche, ein paar deutsche Trikots ausfindig zu machen. Irgendwo mittendrin entdecke ich Nicolas »Kiwi« Kiefer und Rainer Schüttler, meine beiden Tennis spielenden Olympiamannschaftskollegen, die mir zuwinken. Ich möchte schon zu ihnen gehen, überlege es mir aber spontan doch anders, winke den beiden nur und setze mich alleine an einen hundert Personen fassenden langen Tisch.

In Kürze trete ich zum Wettkampf meines Lebens an. Doch statt die typische Aufregung vor einem Turnier zu empfinden, fühle ich mich entspannt und austrainiert. Ich weiß, dass ich keine Sorgen wegen meiner Form haben muss. Aufgrund des späten Wettkampfbeginns konnte ich heute Morgen bis neun Uhr ausschlafen.

Außerdem bin ich sicher, dass ich mich auf die Pünktlichkeit der Busse in Richtung Halle verlassen kann – nicht wie vor vier Jahren bei den Olympischen Spielen in Athen, wo wir immer eine Stunde vorher zur dorfinternen Bushaltestelle pilgern mussten, weil niemand wusste, wann der nächste Transport in die Wettkampfhalle stattfinden würde.

Wenig später sitze ich im Aufwärmbereich auf einem der wenigen Plastikstühle und versuche, mich mit der absurden Situation anzufreunden, dass ich in einem Raum mit allen dreiundzwanzig Fechterinnen bin, die diesen Tag als den ihren feiern möchten – und jede einzelne ist felsenfest davon überzeugt, dass sie heute Olympiasiegerin werden kann. Diese geballte Ladung an Hoffnungen und Träumen überfordert mich, und ich wünsche mir die innere Ruhe vom Morgen zurück, jetzt wo ich mir angespannt den Rest meiner Mitstreiterinnen anschaue. Warum sollte ausgerechnet ich diejenige sein, die oben auf dem Treppchen landet? Wie stehen die Chancen dafür?

Ich horche noch einmal in mich hinein.

Der Körper ist mein Kapital und meine Sicherheit für den sportlichen Erfolg. Aber der menschliche Körper ist mehr als nur ein Mittel zum Zweck, er dient vielmehr als Indikator für unsere seelische und geistige Verfassung. Gleichzeitig ist er der Antriebsmotor für all unsere Aktivitäten. Unser Körper gibt immer eine direkte Rückmeldung bezüglich unserer seelischen Verfassung und zeigt auf, »wie voll unser Akku ist«. Wenn Sie genau darauf achten, werden Sie auch bei sich selbst die Zusammenhänge zwischen seelischer Verfassung und Gesundheit sowie körperlicher Fitness und Leistungsfähigkeit erkennen.

Im Lauf der letzten Jahre habe ich immer deutlicher bemerkt, dass der Körper wirklich der Spiegel der Seele ist. Wenn ich beispielsweise aufgeregt oder nervös bin, zeigt mir meine Haut das postwendend an; wenn mir alles zu viel wird, zum Beispiel aufgrund der vielen Flugreisen, werde ich krank, und wenn ich müde bin, verletze ich mich schneller beim Training.

Tatsächlich ist es so, dass ich Hautprobleme bekomme, wenn ich mich überfordert fühle und Stress habe. Bezeichnenderweise nicht kurz vor den Wettkämpfen, wie man vielleicht annehmen würde, sondern eher in Momenten, in denen ich mich ungerecht behandelt fühle, oder in Phasen, in denen ich zu viele Dinge auf einmal koordinieren muss und noch zu viele Variablen im Spiel sind, die ich nicht sofort ordnen und in eine bestimmte Reihenfolge bringen kann.

Das Immunsystem wird bekanntlich durch Stress und übermäßige Belastung geschwächt. Vor allem bei einer übermäßigen Belastung durch viele Reisen und dem damit verbundenem Organisationsaufwand merke ich, dass mein Körper besonders anfällig ist und ich dann leicht Halsschmerzen bekomme. Ein besonders prägnantes Ereignis, das mir gezeigt hat, wie sehr der Körper auf den seelischen Zustand reagiert, ereignete sich von einigen Jahren.

Es war eine ziemlich hektische Phase mit vielen Weltcups, dennoch schob ich kurzfristig einen interessanten Fototermin in München dazwischen, den ich mir auf gar keinen Fall entgehen lassen wollte. Ich fuhr also am Abflugtag zuerst von meinem Wohnort in Köln aus eine Stunde zum Olympiastützpunkt nach Bonn und absolvierte ein hartes Training, um von dort aus total erschöpft mit den bereits gepackten Sachen für das Shooting direkt weiter zum Flughafen zu fahren. Innerlich war ich unruhig und voller Sorge, den Flug nicht mehr rechtzeitig zu erreichen, denn ich hatte notgedrungen alles zeitlich sehr eng getaktet. Außerdem befürchtete ich, dass ich womöglich für ein tolles Fotoshooting viel zu müde sein könnte. Bereits auf dem Flughafenparkplatz merkte ich, dass mit mir irgendetwas nicht in Ordnung war. Ich legte daher an der Apotheke im Flughafenterminal einen Zwischenstopp ein. Zu diesem Zeitpunkt hatte ich bereits pochendes Kopfweh und unglaubliche Halsschmerzen. Am Ende kam ich mit Fieber und ohne Stimme am Set in München an und konnte kaum vor der Kamera stehen – und das obwohl seit meiner Abreise von der Bonner Fechthalle im gesunden Zustand kaum mehr als vier Stunden vergangen waren! Am Ende des nächsten Tags, als der Fotograf mich nach einem anstrengenden Shooting entnervt wieder am Flughafen München absetzte, war ich einfach nur froh, diesen Termin überstanden zu haben, und ärgerte mich darüber, dass ich genau zu diesem Zeitpunkt krank geworden war.

Während ich mich noch im Flugzeug grämte und mich fragte, wie lange ich jetzt wohl beim Training ausfallen und was mein Trainer davon halten würde, merkte ich, dass meine Kopfschmerzen sich langsam verflüchtigten. Ich finde es bis heute unglaublich – aber nach der Landung in Köln war das Fieber verschwunden, die Kopfschmerzen waren ebenfalls wie weggeblasen und die Stimme wieder vollkommen in Ordnung. Das bedeutet, dass der mentale Stress bezüglich der Reise und die Sorge um meine Fitness, gepaart mit Hektik, Müdigkeit und dem Bewusstsein, dass der Fototermin zeitlich sehr ungünstig lag, zu einer heftigen körperlichen Reaktion geführt hatte. Daraus habe ich meine Lehren gezogen!

Mittlerweile habe ich gelernt, in mich hineinzuhören und meine seelische Verfassung anhand meiner körperlichen Reaktionen abzuschätzen. Sie sind für mich der entscheidende Indikator für die richtige Balance zwischen Arbeiten, Lernen und Anspannung auf der einen Seite und Regeneration, Entspannung und Spaß auf der anderen Seite. Das richtige Maß zu finden, ist nicht nur für uns Leistungssportler wichtig, sondern für jedermann.

Mein Tipp →

Wenn Ihnen bei einem Projekt schon der Kopf brummt und Sie überhaupt nicht mehr weiterkommen, gönnen Sie sich trotz Zeit- oder Abgabedruck eine kurze Pause. Danach können Sie meist in kurzer Zeit mit klarem Kopf das aufholen und vollenden, was Ihnen vorher Kopfzerbrechen bereitet hat. Das ist sinnvoller und effektiver, als in Panik durchzuarbeiten und in der Folge ein schlechtes Ergebnis abzuliefern. Niemand kann dauerhaft Leistung erbringen, geschweige denn sich daran erfreuen, wenn er tagelang durcharbeitet, kaum isst, schläft oder Freizeit hat. Nur mit aufgeladener Batterie kann man sich den Aufgaben des Lebens voller Elan und Zuversicht stellen.

Clevere Auszeiten

Viele Sportler wie auch Berufstätige scheuen sich davor, sich während der Vorbereitung auf Wettkämpfe oder wichtige Termine und Vorträge kurzfristig einen Tag freizunehmen, selbst wenn sie krank sind. Wenn man es allerdings nicht tut, kostet das meiner Erfahrung nach in der Regel mehr Zeit, Kraft und auch Leistungsvermögen, als wenn man vernünftig ist und seinen Körper ein wenig schont.

Mein rasanter Abstieg bis kurz vor den Olympischen Spielen 2012 begann damit, dass ich krank von einer noch schnell nach dem ohnehin schon ereignisreichen und mit Terminen vollgepackten Jahr 2010 dazwischengequetschten zweiwöchigen Urlaubsreise aus Asien zurückkam. Trotz Fieber, Magenbeschwerden und starkem Husten fuhr ich zu einem Weltcupturnier nach Katar. Ich habe diese Tage noch vor Augen: wie ich einen Tag vor dem Wettkampf im Bett verbrachte, am nächsten Tag direkt verlor, einen Tag später in der Mannschaft trotzdem antrat und mich kaum auf der Fechtbahn halten konnte. Kurz vor dem Rückflug hatte sich mein Zustand bereits deutlich verschlechtert, und bis ich zu Hause war, war ich todkrank. Mein Immunsystem war hinüber – und ich brauchte über ein halbes Jahr, um mich wieder zu erholen.

Bereits eine Trainingseinheit zu viel in krankem Zustand schwächt das Immunsystem weiter und hat auch sonst keinerlei positiven Effekte. Erst recht hätte ich nicht auf ein Turnier fahren dürfen, wo ich zusätzlichem Reise- und Wettkampfstress ausgesetzt war. Gerade im Sport kann ich mir einen solchen Fehler nicht ungestraft leisten: Es warf mich komplett aus der Bahn und löste eine ganze Kette an Ereignissen aus, die ich mir lieber erspart hätte.

Wer auf die Warnzeichen seines Körpers hört, ist schneller wieder auf den Beinen und kann viel effizienter arbeiten als jemand, der sich gesundheitlich angeschlagen in der Arbeit oder im Training quält. Ich habe selbst häufig genug erlebt, dass ich nach einer kurzen Trainingspause ein paar Tage später umso fitter war. So war es auch in einem Trainingslager in Paris im Jahr 2014: Beim Aufwärmen sollten wir sprinten und anschließend auf Gymnastikmatten Sit-ups machen. Ich sprintete mittig auf die Matte, schwebte ein paar Sekunden in der Luft – und knallte langgestreckt auf den Rücken. In der Halle war es für ein paar Sekunden totenstill, es war ein spektakulärer Sturz. Zum Glück stellte sich aber schnell heraus, dass ich mit einer Prellung des Steißbeins davongekommen war. Mein Trainer und ich beschlossen trotzdem, dass ich den Lehrgang abbrechen und mich zwei Tage erholen sollte. Wie sich herausstellte, war das die richtige Entscheidung: Kurz darauf stand ein Weltcup in Italien an, und dort wurde ich Dritte.

Sie wundern sich über dieses gute Ergebnis? Glauben Sie mir: Um erfolgreich zu sein, geht es nicht ausschließlich um Quantität des Trainings, sondern um die Stimmigkeit des großen Ganzen: Trainingsumfang, Qualität, eben die richtige Balance.

Missverstehen Sie mich bitte nicht: Natürlich ist in jungen Jahren eine konsequente Grundausbildung im Sport genauso wie in der Schule notwendig, ohne das geht es nicht. Nur eine solide Basis gibt dem Lernenden Sicherheit und die Möglichkeit, seine Fähigkeiten auszubauen und einzusetzen. »Es genügt nicht, zum Fluss zu kommen, mit dem Wunsch, Fische zu fangen. Man muss auch ein Netz mitbringen«, sagen die Chinesen zu Recht. Und selbstverständlich kommt man auch nicht voran, wenn man sich ständig aus der Verantwortung nimmt. Doch es zahlt sich aus zu erkennen, an welchem Punkt eine Belastung keinen Vorteil mehr schafft.

Als Jugendliche, während meines Aufenthalts in Peking, durfte ich das erste Mal mit der chinesischen Nationalmannschaft trainieren und habe einen mir völlig unbekannten chinesischen Trainingsstil miterlebt. Ich trainiere zumeist einmal täglich mehrere Stunden am Stück oder aufgeteilt in zwei Einheiten vormittags und am frühen Abend. Die chinesischen Sportler trainieren beinahe den ganzen Tag ohne Unterbrechung. Viel hilft viel, scheint hier das Motto zu lauten. Allerdings suchen sich die Athleten zwischendurch genauso ihre Auszeiten, wie wir sie haben. So findet man die eine auf der Toilette, während die andere versucht, auf der Bank unsichtbar zu werden. Fakt ist: Der menschliche Körper kann nur bis zu einer bestimmten Grenze belastet werden, das Gehirn nur bedingt Informationen aufnehmen und verarbeiten. Niemand kann wochen- und monatelang auf Dauer hoch konzentriert sein.

Mein Tipp →

Haben Sie kein schlechtes Gewissen, sich eine kurze Auszeit zu nehmen, wenn Ihr Körper danach verlangt. Seien Sie mutig, und machen Sie lieber bei den ersten ernst zu nehmenden Anzeichen einer Erkrankung Pause, um am nächsten Tag wieder voll einsatzfähig zu sein – statt angeschlagen weiterzuarbeiten, danach richtig krank zu werden und länger auszufallen. Sie werden im ausgeruhten Zustand umso mehr leisten können, und das mit mehr Spaß und Freude!

Der Körper als Motor

Die Chinesen verfolgen einen ganzheitlichen Ansatz und glauben, dass der Geist nur auf einem hohen Niveau funktionieren kann, wenn sein Motor, der Körper, gut läuft. Elan, Freude, Zufriedenheit und Leistungsbereitschaft ergeben sich für die Seele demnach nur, wenn Körper und Geist im Einklang sind.

Sich mit Fitness frisch halten

Nur wer körperlich fit und ausgeruht ist, kann mit Begeisterung durchs Leben gehen und Lebensfreude versprühen! Begreift man den Körper als Motor, kommt man schnell dahinter, dass auch Sport der aktiven Erholung und Regeneration für Seele und Geist dienen kann. Gemeinsame sportliche Betätigung gehört zum alltäglichen chinesischen Leben, und zwar nicht nur das gemeinschaftliche Aufwärmen in der Schule oder der gesamten Abteilung am Morgen, oder der in China so beliebte Frühsport im Park, sondern auch das allabendliche Tanzen vor den Wohnparks.

Wer den ganzen Tag im Büro oder bei Besprechungen und Tagungen mehr oder weniger stillsitzen muss, wird staunen, welch revitalisierende Wirkung eine halbe Stunde Jogging für Körper und Geist haben kann. Viele Menschen glauben – oder reden es sich nur zu gerne ein –, dass man müde und kaputt keinen Sport mehr treiben und sich stattdessen lieber auf dem Sofa ausruhen sollte. Falsch gedacht, zumindest in den meisten Fällen! Die Müdigkeit verfliegt durch etwas körperliche Betätigung oder »aktive Erholung«, wie wir Sportler sagen, in der Regel auf angenehme Art und Weise. Natürlich gilt: Wer kränkelt und deshalb schlapp ist, sollte besser nicht joggen gehen oder sich anderweitig überanstrengen.

Auch bei geistigen Blockaden kann sportliche Betätigung helfen. Kennen Sie das Gefühl, wenn Ihnen der Kopf zu platzen droht? Wenn sich kein klarer Gedanke mehr fassen lässt und man total gereizt wird? Ich fühle mich so, wenn ich beispielsweise bei einem Arbeitstext nicht weiterkomme oder mir eine Lebensfrage nicht beantworten kann. Dann ist es Zeit für einen Tapetenwechsel. Ich gehe dann meistens eine Runde joggen. Nachdem ich im wahrsten Sinne des Wortes frische Luft getankt habe und mich wieder gut fühle, weil ich etwas »getan« habe, kehre ich in der Regel wieder putzmunter an den Schreibtisch zurück.

Neben dem gesundheitlichen Aspekt gibt es natürlich viele weitere positive Effekte, die man beim Sport nicht unterschätzen sollte: Für Jugendliche bedeuten Fitness und Sporttreiben die Integration in eine Gruppe, das Erlernen von Regeln, die Schulung von Koordination und vor allem gesundheitliche Prävention. Für Erwachsene stellt Sport einen Ausgleich für das Berufsleben dar. Weiterhin fördert der Sport die Gemeinschaft: Kinder sitzen nicht alleine zu Hause vor dem Computer, sondern füllen ihre Freizeit gemeinsam mit anderen Jugendlichen sinnvoll aus, sind zufriedener und ausgeglichener und bilden eine Gruppe, die oft auch über den Sport hinaus Bestand hat. Das Joggen im Kollegen- oder Freundeskreis oder das Kicken nach der Arbeit fördert den Zusammenhalt und den Gemeinschaftssinn. Ein weiterer positiver Effekt besteht darin, dass in fast allen Sportarten Teamwork gefragt ist. Kein Athlet kann es ganz alleine zum Erfolg schaffen. Ob Trainer oder Trainingspartner – ohne Unterstützung geht es nicht.

Mein Tipp →

Probieren Sie es doch nach der Arbeit mal mit Bewegung. Empfehlenswert sind Sportarten mit geringer Belastung und wenig Aufwand wie etwa Joggen oder der Gang ins Fitnessstudio. Wählen Sie auf jeden Fall etwas, wozu Sie sich nicht allzu sehr überwinden müssen. Sie werden feststellen: Egal ob man es nun Fitness, Bewegung oder Training nennt – es erfrischt und entspannt!

Sich ausgewogen ernähren

Auch eine ausgewogene Ernährung beziehungsweise vielmehr das bewusste Essen sowie ausreichend Schlaf sind essenzielle Themen für jegliche Art von Leistung oder energieintensive Tätigkeit. Durch ein zu üppiges oder zu fettes Abendessen ist an Schlaf lange nicht zu denken, und nach einer durchzechten Nacht fällt es einem am nächsten Tag unendlich schwer, sich zu konzentrieren. Als Sportlerin spüre ich genau, wann mir welches Nahrungsmittel fehlt. Die richtige Ernährung ist dabei nicht nur wichtig, um den Hunger zu stillen, sondern sollte bewusst betrachtet werden. Dabei ist es egal, ob ein Shoppingausflug ansteht oder ob es um Spitzenleistungen auf der Planche geht: Wenn ich morgens nichts esse, macht mir nach ein paar Stunden das Anprobieren von Kleidern keinen Spaß mehr, weil ich hungrig bin und mir die Energie ausgegangen ist. So ist es auch im Sport: Alles, was ich meinem Körper zumute, wirkt sich auf meine Leistungsfähigkeit aus, positiv wie negativ.

Bestimmt kennen auch Sie das flaue Gefühl im Magen, wenn Sie nachmittags am Schreibtisch sitzen und dann erst merken, dass Sie noch nichts oder zu wenig gegessen haben. Mir ist das schon häufiger passiert. Beim Training konnte ich dann aufgrund des fehlenden Frühstücks bereits nach einer halben Stunde nicht mehr geradeaus schauen, geschweige denn meine Gegner beeindrucken. Von jetzt auf gleich war »Power off«, als hätte man mir den Stecker gezogen. Trotz dieser Erfahrungen gibt es immer wieder Tage, an denen ich die simple Regel, zu frühstücken oder zu Mittag zu essen, nicht beachte – und dafür im Handumdrehen die Quittung bekomme.

Egal ob viel Arbeit, Stress oder Hektik: Kein Chinese würde je sein Mittagessen ausfallen lassen oder es vergessen – das ist ihm heilig. Jeder Geschäftsmann, der schon einmal in China gearbeitet hat, weiß, dass man keine Verhandlungen führen kann, wenn der chinesische Partner zum Essen drängt. Es ist auch unmöglich, einen chinesischen Taxifahrer dazu zu überreden, einen kurzen Umweg zu fahren, wenn er in Gedanken bereits beim Abendessen mit seiner Familie am Tisch sitzt.

Wenn es um die Bewertung von Ernährung in Verbindung mit der körperlichen Form und der seelischen Verfassung geht, können wir Europäer uns einiges von den Asiaten abschauen. In der chinesischen Kultur wird der Ernährung ein hoher Stellenwert beigemessen. Yin und Yang müssen schließlich im Einklang sein. So unterscheidet man in China nach »kalten« und »heißen« Speisen – was mit dem Hitzegrad des Essens allerdings rein gar nichts zu tun hat. Jedes chinesische Kind kann Ihnen sagen, welches Nahrungsmittel bei welchem Gemütszustand gegessen oder getrunken werden sollte und was es bewirkt.

Mein Tipp →

Nehmen Sie sich Zeit, um Ihrem Körper Energie zuzuführen. Wenn Sie bewusster und langsamer essen, zu den richtigen Zeiten Nahrung zu sich nehmen und auf die Zusammensetzung der verschiedenen Mahlzeiten achten, fühlt sich Ihr Körper wohler – und das wirkt sich auf Ihren Geist und Ihre Verfassung aus.

Sich ausreichend Schlaf gönnen

Doch nicht nur bei falscher Ernährung zahle ich als Sportlerin postwendend die Rechnung und werde beim nächsten Training oder anstehenden Wettkampf einen Leistungsabfall hinnehmen müssen. Auch Schlafmangel wirkt sich umgehend auf die Stimmung und die Motivation aus: Jedes Mal wenn ich glaube, bis morgens um drei Uhr am Schreibtisch sitzen zu können, obwohl ich am nächsten Tag wieder früh aus den Federn muss, fühle ich mich wie erschlagen. Der Kopf ist wie benebelt, ich kann keinen klaren Gedanken fassen, die Augen brennen ... Kurzum: Es geht mir einfach nicht gut. Konzentriert und voller Elan in den Tag zu starten ist so auf keinen Fall möglich. Meistens zieht sich dieser Zustand den ganzen Tag lang hin, wirkt sich auf meine Trainingsleistung aus und macht mich immer unzufriedener. Außerdem bewirkt Schlafmangel besonders in Kombination mit Stress häufig, dass das Immunsystem anfälliger wird für ärgerliche und unnötige Erkrankungen.

Vor einigen Jahren habe ich vor einem wichtigen Wettkampf am Vorabend bis tief in die Nacht ferngesehen, bis ich plötzlich feststellte, dass ich schon in zwei Stunden wieder aufstehen musste. Am nächsten Morgen kam ich natürlich kaum aus dem Bett, der Wettkampf ging in die Hose, und ich grämte mich sehr ob meiner Unprofessionalität. Seither achte ich vor wichtigen Wettkämpfen oder in Phasen, in denen ich effizient und produktiv sein will, genau darauf, genügend Schlaf zu bekommen.

Mein Tipp →

Schlafen Sie lieber eine Stunde länger, gehen Sie also früher ins Bett, als sich zu lange mit nicht vollendeten Aufgaben weiterzuquälen – Sie werden sonst die Auswirkungen am nächsten Morgen in allen Knochen spüren. Ausgeruht können Sie in kurzer Zeit das Pensum locker aufholen, das Sie am Abend zuvor nicht mehr geschafft haben.

Die richtige Balance finden

Die Balance zwischen Leistungs- und Regenerationsphasen entscheidet über unseren Stresspegel und damit über unsere körperliche wie geistige Verfassung. Sie ist maßgeblich für unsere Belastbarkeit, unseren Elan. Dabei ist es häufig schwierig, die Grenze zwischen dem richtigen Maß an Anstrengung und einer ungesunden Überforderung zu erkennen. Wem diese Gratwanderung über längere Strecken gelingt, der mutet sich in der Regel mit der Zeit immer mehr zu. Er will dann umso mehr leisten, mehr erreichen und achtet dabei immer weniger auf die Signale seines Körpers – meist ein folgenschwerer Fehler.

Ich habe mich in den Jahren nach meinem Olympiasieg in Peking gnadenlos überlastet, stand im Jahr vor den Olympischen Spielen in London kurz vor dem Abgrund und kann daher mittlerweile gut nachvollziehen, wie jemand unversehens in den Burn-out abdriften kann. Zu viel Stress über einen längeren Zeitraum ohne Pause führt sicherlich häufig genug in die psychisch und körperlich überfordernde Katastrophe. Dann reicht ein kleiner Auslöser, der das Fass zum Überlaufen bringt. Bei mir war es damals der Wettkampf in Katar, von dem ich eben berichtet habe. Doch wo hört die gesunde Belastung auf, und wo fängt die ungesunde Überlastung an?

Eine einmalige Überforderung zu bemerken ist recht einfach. Als ich im Jahr 2014 im April auf meinen Kalender schaute und die vielen Termine sah, die geplanten Auslandsreisen, meinen Trainingsplan und die Deadline für einen Bericht, den ich noch zu finalisieren hatte, und dann noch einen kurzen Blick auf meine Telefonliste warf, die jetzt schon mehr als zwanzig Stichworte enthielt, bekam ich spontan fiese Kopfschmerzen. Der Plan an sich war durchaus machbar, doch manchmal ist der psychische Stress zu wissen, was in nächster Zeit noch alles ansteht, größer als der tatsächliche Stress bei der Durchführung. In diesem Moment wusste ich aus Erfahrung, dass ich die Reißleine ziehen musste. Ich musste Abstand gewinnen. Kurzerhand sagte ich daraufhin eine Veranstaltung ab und fuhr mit meinem Freund ins Phantasialand, einen Vergnügungspark in der Nähe von Köln, und gönnte mir einen Tag Auszeit mit Zuckerwatte und Fahrten in der Geisterbahn und anderen Attraktionen. Abends konnte ich schon wieder freier atmen.

Ich habe über die körperlichen Warnsignale gesprochen – und ich bin der Meinung, dass sie der beste Indikator sind. Ist es so weit, dass die Signallampe auf Rot springt, muss man loslassen und sich zumindest eine kurze Auszeit zugestehen. Das lässt sich meiner Meinung nach auf die eine oder andere Art in jeder Situation realisieren. Wesentlich schwieriger ist es, einem schleichenden Prozess der Überlastung auf die Spur zu kommen und Herr zu werden, wenn Sie sich also in einer ähnlichen Situation befinden wie ich mich zwischen den Olympischen Spielen in Peking und London. Mir wurde einfach alles zu viel, ich hatte alles satt. Nur eine längere Zwangspause und viele Gespräche mit engsten Vertrauten haben mich wieder auf den richtigen Pfad und zur nächsten Medaille geführt.

Mein Tipp →

Jeder leidet bei falscher Ernährung, zu viel Stress und Schlafmangel an den Folgen: nachlassende Konzentration, Müdigkeit, Gereiztheit, Lustlosigkeit und eine niedrigere Belastungsgrenze. Wenn Sie lernen, in sich hineinzuhören, können Sie sich leichter in Ihrer Wohlfühlzone bewegen und damit die Grundlage dafür schaffen, belastbar und elanvoll zu bleiben. Ein gesunder und erholter Körper steigert Lebenslust, Laune und Leistungsfähigkeit!

Das innere Gleichgewicht

Ich warte auf meinen Aufruf für das erste Gefecht des Tages in Peking und sitze, konzentriert auf den Boden starrend, neben unserer Physiotherapeutin im Warteraum. Ich horche in mich hinein und frage mich erneut, ob ich den ganzen Stress der letzten Monate am heutigen Tag kompensieren kann, sodass ich nicht unter dem ultimativen Druck zusammenbreche, der mir in den kommenden Gefechten bevorsteht.

Ich starte den heutigen Wettkampf in der Runde der letzten sechzehn Fechterinnen – vier Gefechte wären es also bis zum Sieg. Ich kann es kaum glauben, dass ich es überhaupt so unbeschadet bis zum heutigen Wettkampftag geschafft und meine psychische Belastungsgrenze nicht längst überschritten habe.

Als ich in den letzten Tagen in der Trainingshalle im Erdgeschoss des Sportkomplexes meine letzten Trainingseinheiten absolvierte, lugte ich auch neugierig in die Wettkampfhalle, um die Atmosphäre zu erspüren und die Wettkämpfe der anderen Fechtdisziplinen zu beobachten. Ich kauerte im Dunkeln auf der Zuschauertribüne, mit Tränen in den Augen. Als ich eine schwierige Gefechtssituation zwischen zwei Florettfechterinnen sah, fing ich unwillkürlich an zu zittern. Ich konnte mir in dem Moment einfach nicht vorstellen, dass ich bei meinem Wettkampf, der in einigen Tagen stattfinden sollte, diesem unheimlichen nervlichen Druck während des Gefechts würde standhalten können.

Nach diesem kurzen ersten Besuch in der Wettkampfhalle beruhigte ich mich zwar wieder und glaubte, dass es der erste überwältigende Eindruck Olympischer Spiele gewesen war, der mich so emotional hatte werden lassen – dennoch war dies mit Sicherheit nur eine Kostprobe der nervlichen Anspannung, die ich in wenigen Tagen zu erwarten hatte.

Jetzt sitze ich hier, bin eigentlich ganz gut gelaunt, habe weder Kopfschmerzen noch bin ich verschnupft. Ich rege mich nicht einmal über die vielen chinesischen Helfer auf, die uns bei keiner Frage weiterhelfen können. Dennoch ist mir das alles irgendwie unheimlich. Ich hebe den Kopf und sehe am anderen Ende der Halle meinen ehemaligen Trainer Gabor Salamon entlangspazieren, der mich zehn Jahre bis hin zur Weltspitze ausgebildet und begleitet hat. Er winkt mir zu – und ich bin mit einem Mal beruhigt. Er vermittelt mir noch immer ein Gefühl der Sicherheit. Ich weiß, dass er an meine fechterischen Fähigkeiten glaubt, mir alles zutraut und mir die Daumen drückt.

Jetzt geht es mir besser.

Wenn man auf seinen Körper hört und darauf achtet, welche Zeichen er sendet, ist die Grundlage für das innere Gleichgewicht bereits gelegt. Mein seelisches Wohlbefinden steigert sich aber noch einmal deutlich, wenn ich einen Kreis an Personen um mich weiß, der mir einen festen Rückhalt gibt, auf den ich mich hundertprozentig verlassen kann. Und wenn ich mich im passenden Team befinde, können wir uns gegenseitig nach vorne treiben. Ich weiß, dass es oft genug vorkommt, dass man aus einer Unzufriedenheit oder einem negativen Umfeld heraus gute Leistungen erbringt, indem man diese innere Spannung in eine positive Kraft, eine Jetzt-erst-recht-Energie umwandelt. Dennoch: Ein fester Rückhalt und eine positive Atmosphäre sind sicherlich um einiges angenehmer, beruhigender und tragen zudem zu Ihrer Ausgeglichenheit bei. Unterschätzen Sie also nicht die Bedeutung jener Menschen, die Stützen in Ihrem Leben sind und Ihnen ein positives Umfeld bieten.

Wer in sich ruht, dem fällt vieles leichter. Insgesamt können Sie in Stresssituationen mit einer größeren Leichtigkeit bestehen, wenn Sie im Grunde Ihres Herzens beschwingt und fröhlich sind. Und das sind Sie am ehesten, wenn Sie ein gutes Team um sich herum haben.

Zugegeben, was das angeht, habe ich unglaubliches Glück. Meine großartige Familie hat mich auf dem Weg an die Spitze immer unterstützt, ist nach wie vor oft treibende Kraft und hält falls nötig die schützende Hand über mich. Weil mein Vater Sportlehrer war und vormals selbst Hochspringer und meine Mutter Sportmedizinerin ist, konnten beide umso mehr auf meine Gesundheit und ein ausgewogenes Training achten. Dazu habe ich meinen Freund und gute Freunde, die sich seit Jahren geduldig meine Leiden während emotionaler Tiefen im Sportlerleben anhören. Ich kann Ihnen versichern, dass das nicht immer leicht ist! Ulrich Reinke – mein »Onkel Ulli« – ist mir als Rechtsanwalt und langjähriger Freund der Familie seit Jahren eine Stütze bei allen Fragen rund um öffentliche Auftritte und strategische Entscheidungen. Hinzu kommen meine Trainer und Betreuer – auch das sind Menschen, die mir Mut machen und Halt geben, die es mir erleichtern, mich auch mal durch schwierige Situationen zu kämpfen.

Sobald es mir nicht gut geht oder ich mir meiner selbst nicht sicher bin, hole ich mir Bestätigung und Rat aus diesem Kreis von Vertrauten. Orte und Rituale können ebenfalls Sicherheit vermitteln. So ist zum Beispiel meine Wohnung in Köln mein Rückzugsort, meine Heimat. Auch meine Trainingsstätten bei Bayer Leverkusen und im Bundesleistungszentrum Bonn gehören dazu. Wenn ich dort bin, fühle ich mich wohl.

Dieses Aufgefangenwerden, diese Geborgenheit halte ich für sehr wichtig. Das entsprechende Netzwerk baut man sich im Laufe des Lebens auf – und man sollte es gut pflegen, da man daraus viel, wenn nicht sogar die meiste Kraft schöpfen kann. Neben meinem engsten Familien- und Freundeskreis fällt mir hierbei eine seit langer Zeit mit uns befreundete Familie aus München ein. Burkhardt Kurz, der Vater, hat mich nach allen meinen Erfolgen sofort angerufen. Seine Anrufe sind für mich eine richtige Instanz geworden und geben mir die Sicherheit, dass jemand sich ehrlich mitfreut. Diese kleinen und großen Eckpfeiler im Leben brauchen wir alle. Sie geben uns Bestätigung und halten uns gleichzeitig den Rücken frei.

Mein Tipp →

Wir alle brauchen treibende und stabilisierende Kräfte um uns herum, Familie, Freunde, Mentoren oder Trainer, die uns auf dem Weg begleiten und die uns Kraft geben. Wie Ihre Ziele auch immer aussehen mögen, in welcher Form und in welcher Branche Sie »die Welt erobern« möchten: Es macht am meisten Spaß, den Weg mit jemandem zusammen zu gehen, der Sie versteht und ergänzt. Die Umsetzung eines Vorhabens ist nur möglich, wenn Sie das richtige Umfeld und die richtigen Helfer um sich herum haben. Eine starke Partnerschaft bringt Sie nach vorne, ein halbherziger Zusammenschluss hingegen kann Sie nur zurückwerfen.

Um sich konzentrieren und auf ein Ziel fokussieren zu können, braucht man einen klaren Kopf. Ihr direktes Umfeld sollte Sie also möglichst nicht mit Sorgen belasten, sondern Sie frei machen. Deshalb sollte die Entscheidung, mit wem man außerhalb der Familie eine langfristige Verbindung eingehen will, wohlüberlegt sein. Eine Bindung einzugehen, von der man nicht überzeugt ist, die einen vielleicht hemmt, macht auf Dauer nur unzufrieden. Mit dem passenden Umfeld findet man schneller das innere Gleichgewicht und man kann beschwingter ans Werk gehen.

Das Team optimal aufstellen

Verfolgen viele das gleiche Ziel, so finden sich meist Lern-, Trainings- oder Arbeitsgruppen zusammen – aus gutem Grund: Zu trainieren, zu arbeiten, zu kämpfen und Druck auszuhalten fällt in der Gemeinschaft leichter als einem Einzelkämpfer ohne Team und bringt viel mehr Freude. Ich kann mich gut daran erinnern, dass wir als Jugendliche eine tolle Sportgruppe hatten: Es machte Spaß, zum Training zu fahren und Neuigkeiten auszutauschen. Jedes Mal wenn ich nicht mitmachen konnte – was ab und zu passierte, weil die Trainingszeiten beim TSV Bayer 04 Leverkusen nicht immer mit den Arbeitszeiten meiner Eltern zusammenpassten und der Weg dahin von unserem Wohnort Köln recht weit war –, war ich richtiggehend traurig. Obwohl uns beim Training viel Leistung abverlangt wurde, hatten wir niemals das Gefühl, uns zu quälen, denn unser Fokus lag nicht auf der gedanklichen Beschäftigung mit der Frage, ob wir zu Spitzenleistungen »gezwungen« wurden, sondern auf der Freude an der Gemeinschaft. Die sportlichen Ergebnisse waren ein natürliches Nebenprodukt des Ganzen. Ein perfektes Beispiel für dieses Phänomen sind auch die Juniorenweltmeisterschaften im Modernen Fünf-kampf in Orlando, Florida, 1999. Wir waren zwei Wochen vor den Wettkämpfen bereits für ein Trainingslager in Fort Myers vor Ort. Unser strenger Bundestrainer Rudi Trost forderte viel von uns ein, verpackte es aber gut. Er scheuchte uns zum Bei-spiel immer ein paar Meilen vor dem Meer aus dem Bus und ließ uns bis zum Strand laufen. Zur Belohnung durften wir dort zwei Stunden baden gehen und uns sonnen. Am Turnier-tag waren wir topfit, lieferten einen ordentlichen Wettkampf ab und feierten anschließend mit den Athleten aller Natio-nen am Hotelpool. Bei der späteren Siegerehrung wurden wir deutschen Mädchen dann als Bronzemedaille-Gewinnerinnen auf die Bühne gerufen. Wir freuten uns riesig!

Auch lohnt es sich, in Bezug auf den Leistungsgedanken die richtigen Partner zu suchen: Zu Beginn meines Studiums fand ich mich mit einigen Kommilitonen zu einer Lerngruppe zu-sammen, von denen ich wusste, dass sie ebenfalls motiviert waren, möglichst gute Noten zu schreiben, und dass ich mich auf sie verlassen konnte. Nach kurzer Zeit hatte sich ein wun-derbares Team gebildet, und in dieser Konstellation haben wir uns jahrelang auf Klausuren vorbereitet, wovon – wie ich glaube – wir alle profitiert haben. Ich erinnere mich gerne an die zahlreichen Telefonate und Treffen, bei denen wir die Ri-siken und möglichen Hürden besprachen, die uns in den Prü-fungen bevorstanden. Wir hatten Freude daran, spornten uns gegenseitig an und feierten anschließend gemeinsam den ge-wünschten Erfolg.

Ich habe es häufiger erlebt: Das richtige Team kann einen beflügeln und Wunder bewirken!

Mein Tipp ▶

Je positiver und motivierter Ihr Umfeld ist, desto mehr können Sie selbst davon profitieren. Suchen Sie sich Weggefährten, die ähnliche Ziele wie Sie verfolgen, und nutzen Sie so die gebündelten Kräfte, um sich gegenseitig nach vorne zu bringen. In einem Team darf jeder das Beste für sich herausziehen – solange er seinen Teil beisteuert. Das gilt im Sportverein genauso wie im Büro.

Nur wenn die Grundlagen stimmen, also wenn Körper, Geist und Seele im Einklang sind, können Sie sich auf sich selbst konzentrieren, sich auf das Gefecht und auf das zielgerichtete Handeln fokussieren und den Geist arbeiten lassen. Jubelnde oder grölende Zuschauer, der Partner im Publikum, bewundernde oder böse Blicke – all das muss jetzt in den Hintergrund treten. Schalten Sie für einige Zeit Ihre Umwelt aus, und versuchen Sie sich auf die Duellsituation zu konzentrieren, die vor Ihnen liegt. Analysieren Sie den Gegner, schaffen Sie sich Lücken für den geraden Angriff, wenden Sie Finten an, suchen Sie das richtige Tempo, parieren Sie, und halten Sie den nötigen Abstand zum Gegner.

Lassen Sie mich Ihnen in den folgenden Kapiteln das komplexe Spiel des Fechtens aufzeigen, und nehmen Sie die Herausforderung zum Duell an.

3 | »Allez«:
Das Gefecht beginnt

Ich befinde mich im sogenannten Call-Room, dem Vorbereitungs-raum für die Athleten. Hier sammeln sich alle Fechter vor dem Aufruf zum Gefecht. Die Angst, aus dem Konzentrationstunnel geworfen zu werden, mich ablenken oder aus dem Konzept bringen zu lassen, erstickt mich fast. Wir stehen kurz vor dem Aufmarsch in die noch nicht abgedunkelte Fechthalle, in der ich meinen Bruder und meine Fans sehen und hören werde.

Der Weg vom Call-Room zur Fechtbahn ist aus meiner Sicht einer der härtesten. Das aufgeregte Kribbeln im ganzen Körper, die Angst vor der möglichen Niederlage, die Einsicht, dass man sich vor der Herausforderung nicht mehr drücken kann und sich der Situation stellen muss: Jetzt geht es darum, auf diesem Weg zum Ort des Geschehens den Fokus auf sich und das Bevorstehende zu richten.

Der Hauptkampfrichter ruft uns dazu auf, uns für den Ein-marsch in die Fechthalle aufzureihen. Ich stehe hinter dem Vorhang in dem schmalen Schlauch, der den Call-Room von der Fechthalle trennt, hüpfe ein paar Mal auf und ab und feuere mich mit einem letzten Motivationsschrei selbst an. Ich bin so konzentriert, dass es mich in dem Moment überhaupt nicht stört, dass dabei noch an-dere Fechterinnen um mich herumstehen. Denn gleich geht es um alles, beim Gefecht meines Lebens.

Der Vorhang öffnet sich.

Unmittelbar vor dem Kampf muss sich ein Fechter mit der schwierigsten Herausforderung befassen: sich dem Gegenüber im Gefecht zu stellen. Es ist der Moment, in dem es auf die Planche geht, in dem es kein Zurück mehr gibt und man ganz bewusst der nun anstehenden Situation ins Auge blickt. Es ist der Moment – gute Vorbereitung hin oder her –, in dem man entscheidet, ob man sich messen möchte oder aufgibt, bevor man überhaupt angefangen hat. Ein Augenblick, der jedes Mal von Neuem Nerven und Willensstärke erfordert.

Diesen Moment, diese Gefühle kennt jeder aus dem Alltag: vor Prüfungen, vor unangenehmen Gesprächen oder vor sportlichen Wettbewerben, vor dem Aufeinandertreffen mit einem nicht gerade befreundeten Gegenüber oder einer Verhandlung mit dem Chef. Viele Gefechte – auch Wortgefechte und innere Konflikte – werden jedoch schon *vor* dem eigentlichen Duell mental ausgetragen und manchmal sogar entschieden.

Zu den schönen Dingen beim Fechten gehört die einfache Wahrheit: Man kann immer siegen und verlieren, und man hat es selbst in der Hand, wie und ob man sich durchsetzt. Mit der richtigen Strategie, der passenden taktischen Lösung und mit mentaler Stärke hat auch der vermeintlich Unterlegene eine Chance, das Gefecht für sich zu entscheiden. Allerdings kann man sich gegen einen Gegner nur durchsetzen, wenn man sich selbst im Griff hat.

Lassen Sie sich im Gefecht nicht von sich selbst überlisten und aus dem Gleichgewicht bringen, aber versuchen Sie vor allem, sich nicht von anderen aus dem Konzept bringen zu lassen. Konzentrieren Sie sich nicht auf die Stärken des Gegners, sondern wahren Sie einen gesunden Abstand, und besinnen Sie sich auf Ihre individuellen Möglichkeiten.

Im Fechten sind ein möglichst freier Kopf, Durchhaltevermögen und mentale Stärke gefragt, um das eigene Können erfolgreich umzusetzen. Immer wieder stellt man aber auch im Fechtsport fest, dass selbst mentale Stärke nichts nutzt, wenn man gegen einen Gegner keine taktische Lösung findet, die Technik nicht gut ist oder man die falsche Strategie anwendet.

So ist es auch im Alltag: Es liegt an Ihnen, die Herangehensweise an Ihre Gefechte pragmatisch und Ihren Bedürfnissen entsprechend zu wählen, und nur Sie können Ihr technisches Repertoire und taktisches Vermögen verbessern und durch Training optimieren. Gehen Sie dabei Schritt für Schritt vor, und überlegen Sie bewusst, welche Strategie Sie einsetzen wollen und wann der richtige Zeitpunkt ist, sie anzuwenden.

Nehmen Sie also im übertragenen Sinne Ihren Degen in die Hand, und gehen Sie in Stellung. Bewahren Sie dabei auf jeden Fall die Spannung und die Haltung, denn wenn Sie sich gleich flink hin und her bewegen und die Klinge schwingen müssen, um anzugreifen und um sich zu verteidigen, sollten Ihnen alle Optionen zur Verfügung stehen, die Sie in nervenaufreibenden Momenten anwenden können. Wählen Sie klug zwischen den verschiedenen Strategien. Jetzt kommt es darauf an, mit welchem Geschick Sie zu Werke gehen, wie diszipliniert und konzentriert Sie sind und wie stark Sie mental sind. Stellen Sie sich vor, der Degen sei Ihr Portfolio an Möglichkeiten, das Gefecht und der Gegner die Herausforderung.

Êtes-vous prêts – sind Sie bereit? Dann verbinden Sie sich mit dem elektrischen Kreislauf der Fechtbahn, und fechten Sie sich mit mir durch die Alltagssituationen des Lebens!

Die ersten Treffer

Ich stehe auf der olympischen Fechtbahn von Peking und suche mir meinen besten Degen aus der Materialtasche heraus. Ja, dieser Degen liegt gut in meiner Hand, das ist schon einmal beruhigend. Ich gehe zur Startlinie vor und grüße in Fechtermanier den Obmann und meine erste Gegnerin Hyo Jung mit meinem Degen. Ich schaue meiner Gegnerin in die Augen. Ich bin extrem angespannt.

Viele Gedanken schwirren mir in diesem Moment durch den Kopf: Wie ist die Koreanerin heute wohl drauf, was hat sie vor? Wie wird sie dieses Gefecht angehen? Wird sie zunächst passiv agieren oder wird sie mich dynamisch angreifen? Werde ich heute mein fechterisches Repertoire voll ausschöpfen können? Oder werde ich einige meiner Möglichkeiten ungenutzt verstreichen lassen? Diese Fragen und die Ungewissheit machen mich noch aufgeregter. Ich weiß nicht, wie ich diesem Druck standhalten soll. Ich hoffe inständig, dass ich nichts überstürze. Doch es gibt kein Zurück mehr – ich setze meine Maske auf und gehe in Stellung.

Plötzlich wird alles noch unheimlicher. Das Licht in der Fechthalle geht aus, für einen Moment ist um mich herum alles schwarz. Dann erstrahlen die Scheinwerfer der Hochbahnen, und ich fühle mich wie auf dem Präsentierteller. Die Zuschauer können jetzt nur noch uns Fechterinnen erkennen, der Rest der Halle liegt im Dunkeln. Ich kann die Zuschauer nicht sehen, es ist mucksmäuschenstill in der riesigen Fechthalle. Das Ganze kommt mir vor wie im Traum. Ich fühle mich wie in eine andere Welt versetzt – und es fällt mir auf einmal viel leichter, mich zu konzentrieren und zu fokussieren.

Mit dem Startkommando »Allez« hat das bange Warten ein Ende. Ich bin wieder im Hier und Jetzt, in der Realität. Es bleibt keine Zeit, Gedanken an Ängste und Sorgen zu verschwenden.

Das Gefecht beginnt!

Sobald der Obmann das Kommando »Allez«, also »Los geht's« gibt, beginnen die ersten drei Minuten. Ein Gefecht besteht aus drei mal drei Minuten mit jeweils einer Minute Pause dazwischen, vergleichbar mit dem Boxen. Damit die Punkte gezählt werden können, leuchten nach einem Treffer für die Fechter auf der elektronischen Trefferanzeige jeweils entweder die Farben Rot oder Grün auf. Gewonnen hat derjenige, der entweder als Erster in diesen neun Minuten fünfzehn Treffer erreicht hat oder nach Ablauf der Zeit in Führung liegt. Wenn am Ende Gleichstand herrscht, gibt es eine Verlängerungsminute, und der nächste Treffer entscheidet über Sieg oder Niederlage – wie beim Golden Goal im Fußball. Beim Fechten nennt man es aber »Sudden Death«.

Mit dem Startkommando beginnt der Teil des Fechtsports, der wie eine dreidimensionale Diskussion anmutet. Ich erkenne in einem Gefecht so viele Parallelen zum realen Leben, dass es mich manchmal geradezu erschreckt. In meinem Leben bin ich vielen ostasiatischen Lebensweisheiten begegnet, die Teil meiner Persönlichkeit und meines Wertekanons geworden sind. Genau diese Werte und Überlegungen finde ich auch tagtäglich im Fechterleben wieder. Jedes Gefecht, jede einzelne Aktion ist wie eine Lebensweisheit »in bewegten Bildern«.

Bevor wir uns aber eingehend mit den Strategien und Taktiken im Gefecht beschäftigen, muss zunächst noch eine grundsätzliche Frage geklärt werden: Gegen wen treten Sie überhaupt an? Mit wem oder was setzen Sie sich in Ihrem Gefecht auseinander? Es ist wichtig, seinen Feind beziehungsweise Gegenspieler zu kennen, heißt es in China. Denn nur so kann man sich auf ihn einstellen und ihm mit der richtigen Haltung begegnen.

Die Gegner: Ihr Gegenüber und Sie selbst

Bei einigen Duellen des Lebens befinden wir uns im Zweikampf mit einem tatsächlichen Gegner und in einer konkreten Situation, in der wir uns durchsetzen beziehungsweise arrangieren oder Kompromisse eingehen müssen und in der dieser Gegner in vielerlei Gestalt erscheinen kann: als Chef, als Geschäftspartner, als soziales Umfeld, als Kind oder Ehepartner. Ich habe viel Kraft, Mut und Selbstvertrauen aus Gefechtssituationen mitgenommen und mich so auf wichtige Auseinandersetzungen und Gespräche vorbereitet, und ich weiß mittlerweile, wie ich sie »ausfechten« kann.

Doch die meisten Entscheidungsduelle in meinem Leben habe ich mit mir selbst ausgetragen: Häufig kämpfen wir mit uns selbst darum, uns zu einem bestimmten Weg oder zu einer Entscheidung durchzuringen. Was nehme ich mir vor, wie setze ich es um, soll ich es überhaupt tun? Lohnt sich der Einsatz oder mache ich mir etwas vor? Schaffe ich es, ans Ziel zu kommen? Auch im Zweikampf stehen wir uns häufig selbst im Weg, ist nicht der physische Gegner das unüberwindbare Problem. Wir lassen uns vom Gegner ablenken, von seinem Verhalten oder seiner Leistung beeindrucken, schaffen es nicht, uns auf uns selbst zu konzentrieren. Genauso überfallen uns beizeiten Phasen der Selbstzweifel.

Stellen Sie sich einmal vor, Sie würden auf der Bahn stehen und im ersten Fechtduell gegen einen Ihrer Bekannten antreten. Zu Beginn ist Ihnen herzlich egal, ob Sie gewinnen oder verlieren – es geht ja um nichts. Doch dann liegen Sie zurück: Ihr Gegner hat ein paar Treffer hintereinander gesetzt und freut sich lautstark darüber. Jetzt packt Sie der Ehrgeiz, Sie wollen schließlich nicht ohne einen einzigen Punkt dastehen.

Also reißen Sie sich zusammen und geben sich nun ernsthaft Mühe. Ihr Einsatz wird belohnt, Sie holen auf, und in Ihnen erwacht die Hoffnung, doch noch siegen zu können. Sie haben ein neues Ziel: Sie wollen jetzt ein klares Erfolgserlebnis. Sie kämpfen weiter und liegen vorne. Doch plötzlich sagt Ihre innere Stimme zweifelnd und ängstlich: »Hoffentlich holt mein Gegner nicht wieder auf! Oje, ob ich es wirklich schaffen kann?« Daraufhin holt Ihr Kontrahent Sie tatsächlich wieder ein und pariert Sie gekonnt aus. Es ist ein wahres Wechselbad der Gefühle. Spüren Sie es?

Solche Zweifel und Ängste, Druck oder ein schwankendes Selbstwertgefühl kennt wahrscheinlich jeder. In solchen Momenten sind Sie selbst Ihr schärfster Gegner, genauer: Ihre Psyche.

Das richtige Auftreten

Beim Duell ist ein entsprechendes Auftreten erforderlich, ein Portfolio an Mitteln, eine Mischung aus geistiger Haltung und Körpersprache. Die Frage der Haltung, diesmal ganz wörtlich gemeint, ist mitentscheidend für den Gesamteindruck, den Sie auf Ihren Gegner machen. Gleichzeitig stärken Sie mit einem selbstbewussten Auftreten sich selbst.

Das Auftreten und das Erscheinungsbild sind auf der Fechtbahn ebenso entscheidend für den Gefechtsverlauf wie Technik und Taktik – das habe ich häufig genug erlebt. Auf das Leben bezogen könnte man sagen, dass das Auftreten mindestens genauso wichtig ist wie der Inhalt, den man vermitteln möchte. Präsentiert ein Vortragender gut und unterhält die Zuhörerschaft, achten die meisten weniger auf die inhaltliche

Qualität. Im Gegenzug kann der qualifizierteste Bewerber im Vorstellungsgespräch durchfallen, wenn er sich nicht zu verkaufen weiß. Wenn man sich gut fühlt, muss man meiner Erfahrung nach gar nicht so sehr darauf achten, ob und wie man sich präsentiert, denn das läuft dann im Grunde automatisch. Wenn man aber in keiner so guten Verfassung ist, muss man schon mal bluffen. Denn Hand aufs Herz: Wer nervös und mit verschwitzten Händen vor den Chef tritt, hat weniger Chancen, richtig ernst genommen zu werden. Wesentlich bessere Karten hat derjenige, der selbstbewusst auftritt.

Überwinden Sie sich also, und vermitteln Sie Ihrem Gegenüber Stärke, indem Sie ihm in die Augen schauen, sich aufrecht halten und nicht zögerlich sind. Sie werden sehen, dass sich die meisten Menschen davon beeinflussen lassen. Versuchen Sie, Freude daran zu finden, siegessicherer aufzutreten, als Ihnen zumute ist!

Wenn ich mich mal nicht so stark fühle und mich in Sorgen verstricke, versuche ich mir bewusst zu machen, dass sich meine Kontrahentinnen meist nicht viel anders fühlen als ich mich: Jede kämpft mit sich, wenn es in ein Gefecht geht und man auf eine unangenehme Gegnerin trifft. Und dann drehe ich den Spieß gedanklich einfach um: »Wie fühlt sich wohl meine Gegnerin dabei, gegen eine Olympiasiegerin zu fechten? Bestimmt ist ihr auch nicht so wohl in ihrer Haut!«

Doch das musste ich auch erst einmal lernen, denn man denkt erst einmal automatisch, man sei der Einzige, der vor einer schwierigen Aufgabe Selbstzweifel und Unwohlsein empfindet. Überlegen Sie daher immer, welche Unsicherheiten Ihr Gegenüber wohl plagen. Sie werden staunen, was Ihnen alles einfällt. Aber: Hoffen Sie dabei nicht auf einen Totalausfall Ihres Gegners. Setzen Sie lediglich Ihr Wissen um seine

Schwächen ein, um selbst Ihr Bestes geben zu können, ohne Angst zu haben.

Mein Tipp ➜

Wer sich traut, mit erhobenem Haupt in eine schwierige Situation zu gehen, erhöht seine Chancen auf einen Sieg. Sich stark zu zeigen ist ein Teil der Erfolgsstrategie. Sagen Sie sich immer wieder, dass Ihr aktueller Gegner oder Gegenspieler Sie viel eher als gleichwertigen oder gar überlegenen Konkurrenten wahrnimmt, wenn Sie sich auch so verhalten und präsentieren.

Ich stand in meiner Laufbahn oft genug Gegnern auf der Fechtbahn gegenüber, die nach einem ersten Treffer von mir bereits mit hängenden Schultern, den Degen hinter sich herschleifend, an ihre Startlinie zurückschlurften. Durch das frühe Aufgeben von Gegnern habe ich mir sicherlich schon einige Kämpfe erspart und meine Nerven geschont. Umgekehrt habe ich auch immer mal wieder meinen Gegnern durch mein Auftreten Auftrieb verschafft. Natürlich sind solche Reaktionen, also die sichtbare vorzeitige Kapitulation des Gegners, von der taktischen Seite her nicht gerade clever. Wer schulterzuckend und laut lamentierend seinen Trainer fragt, was er denn noch machen solle, er habe doch schon alles probiert und wisse nun auch nicht mehr weiter, wird im Gefecht ziemlich sicher eine Niederlage einstecken. Wer sich nicht im Griff hat, wird zur »leichten Beute«.

Bei der Mannschaftsqualifikation für die Olympischen Spiele in Athen mussten wir bei unserem letzten Qualifikationsturnier im Viertelfinale gegen China antreten. Ich hatte das letzte Gefecht zu bestreiten, in das ich mit fünf Treffern Rückstand hineinging. Meine Gegnerin Li Na, die ich schon seit Jahren von meinen Aufenthalten in Peking kenne und die auch meinen weiteren fechterischen Lebensweg immer wieder gekreuzt hat, war damals schon eine Weltklassefechterin. Ich merkte aber an ihrer Körpersprache und dem verzweifelten Schlagabtausch mit ihrem Trainer, dass sie sehr nervös war – und genau das nutzte ich aus, um direkt zwei Treffer zu setzen. Ich hatte nicht wirklich daran geglaubt, den Rückstand noch aufholen zu können. Doch die unsichere Haltung meiner Gegnerin gab mir Aufschwung und führte am Ende dazu, dass wir mit sieben Treffern Vorsprung gewannen!

Mein Tipp ➔

Mit einer resignierten Haltung beim kleinsten Widerstand bauen Sie Ihren Gegner auf, denn er denkt in diesem Moment zu Recht, dass er mit großer Wahrscheinlichkeit als Gewinner aus diesem Duell hervorgehen wird. Vor allem, wenn Sie in einer schlechten Verfassung sind, ist es umso wichtiger, selbstbewusst aufzutreten. Also, den Rücken gestrafft, Haltung annehmen und fechten!

Angriff und Verteidigung

Ebenso wie unterschiedliche Herangehensweisen an ein Gespräch oder eine wichtige Situation eröffnet die Komplexität der strategischen Grundelemente im Fechtsport einen spannenden Pool an Handlungsmöglichkeiten für das bevorstehende Gefecht. Immer wieder muss man neu abwägen, sich im Moment des Geschehens für die eine oder andere Variante entscheiden und sich an die gegebene Situation anpassen. Verändere ich den Abstand zum Gegner, greife ich an, pariere ich, mache ich alles abhängig vom richtigen Augenblick oder habe ich mir schon vorher eine Strategie zurechtgelegt? Grundsätzlich können Sie – egal ob auf der Planche oder im richtigen Leben – zwischen einem offensiven und einem defensiven Stil wählen.

Die Offensive: der Angriff

Die Dynamik im Fechtstil lässt sich gut mit dem aktiven Änderungs- und Durchsetzungswillen im Leben vergleichen sowie mit der Entschlossenheit, das Geschehen in die Hand zu nehmen. Beim Fechten hat man es selbst in der Hand, einen Angriff zu starten und damit aktiv die Rolle des Entscheiders zu übernehmen.

Mein natürlicher Vorwärtsdrang ist sicher einer meiner stärksten Antriebskräfte, wenn es um Leistung und Erfolg geht. Es ist nicht nur möglich, viele Dinge parallel erfolgreich zu bewerkstelligen, manchmal ist es sogar die Voraussetzung für den Erfolg. Offensives Verhalten heißt aber nicht automatisch, dass man kopflos nach vorne rennen und sich blindlings auf den Gegner stürzen sollte.

Kurz und schmerzlos: effizient arbeiten

Zu jedem Erfolg und zu jedem Erfolgserlebnis gehören Disziplin, Ausdauer und Durchhaltevermögen. Dabei muss es sich aber nicht zwangsläufig um eine lange Zeitspanne handeln. Der Vorteil: Wer effizient arbeitet, kann in wenig Zeit viel schaffen und sich später über mehr Freizeit freuen.

Normalerweise kann ich diese Erkenntnis aus dem Trainingsalltag ganz gut auf mein Leben außerhalb des Fechtsports übertragen. Doch während meiner Unilaufbahn habe ich ein einziges Mal die Vorbereitung auf eine Prüfung schleifen lassen – und bin prompt durchgefallen. Eine Katastrophe! Monatelang hatte ich mich zuerst vor dem Ergebnis gefürchtet. Nachdem ich dann sicher wusste, dass ich die Klausur würde wiederholen müssen, schlief ich viele Wochen schlecht. Denn wer dreimal durchfiel, wurde vom Studium ausgeschlossen. Ich empfand das als unheimlichen Druck und ärgerte mich über mich selbst, weil ich mich nicht gleich beim ersten Mal richtig vorbereitet hatte. Jetzt kamen nur unnötiger Ärger, Angst und vermeidbare Mehrarbeit auf mich zu.

In diesem Zusammenhang verbinde ich den Angriff im Fechten immer mit dem Motto: »Kurz und schmerzlos!« Lieber in kurzer Zeit alles geben, als über eine lange Dauer hinweg mit sich selbst zu hadern, unzufrieden zu sein und dann auch noch zu versagen. Auf halbem Wege aufzugeben oder umzudrehen würde schließlich bedeuten, dass die bisherige Mühe umsonst war und ich noch nicht einmal ein befriedigendes Erfolgserlebnis zu verzeichnen hätte. Später müsste ich den gleichen Weg noch einmal gehen, um weiterzukommen, und wüsste dabei, dass dies nun meine letzte Chance ist. Warum sollte man sich absichtlich diesen Ängsten und diesem Druck aussetzen? Disziplin und Effizienz lohnen sich also allemal, schon allein was den Aufwand betrifft.

Mein Tipp →

Es lohnt sich viel mehr, sich anzustrengen und dann stolz auf seine Leistung zu sein, als aufgrund der eigenen Faulheit zu versagen und in der Folge mehr Stress und zudem Versagensängste und womöglich ein schlechtes Gewissen zu haben. Gehen Sie Herausforderungen stets positiv und mit Begeisterung an. Power und Einsatz für eine Sache zu zeigen zahlt sich in der Regel aus. Achten Sie aber darauf, nicht in blinden Aktionismus zu verfallen.

Um einen Treffer zu setzen, müssen Sie die Trefferfläche des Gegners erreichen. Dafür stehen Ihnen in der Offensive diverse Aktionselemente zur Verfügung.

Der Flèche: die Überrumplungstaktik

Haben Sie schon einmal jemanden mit einer Bitte oder Forderung überrumpelt oder ist Ihnen das womöglich selbst passiert? Der sogenannte »Flèche« ist ein Sturzangriff, bei dem man regelrecht auf den Gegner zurennt. Übersetzt bedeutet das französische Wort »Pfeil« oder »Geschoss«. Diese Form des Angriffs hat ziemliche Durchschlagskraft.

Die Überrumpelungstaktik kann auch im wahren Leben gut

funktionieren. Zeigen Sie Ihrem Gegenüber ab und zu, dass Sie ihm etwas entgegenzusetzen haben, und demonstrieren Sie dann Ihre ganze Power. Zum richtigen Zeitpunkt lohnt es sich durchaus, alles auf eine Karte zu setzen und vorzupreschen. Nicht immer muss es das Sinnvollste sein, alles hundert Mal abzuwägen und sich einzureden, mit Bedacht vorgehen zu müssen. Natürlich sollten Sie sich Gedanken machen, ob ein Sturzangriff sinnvoll ist, welches Risiko Sie damit eingehen beziehungsweise was Sie dadurch verlieren könnten. Wenn Sie jedoch einmal Mut gefasst haben, kann die Parole »Augen zu und durch« zum Erfolg führen. Dabeizubleiben, sobald ich den ersten Schritt gewagt hatte, hat auch in meinem Leben häufig positive Resultate gebracht.

Mein Tipp →

Einmal in Schwung, sollten Sie Ihren Mut nutzen, Ihre Ideen zu präsentieren und umzusetzen. Solange Sie damit nicht kopflos in die Klinge des Gegners rennen, kann Sie eine klare, beherzte Linie nur weiterbringen.

Entwaffnende Ehrlichkeit: der Gerade Stoß

Für mich ist der Gerade Stoß ein Synonym für eine ehrliche, direkte Art, ganz nach dem Prinzip der »entwaffnenden Ehrlichkeit«. Sich weniger Gedanken um die möglichen Winkelzüge im Leben zu machen zahlt sich häufig aus, zumindest für das eigene Wohlbefinden: kein großartiges Taktieren, sondern eine klare Ansage an den Gegner beziehungsweise den Gesprächspartner.

Wie im Leben ist auch im Fechten diese vermeintlich einfache, klare Sache mit das Schwierigste: Wir üben den Geraden Stoß im Training sehr intensiv und immer wieder. Man muss »nur« den Arm strecken und den Gegner dadurch treffen. Doch das konsequente Zustoßen will gelernt sein. Manchmal scheint es uns Fechtern sogar schwerer zu fallen, mit einem Geraden Stoß zu treffen, als mit der technisch viel komplizierteren Finte. Das liegt wahrscheinlich daran, dass diese scheinbar so simple Aktion bei ihrer Umsetzung eine besondere Konsequenz verlangt, sonst zielt man nicht bis zum abschließenden Treffer auf den Körper des Gegners, sondern verliert unterwegs an Fahrt und endet mit seinem Stoß irgendwo, nur nicht auf der Trefferfläche. Dieses Phänomen ist vergleichbar mit dem Stürmer im Fußballspiel, der vor dem freien Tor steht und trotzdem danebenschießt.

Mut zur Direktheit – das ist es, was der Gerade Stoß, das Ehrlichsein, erfordert. Ich glaube, dass es vielen Menschen schwerfällt, einfach einmal geradeheraus zu sein. Wie oft habe auch ich mir schon vorgenommen, jemandem mal richtig die Meinung zu sagen – und es am Ende nicht getan. Natürlich sollte man nicht im Affekt irrational handeln oder jemanden unnötig mit irgendwelchen Aussagen verletzen. Aber ehrliche Antworten, das klare Formulieren von Wünschen und Bedürfnissen – das ist etwas, was man können sollte und einüben muss, wenn einem diese Unbekümmertheit der klaren Meinungsäußerung nicht angeboren ist.

Mein Tipp ➝ _____

> Wenn Ihnen etwas nicht passt, nehmen Sie sich vor, es beim nächsten Mal offen anzusprechen. Denn häufig ergeben sich unnötige Spannungen zwischen zwei Menschen oder in Gruppen, weil nicht offen kommuniziert wird. Überwinden Sie sich also, denn danach ist vieles leichter. Belasten Sie sich nicht mit unausgesprochenen Dingen, die Sie bedrücken, und erleichtern Sie sich das Leben, indem Sie sie ansprechen. Wenn Sie Spannungen gleich zu Beginn auflösen, entwaffnen Sie Ihren Gegner und nehmen ihm den Wind aus den Segeln.

Gekonnt pokern: die Finte

Eine geschickte List anzuwenden ist nicht nur im Fechten üblich, sondern auch am Verhandlungstisch. Der Kriegsstratege Sunzi erkannte bereits vor zweieinhalbtausend Jahren, dass die Täuschung ein Element der cleveren Kriegsführung ist. Wie häufig haben Sie schon durch eine geschickte Wortwahl Ihre Mitmenschen von Ihren Vorschlägen überzeugt? Wie oft sagt man im Alltag nicht immer direkt die ganze Wahrheit oder denkt darüber nach, wie man beim nächsten Mal im Verhandlungsgespräch besser taktieren könnte?

Im Fechten nennt man das eine Finte, eine »Zweite Absicht«. Der Grundsatz der Finte liegt darin, den anderen durch eine Antäuschung zu einem bestimmten Verhalten zu bewegen. Eine »Zweite Absicht« im Gefecht bedeutet also, dass ich meine erste, die eigentliche, Absicht dahinter verstecke. Eigentlich klar, oder? Auch darin sehe ich einen klaren Bezug zum Alltag: Beispielsweise werden wohl die wenigsten Manager in einem ersten Verhandlungsgespräch mit einem neuen Geschäftspartner all ihre Asse gleichzeitig aus dem Ärmel ziehen. Gerade in unseren geschwätzigen Zeiten ist es hin und wieder angeraten und mehr als sinnvoll, nicht alles auszuplaudern, sondern Geheimnisse zu wahren beziehungsweise einen Wissensvorsprung nicht bei der ersten Gelegenheit preiszugeben. Fechterisch gesprochen gewinne ich durch das Zurückhalten der Information über meine eigentliche Absicht einen Zeitvorteil – oft nur den Bruchteil einer Sekunde, doch das kann entscheidend sein.

Mir scheint, die Chinesen haben die »Zweite Absicht« erfunden. Im geschäftlichen Umfeld wenden sie diese in Perfektion an. Es ist geradezu eine Kunst für sich zu erkennen, was ein chinesischer Geschäftspartner wirklich von einem möchte oder welche Informationen für ihn tatsächlich relevant sind. Es gibt zahlreiche Anekdoten, wie ich versuche, chinesische Bekannte, Geschäftspartner oder Freunde dazu zu bringen, mir endlich zu sagen, was sie eigentlich wollen. Egal ob es um eine geschäftliche Fristverlängerung oder um die private Verabredung ins Kino geht: Wenn es unangenehm zu werden droht, werden fantasievoll Ausflüchte gesucht.

Chinesen und Deutsche verstehen sich übrigens auf geschäftlicher Ebene grundsätzlich gut. Erstaunlich gut sogar. Wir sind uns in vielen Dingen ähnlicher, als wir annehmen: So sind auch die Chinesen pünktlich und zielorientiert, innovativ und fleißig. Trotzdem sind Missverständnisse und Fettnäpfchen nahezu unausweichlich. Während wir Deutschen relativ zügig die Karten auf den Tisch legen und zum Geschäftlichen kommen wollen, gehen die Chinesen gerne erst einmal essen, um sich gegenseitig kennenzulernen und ein persönliches Verhältnis aufzubauen. Dass am Verhandlungstisch mit den neu gewonnenen ausländischen Freunden dann wiederum hart um Vertragsdetails gekämpft wird, schließt sich für sie überhaupt nicht aus.

In Diskussionen, Gesprächen und Verhandlungen fragt man sich: Welche Strategie verfolgt die andere Partei, ist sie genauso wohlüberlegt wie die eigene? Was macht man, wenn das Gegenüber keine Taktik hat – wirkt die eigene Strategie dann überhaupt? Was, wenn der Gegner nicht auf die gewünschte Weise reagiert? Was passiert, wenn der Gesprächspartner ebenfalls taktiert und noch höher pokert? Antizipation und die richtige Einschätzung des Gegenübers sind eine alltägliche Aufgabe, nicht nur im Fechtsport. Denn wenn Ihr Gegner Ihre List vorausgesehen hat, kann es äußerst nachteilig sein, das Risiko der »Zweiten Absicht« eingegangen zu sein.

So muss man immer wieder abwägen, ob man in der jeweiligen Situation seinen Wissensvorsprung eher behalten und als Joker verwenden sollte oder ob es günstiger ist, sich für den direkten Weg zu entscheiden und mit offenen Argumenten und Begründungen zum Ziel zu gelangen.

Mein Tipp →

Überlegen Sie sich gut, wann Sie wem welche Informationen weitergeben. Vergessen Sie nie, dass Ihr Verhalten, Ihre Aussagen und Ihre Wortwahl Konsequenzen in die eine oder in die andere Richtung haben können.

Abwarten, geduldig sein, die Ruhe bewahren – das sind alles Dinge, bei denen ich bereits tief durchatmen muss, wenn ich nur daran denke. In der heutigen vor allem durch die neuen Kommunikationsmittel immer schneller werdenden Arbeitswelt fällt es mir ebenso wie vielen anderen Menschen schwer, mich von dem ständigen Gefühl der Hektik zu befreien. Ich glaube, immer alles sofort schaffen und erledigen zu müssen. Nicht nur das Erstellen einer Powerpoint-Präsentation oder die manchmal recht langwierigen Vertragsverhandlungen stellen stets aufs Neue eine große Herausforderung für mich und meine innere Unruhe dar. Habe ich ein Projekt oder ein Problem – egal welcher Dimension – einmal vor Augen, kann ich schlecht abwarten« und möchte es sofort »von der Seele« und geregelt haben. Tolerant gegenüber langsamer Bearbeitung oder Verzögerungen bin ich dann nicht.

Dabei ist es im Fechtsport in vielen Fällen essenziell, sich nicht aus der Ruhe bringen zu lassen oder geduldig abzuwarten, was der Gegner macht. Das Gegenüber richtig einzuschätzen, sich selbst in eine gute Position zu bringen, strategische Überlegungen anzustellen – all das kann man nicht schaffen, wenn man Hals über Kopf handelt und überhastete Entscheidungen trifft. Meine ersten Erfahrungen im Fechten waren jedoch genau von diesem Verhalten geprägt: Direkt nach dem Kommando »Allez!« stürzte ich nach vorne und suchte *sofort* eine Entscheidung, die ich meistens auch fand – allerdings eine Entscheidung zu meinen Ungunsten! Es war ein langer Prozess, bis ich lernte, dass in der Ruhe die Kraft liegt. Und wenn ich doch mal wieder zu ungeduldig bin und das Gefühl habe, ich müsste schneller als mein Schatten ziehen, rufe ich mir mein Lieblingssprichwort von Konfuzius ins Gedächtnis: »Wer es eilig hat, sollte langsam gehen!« Manchmal bedarf es eben etwas Zeit oder reiflicher Überlegung und Vorbereitung, um seine Ziele zu erreichen. Gleichzeitig erkennt man mit Ruhe besser, welche Probleme Vorrang haben und was warten kann. Und bei mir ist es so: Sobald ich es schaffe, nachrangige Probleme, die ich zunächst gehypt und in die ich mich hineingesteigert habe, wieder als unwichtig anzusehen, lassen sie sich schneller lösen, und ich kann mich wieder den essenziellen Themen widmen.

Mein Tipp ➔

Der Geist kann nur überlegt handeln, wenn der Körper innerlich nicht überdreht. Atmen Sie daher einmal kurz durch und halten Sie sich vor Augen, dass nicht alles sofort passieren muss. Nur mit Geduld und Disziplin werden Sie Ihr Ziel erreichen können.

Argumente abwehren: die Parade

Wenn Sie für ein Problem keine Sofortlösung parat haben, ziehen Sie sich etwas zurück. Das ist auf der Fechtbahn genauso. Entscheidungen zu vertagen ist nicht immer falsch, manchmal ergeben sich daraus neue Möglichkeiten. Auch wenn ich glaube, dass es für die eigene Weiterentwicklung in der Regel besser ist, zeitnah klare Entscheidungen zu treffen, gibt es durchaus Momente, in denen es cleverer ist, erst einmal nur zu beobachten. Häufig werden dann auch die anderen ungeduldig und bieten Ihnen die Möglichkeit, den Angriff zu parieren und mit einer »Riposte«, einem direkten Zustoß, zu treffen. Sich zurückzuziehen, um dann im richtigen Moment zu punkten, ist eines der Erfolgsgeheimnisse im Fechtsport. Warten Sie ab, lassen Sie Ihr Gegenüber einen Fehler machen, und schlagen Sie zurück, wenn sich die Gelegenheit bietet.

Das geschickte Parieren mit Worten oder Taten ist etwas, was entweder ohnehin in einem steckt oder was man erlernen beziehungsweise zumindest verbessern kann – und auch sollte. Nicht umsonst heißt es im Alltag oft, dass man sich ein »Wortgefecht« liefert. Es geht hier analog zum Fechten darum, vorzustoßen, sich wieder zurückzuziehen, Argumente zu entkräften und Gedankengänge aufzugreifen, um damit einen Gegenangriff oder einen Treffer zu landen. Auch im Geschäftsleben gibt es Menschen, die in Bezug auf geschickte Schachzüge ein ganz spezielles Talent aufweisen. Ich finde es bemerkenswert, wie manche Leute in Diskussionen mit cleveren Winkelzügen zum Ziel kommen.

Ich habe das erst vor Kurzem bei einer Besprechung erlebt, als mir mein Gegenüber in einem halbstündigen Gespräch auf geschickte Weise bei einem bestimmten Thema nach und nach den Wind aus den Segeln nahm. Ich schreibe mir manchmal Argumente und Gedankengänge, die ich in Gesprächen unterbringen möchte, auf, um nicht während der Diskussion von diesen wichtigen Punkten abzukommen. In diesem Fall brachte ich auch ein Argument nach dem anderen vor, allesamt logisch und in sich schlüssig. Vollkommen ruhig und gelassen hörte sich mein Gesprächspartner meine Einwände an, nahm scheinbar einen nach dem anderen auf, hielt dann mit seinen Argumenten dagegen und bot mir einen »Kompromiss« nach dem anderen an. Dabei wich er jedoch von seinem ursprünglichen Standpunkt im Grunde keinen Millimeter ab. Erst viel später wurde mir bewusst, dass wir zwar lange gesprochen hatten, jedoch nach diesem verbalen Gefecht und meinen vermeintlichen kleinen Siegen exakt das Ergebnis herausgekommen war, das mein Gesprächspartner von Anfang an vorgeschlagen hatte. Ich hatte zunächst gar nicht bemerkt, dass ich mich in keinem meiner Punkte hatte durchsetzen können, und war bis dahin sogar zufrieden damit, wie gut ich meine Ansichten im Gespräch doch verkauft hatte. Mein Gesprächspartner war geduldig geblieben und hatte sich so lange verteidigt, bis ich als Angreifer den Überblick sowie die Lust am Diskutieren verloren hatte.

Vor, zurück, dem Gegner etwas hinhalten, dann die Angriffe parieren und sich nur passiv auf den Kampf einlassen – das scheint ein gutes Erfolgsmodell zu sein. Im Leben muss man nicht immer auf Konfrontationskurs gehen. Sich durchzusetzen und sich treu zu bleiben bedeutet für mich weder im Fechten noch im Alltag, dass man nach der ersten Parade auf den Gegner losstürmen und ihn niederrennen sollte.

Die Parade an sich ist umso erfolgreicher, je weniger aggressiv und je ruhiger sie vollzogen wird. Eine emotionale Parade führt zu großen und ausladenden Bewegungen, die häufig genug im Niemandsland statt in der Nähe der Trefferfläche landen. Das birgt die Gefahr, dass der Gegner die Chance ergreift, diese unüberlegte Parade umgeht und zu seinem Vorteil nutzt. Vermeiden Sie daher ein zu emotionales Argumentieren, denn damit laufen Sie eher Gefahr, sich in eine schlechtere Gesprächs- oder Verhandlungsposition zu bringen.

Irgendwann können Sie dann einen Zustoß wagen und damit den Gegner treffen. Denn wer pariert, verhindert zwar den Treffer des Gegners und verzögert die Entscheidung, hat aber selbst ebenfalls noch nicht getroffen. Es genügt also nicht, sich in einer Diskussion nur gut zu halten – man muss auch schlagende Argumente vorbringen können, um am Ende an sein Ziel zu gelangen.

Mein Tipp →

Ein ruhiges, wohlüberlegtes Vorgehen ohne jede Aggression bringt Sie häufig weiter als ein hartes und auch nach außen hin kompromissloses Vorgehen. Sollten Sie sich in einer Gesprächs-situation oder einer Verhandlung nicht sicher fühlen oder sehr nervös sein, beschränken Sie sich möglichst auf einen Weg, und vermeiden Sie, zu viel zu taktieren. Riskieren Sie nichts, warten Sie einfach ab, was passiert. Sobald sich eine Chance auftut, nehmen Sie sie wahr. Konzentrieren Sie sich darauf, nach Ihrer Parade den Weg zur Trefferfläche Ihres Gegners zu finden – nutzen Sie die Gelegenheit der freien Stoßmöglichkeit, wenn Sie sich Ihnen bietet.

Unnötige Konfrontationen vermeiden: die Umgehung

Es ist im Alltag und im Beruf ein probates Mittel, einer ver-meidbaren und unnützen Konfrontation aus dem Wege zu gehen. Diplomatie ist für uns alle in gewissen Lebenslagen wichtig, ob im Job oder im Privatleben. Dabei muss man nicht unehrlich sein, sondern es einfach geschickt anstellen.

Die »Umgehung« beschreibt im Fechten die Vermeidung der Berührung mit der gegnerischen Klinge. Man geht ihr schlicht und ergreifend aus dem Weg. Die Umgehung bedeutet zudem, sich nicht von allen möglichen Dingen belasten und ärgern zu lassen und stattdessen seine innere Stärke zu finden. Im Fechten und auch im Leben ist es ratsam, sich nicht sofort auf jede Spitze und Angriffsposse einzulassen. Weichen Sie zunächst ruhig der Konfrontation und dem Klingenkreuzen aus. Wenn Sie dem Gegner, der auf Sie zugestürmt kommt, in die Parade fahren wollen, stürzen Sie sich womöglich ins Unglück, landen in seiner Parade – und er trifft Sie. Davon haben Sie im Gefecht wie im Leben überhaupt nichts, außer dass Sie sich ärgern.

Mein Tipp →

Lassen Sie sich nicht unnötig provozieren, wenn es sich vermeiden lässt, und warten Sie auf die nächste Gelegenheit, in der Sie ruhig agieren können. Weichen Sie der gegnerischen Klinge aus und setzen Sie Ihren Treffer, indem Sie die direkte Auseinandersetzung zunächst umgehen. Übrigens: Lässt sich ein Konflikt nicht vermeiden, muss man das Beste daraus machen.

Das richtige Tempo oder der passende Moment

»Soll ich hinfahren oder nicht?«, frage ich meinen Vater. Ich stehe vor dem Spiegel und schaue in mein müdes Gesicht: Überall habe ich rote Flecken. Der Ausschlag ist ein untrügliches Zeichen für großen Stress. Mein Vater seufzt am anderen Ende der Leitung, und ich sehe ihn förmlich mit den Schultern zucken: »Britta, das musst

du selbst wissen, wie du dich fühlst.« Es geht um die Frage, ob ich zu den Junioren-Europameisterschaften nach Ungarn fahre oder nicht. Es wäre meine letzte Meisterschaft in der Juniorenklasse. Wir schreiben das Jahr 2001, ich bin achtzehn Jahre alt und stehe gerade zwischen der Junioren- und der Frauenklasse, bin vor einer Woche erst von meinen ersten Weltmeisterschaften der »Großen« zurückgekommen und habe mit dem Studium begonnen. Die Doppelbelastung fällt mir nicht leicht. Ich gebe meinem Vater recht und lege auf. Das muss ich wirklich mit mir selbst klären.

Unentschlossen stehe ich in meinem Wohnzimmer herum und starre aus dem Fenster. Wie gelähmt fühle ich mich. Was ist die richtige Entscheidung? Gestern habe ich noch mit meiner Teamkollegin Claudia Bokel gesprochen. Sie meinte, dass es doch viel schöner sei, in der eigenen Altersklasse an den Start zu gehen und dort erfolgreich zu sein. Ich habe große Bedenken, dass es schiefgehen und mir sogar die Lust am Fechten insgesamt abhandenkommen könnte, aber das Argument gefällt mir. Soll ich mir wirklich die Chance entgehen lassen, bei den Junioren ein letztes Mal einen großen Streich zu landen? Es reizt mich schon, dort hinzufahren. Mut gehört einfach dazu. Nicht hinzufahren wäre der einfache Weg – aber so bin ich nicht gestrickt, überlege ich. Auch wenn sich mir der Magen zusammenzieht, ich mir das jetzt noch nicht zutraue – ich werde nicht kneifen, beschließe ich. Ich nehme den Telefonhörer, den ich noch immer in der Hand halte und der mittlerweile schweißnass ist von den letzten Minuten, in denen ich ihn fest umklammert gehalten habe, wieder ans Ohr und rufe meinen Trainer an, um ihm meine Entscheidung mitzuteilen.

Tage später stehe ich auf dem Siegerpodest ganz oben. Ich kann es kaum fassen und muss daran zurückdenken, wie ich mit meiner Entscheidung gehadert habe. Hätte ich mich gegen eine Teilnahme entschieden, wäre ich nie Europameisterin geworden.

Jetzt geht es mit meiner Stimmung sicher auch wieder aufwärts, denke ich mir und drehe mich der deutschen Flagge zu, um die Nationalhymne zu hören.

Wie viele Treffer man während des Gefechts setzen kann, hängt zunächst davon ab, wie man sich seine Chancen für den nächsten Treffer erarbeitet, und dann davon, dass man diese Chancen im passenden Augenblick nutzt. Man muss sein Können gezielt umsetzen, wenn sich die Gelegenheit dazu bietet.

Den richtigen Moment suchen: Chancen erarbeiten

Einige haben häufiger Glück als andere, so scheint es. Ist das gerecht? Ich glaube, dass man sich Glück erarbeiten kann. An seine Problemfelder im Leben aktiv heranzugehen ist dabei der erste Schritt zum Erfolg: Niemand lernt einen neuen Partner kennen, wenn er nur zu Hause sitzt. Kein Job fliegt einem zu, wenn man keine Bewerbungen schreibt. Provozieren Sie Chancen, um Möglichkeiten nutzen zu können. So ist es auf der Fechtbahn wie im Leben: Am besten gestalte ich das Gefecht selbst, fordere den Gegner heraus, erarbeite mir Chancen, um Treffer zu setzen.

So manches Mal habe ich mich zu einer Veranstaltung durchgerungen, auf die ich eigentlich keine große Lust hatte oder die mir gar nicht so wichtig erschien. Doch dann haben sich dort überraschende Kontakte ergeben. Bei einem Botschaftsbesuch in Berlin bin ich zum Beispiel zufällig einem Minister über den Weg gelaufen, der mich daraufhin zu einem Staatsbesuch nach China mitnahm. In einer Talkshow saß ich gemeinsam mit dem Violinisten André Rieu, der mich inmitten der Sendung fragte, ob ich ihn nicht auf seine anstehende Chinatour begleiten und seine Show übersetzen möchte. Bei einer vermeintlich irrelevanten Veranstaltung, zu der ich mich am Ende doch hingequält hatte, ist mir mein späterer Sponsor über den Weg gelaufen. Genauso wie bei der Karnevalsfeier an einem Sonntag zu einer unchristlichen Zeit, zu der ich überredet werden musste, bei der ich meinen Freund zum ersten Mal traf. Ich habe gelernt: Das Leben passiert, wenn man es zulässt! Dafür muss man sich aber auf dem Spielfeld bewegen. Man weiß nie, wozu es sich lohnt, eine erste, vielleicht nicht ganz so perfekt scheinende Möglichkeit zu ergreifen, die einen dann aber auf den nächsten Stein zur Überquerung des Wassers führt.

Mein Tipp →

Erarbeiten Sie sich Möglichkeiten und offene Türen, indem Sie aktiv an der Umsetzung Ihrer Träume mitwirken. Erhöhen Sie damit die Chance, zur richtigen Zeit am richtigen Ort zu sein. Seien Sie vorbereitet und informiert, und investieren Sie Zeit – denn manchmal muss man ein paar Umwege gehen, um sein Glück zu finden. Je besser Sie aufgestellt sind, desto höher ist die Wahrscheinlichkeit, dass sich Ihnen neue Möglichkeiten eröffnen und Sie den Moment nutzen können, um einen Treffer zu setzen. Sie werden sehen, wie sich dann die »glücklichen Zufälle« häufen!

Seine Chancen muss man nutzen, heißt es. Doch woher weiß ich, wann der richtige Moment gekommen ist? Die Chinesen fassen dies in einer Volksweisheit folgendermaßen zusammen: »Alle Klugheit und Weisheit ist umsonst, wenn man die Lage nicht zu nutzen weiß, gleichwie Pflug und Hacke nichts ausrichten, wenn man die richtige Zeit nicht trifft.« Woher weiß ich, dass ich diese Möglichkeit eines Jobs nutzen möchte oder ob nicht die Wahl eines anderen Studienganges vielleicht doch besser ist? Es ist wohl mit vielen Dingen, wie man es gern vom Kinderkriegen sagt: den perfekten Zeitpunkt gibt es nicht. Irgendwann muss man es einfach wagen – und ihn so selbst erzeugen. Dann ist man am ehesten »zur richtigen Zeit am richtigen Ort«, wie es so schön heißt.

Das »richtige Tempo« zu finden bedeutet in der Fechtersprache, im optimalen Moment einen Angriff oder einen Gegenangriff zu starten. Durch die Vorbereitung und die passenden taktischen Mittel gelangt man immer am Ende an den Punkt, an dem sich der perfekte Moment ergibt. Es ist faszinierend, wie leicht das Setzen eines Treffers sein kann, wenn man sich im optimalen mentalen Modus befindet und sich hundertprozentig auf den perfekten Angriff konzentriert. Jeder, der auch nur einmal einen Degen in die Hand genommen hat, versteht dieses Phänomen. Man spürt manchmal einfach, wann der richtige Moment für einen Angriff gekommen ist – und manchmal eben auch nicht. Vieles hängt von der mentalen Kondition ab, die man an diesem Tag mobilisieren kann. Ich kenne das aus allen Lebenssituationen: Ab und zu fliegen einem die Dinge zu, ergeben sich rein zufällig glückliche Umstände, zumeist aber muss man sich sein Glück erarbeiten.

Häufig genug habe ich einen Moment, noch ein Tempo und auch die nächste Chance für einen Angriff verstreichen lassen, bis mein Gegner selbst einen Angriff gestartet und einen Treffer gelandet hat. Solche Gegentreffer durch die Unfähigkeit, mich zu entscheiden, ärgern mich besonders. Dabei ist das Entscheiden und Abschätzen gleichzeitig mit das Schwerste und Wichtigste im Gefecht wie auch im Leben – und zwar sowohl in Bezug auf das Vorankommen wie auch auf das Gefühl der inneren Zufriedenheit.

Im Gefecht stehen Sie vor der folgenden Situation: So wenig Sie sich auch entscheiden wollen, so wenig Sie die Konfrontation annehmen möchten, so sicher kommt sie auf Sie zu. Sobald Sie im Gefecht sind, müssen Sie agieren – das nimmt Ihnen keiner ab. Und es ist auch im Leben so: Aktiv zu werden und die Dinge in die Hand zu nehmen, das tut uns allen immer wieder gut. Wann waren Sie im Leben besonders unzufrieden, mit einer Entscheidung oder mit einer Entwicklung? Wenn Sie an der Weggabelung standen, wenn Sie zum Beispiel überlegt haben, ob eine private oder geschäftliche Beziehung noch funktioniert oder ob man sie besser beenden sollte? Ich vermute, dass auch Sie meist nicht unglücklich, sondern vielmehr erleichtert waren, sobald eine Entscheidung in die eine oder andere Richtung gefallen war.

Ich habe eine Zeit lang auch im Fechten mit Entscheidungen gehadert. Beinahe zwei Jahre lang habe ich enge Gefechte oftmals verloren, weil ich nicht mutig genug war, eine klare Entscheidung zu treffen. Weil ich stets darauf hoffte, dass es schon gutgehen und der Gegner letzten Endes einen entscheidenden Fehler machen würde. Es hat mich viel Zeit gekostet, mich aus dieser Angstspirale, dieser Feigheit, den letzten Treffer zu suchen, herauszuarbeiten. Man kann sich, wenn man erst einmal in einem solchen negativen Zustand steckt, nur schwer wieder davon lösen. Die Angst davor, den letzten Treffer erneut nicht zu setzen, auch diesmal die falsche Entscheidung zu treffen, wird immer größer. Dann fängt der Kopf an, einem Dinge einzuflüstern wie: »Bestimmt klappt es wieder nicht ...« Diese Art des Selbstmitleids im Vorfeld ist eine Form der »Selffulfilling Prophecy«, der selbsterfüllenden Prophezeiung. Wer sich pausenlos einredet, etwas nicht zu können oder ohnehin wieder zu versagen, steckt in der Folge mit großer Wahrscheinlichkeit die nächste Niederlage ein – und bestätigt damit seine schlimmsten Befürchtungen.

Mein Sportpsychologe sagte mir damals dasselbe wie ein ehemaliger Trainingspartner: »Wie es auch ausgeht, überwinde dich beim nächsten Mal, und triff die Entscheidung. Es ist besser, mal eine falsche Entscheidung zu treffen als gar keine. Greif beim nächsten Training einfach selbst an. Damit nimmst du dir die Angst, selbst getroffen zu werden. Du wirst sehen, dass du dich besser fühlst, egal wie das Ergebnis ausfällt.« Außerdem versicherten mir beide, dass mit jedem Fehlversuch der Zeitpunkt näher kommen würde, an dem es wieder besser läuft. Ungefähr so ist es dann auch gewesen: Mein Stolz über den Mut, alles auf eine Karte gesetzt zu haben, überwog in den nächsten Gefechten tatsächlich die Frustration über die eine oder andere Niederlage.

Entscheidungen zu treffen ist auch in Bezug auf ein gutes Zeitmanagement und effizientes Arbeiten wichtig. Denn: Eine komplexe Entscheidungsmatrix zu haben, ohne eine konkrete Richtung zu finden, ist belastend und weder im Alltag noch im Gefecht hilfreich. Auf der Fechtbahn wie im wahren Leben geschieht es immer wieder, dass das breite Spektrum an Möglichkeiten, die mir für die Zukunft offenstehen, meinen

Kopf brummen lässt und mich eher hemmt, als dass es mich anspornt – zumindest, solange ich mich nicht für einen konkreten Weg entschieden habe. Dabei kann die Entscheidung auch sein, sich eben noch nicht festzulegen, weil es sinnvoller ist, bestimmte Entwicklungen noch abzuwarten.

Ich persönlich tue mich sehr schwer mit weitreichenden Entscheidungen und bin dabei sehr kopflastig – womöglich fällt Ihnen das leichter. Um mehr Struktur in meine Gedanken zu bringen, wende ich bei Entscheidungsfragen immer wieder dasselbe Prinzip an: Ich schreibe alle Dinge auf, die mich beschäftigen, sortiere sie, streiche Möglichkeiten weg, füge einige wieder hinzu, fülle ganze Seiten mit Plänen, Zeiteinteilungen et cetera.

Mein Tipp →

Entscheiden Sie sich, den Treffer setzen zu wollen, bevor Sie selbst getroffen werden. Es gibt keine Garantie dafür, dass die Entscheidung, die Sie gefällt haben, oder der Moment, den Sie gewählt haben, optimal ist. Doch es tut gut, aktiv zu werden und überhaupt eine Entscheidung zu treffen. Sie werden sehen, dass Sie erleichtert sind und sich wohler fühlen, sobald Sie bewusst eine Entscheidung suchen. Schreiben Sie ruhig die Vor- und Nachteile der einzelnen Optionen auf, und strukturieren Sie so Ihre Entscheidungsmatrix. Denn erst in dem Moment, in dem Sie sich für eine Variante entschieden haben, für einen Weg oder einen Ablauf, können Sie vorankommen, können Sie die Dinge angehen. Und wenn Sie sich einmal entschieden haben, ziehen Sie Ihr Vorhaben konsequent durch!

Probleme nicht vertagen

Es ist schon schwierig genug, abstrakte Entscheidungen zu treffen, zum Beispiel seinen Lebensweg zu planen. Noch unangenehmer kann es sein, sich dazu durchzuringen, persönliche Konflikte anzugehen. Es gibt unausweichliche Konfrontationen im Leben, doch solche meist unangenehmen Auseinandersetzungen schieben wir nur allzu gerne hinaus. Ich habe allerdings die Erfahrung gemacht, dass sich dadurch ein Problem häufig nur noch verstärkt beziehungsweise dass die Sache die Energie, die ich für deren bewusste Verzögerung aufwenden musste, meist nicht wert war. In der Regel sind es gar nicht die tatsächlichen Konfrontationssituationen oder die wirklich großen Aufgaben, die uns belasten, sondern allein die Gedanken, die wir uns im Vorhinein darüber machen. Egal ob es ein klärendes Gespräch mit dem Trainer, dem Chef oder eine Auseinandersetzung mit dem Partner ist: Je länger wir zögern, desto mehr Zeit und Energie verschwenden wir und desto mehr steigert sich unsere Gereiztheit. Die Klärung der Situation, das Auflösen des Druckgefühls, das eine solche Wartezeit auf den Moment der Wahrheit entstehen lässt, ist die pure Erleichterung.

Manchmal, wenn ich mit meinem Selbstbewusstsein hadere, begebe ich mich in die »Flucht nach vorne«. Dadurch stelle ich mich dem Gegner und dem Gefecht, was – psychologisch gesehen – eine der spannendsten Situationen ist, auch im wahren Leben. Ich spüre daraufhin meist direkt die Auswirkung: Mein Konzentrationsgrad erhöht sich. Solange ich noch eine ungeklärte Sache im Hinterkopf habe, führe ich anstelle von positiven Selbstgesprächen eine innerliche Diskussion mit meinem potenziellen Kontrahenten und ersetze dadurch die mentale

Vorbereitung auf den Wettkampf durch die gedankliche Einstimmung auf die andere Konfrontation, die den Wettkampf überlagert. Dadurch ist jedoch die notwendige Beschäftigung mit dem Turnier und meiner sportlichen Leistung nicht mehr möglich.

Mein Tipp →

Sobald Sie zu viele »Nebenkriegsschauplätze« zulassen, kann es passieren, dass diese einen zu großen Raum in Ihren Gedanken einnehmen. Bereinigen Sie Missstände lieber so früh wie möglich. Schieben Sie eine unvermeidbare Konfrontation nicht hinaus, sondern stellen Sie sich der Situation. Dann können Sie sich wieder auf die wirklich wichtigen Dinge konzentrieren.

Nicht zu perfekt sein wollen

»Wer nicht auf das Kleine schaut, scheitert am Großen«, wusste schon der chinesische Philosoph Laotse. Ich schließe mich ihm uneingeschränkt an: Detailverliebtheit ist ein wichtiger Bestandteil davon, eine gute Leistung abzuliefern. Wer über viele Kleinigkeiten hinwegsieht und vermeintlich geringfügige Fehler ignoriert, wird am Ende auf einem zusammengebrochenen Kartenhaus sitzen. Auch beim Techniksport Fechten rächen sich solche »Schlampereien« schon nach kurzer Zeit. Wenn ich mich nur noch mit dem Gedanken beschäftige, ob ich wohl auf der Olympischen Fechtbahn eine gute Figur machen werde, und dabei geflissentlich übersehe, dass ich mich dafür zuerst noch qualifizieren muss und daher in jedem einzelnen Training mein Bestes geben und jeden Tag an meiner Fechttechnik feilen sollte, werde ich es aller Voraussicht nach gar nicht erst zu den Olympischen Spielen schaffen. Gewissenhaft und Schritt für Schritt zu arbeiten ist eben auch im Fechtsport unabdingbar.

Selbstverständlich muss man aber irgendwann zum Punkt kommen, man kann sich nicht endlos in den Details und deren Perfektion verlieren. Wer zum Beispiel innerhalb von zwei Monaten eine komplexe Arbeit abliefern muss, kann sich nicht bis einen Tag vor Abgabetermin mit einem einzigen Detail beschäftigen. Nicht jede Präsentation, nicht jeder Bericht kann fehlerfrei sein. Auch ich kann im Sport nicht immer siegen. Diesem Hundert-Prozent-Anspruch kann niemand auf Dauer gerecht werden. Und man muss auch irgendwann weiterkommen.

Man darf den richtigen Moment im Gefechtsgeschehen nicht durch Überlegungen, die einen handlungsunfähig machen, verpassen: »Jetzt könnte ich angreifen, jetzt könnte ich zu treffen versuchen, jetzt könnte ich – oh, Mist, getroffen worden ...« Das ist ein innerer Monolog, den wahrscheinlich jeder Fechter kennt. Zu viel Hadern bringt meist nicht den erhofften Erfolg.

Es klingt banal, doch damit etwas vorangehen kann und Sie nicht auf der Stelle treten, müssen Sie den Anfang finden – oder auch den richtigen Abschluss. Dabei müssen Sie sich womöglich von einem fixen Gedanken verabschieden, so gut er sich auch anhört. Zugegeben, das ist nicht immer leicht. Oft drehen wir uns in einer Spirale des immer wiederkehrenden Abwägens und einer Suche nach Vor- und Nachteilen. Doch irgendwann müssen wir handeln. Denn auf dem Weg zum Ziel oder auf dem Weg zum Glück muss es Fortschritte geben beziehungsweise zumindest eine Grundausrichtung.

Mein Tipp ➡

Übermäßiger Perfektionismus macht auf Dauer unglücklich und unzufrieden. Denken Sie daran: Niemand ist perfekt! Außerdem halten Sie sich so viel zu lange mit kleinen Schritten und Verbesserungen auf.

Ein Tempo weglassen: in Ruhe abwägen

Trotzdem sollte man die Dinge niemals überstürzen. Ich hatte zum Beispiel während meiner Zeit als Schwimmerin eine Phase, in der ich mir nicht sicher war, ob ich weiterhin schwimmen wollte oder einen anderen Sport wählen sollte. Meine Eltern hielten mich dazu an, weiter zum Training zu gehen und über eine längere Zeit zu prüfen, ob sich der Zustand wieder ändern und der Spaß am Schwimmsport zurückkehren würde – wie es eben häufig im Leben der Fall ist. Doch nach ein paar Wochen merkte ich, dass mein Bauchgefühl wirklich Nein sagte – ich wollte mit dem Schwimmen aufhören. In der Zwischenzeit hatte ich bereits im Modernen Fünfkampf eine Alternative gefunden. Es war aber richtig, dass meine Eltern auf diesen inneren Entscheidungsprozess bestanden haben, dass ich also nicht aus dem Affekt heraus einfach aufgehört habe. Ich lernte dadurch, meine Entscheidungen doppelt zu überprüfen und nur dann etwas zu ändern, wenn es wirklich sinnvoll ist und im Idealfall schon eine andere Option bereitsteht.

Nicht immer ist die erste Möglichkeit zum Angriff beziehungsweise zum aktiven Handeln auch die beste. Manchmal muss man sich langsam auf eine Situation einstellen, darf nicht zu hektisch agieren und muss vielleicht auch mal »ein Tempo weglassen«, also einen Moment ungenutzt verstreichen lassen, wie man in der Fechtersprache sagt. Auch im wahren Leben kommt es auf den richtigen Moment an: beim Krisengespräch mit dem Geschäftsfreund oder mit dem Ehepartner, bei einer Diskussion über finanzielle Mittel, bei wichtigen Gesprächen jedweder Art. Die richtige Balance zwischen Abwägen und Handeln ist immer erfolgsentscheidend.

Doch woher weiß man, wann der Zeitpunkt für ein ernstes Gespräch mit dem Vorgesetzten gekommen ist, wann und ob man den nächsten Karriereschritt wagen soll und wann man sich lieber eine berufliche Auszeit nehmen sollte? Ich glaube, dass wir alle im Laufe unseres Lebens ein Gespür dafür entwickeln können, was uns guttut. Das Erkennen und Erfühlen, wann Sie eine Entscheidung treffen sollten – wann es also kurz vor knapp ist –, können Sie sogar trainieren. Ich habe mittlerweile ein Bauchgefühl entwickelt, etwas, was sich immer mehr »zusammenbraut« und mir auch körperlich signalisiert, dass es langsam an der Zeit ist, mich zu entscheiden.

Sie müssen nicht jede Gelegenheit wahrnehmen, vor allem nicht, wenn Sie dabei ein ungutes Gefühl haben. Wenn Sie sich überhaupt nicht entscheiden können, kann es durchaus sinnvoll sein, eine Nacht darüber zu schlafen. Denn es gilt: Ganz oder gar nicht – so viel habe ich gelernt. Ein halbherziger Angriff geht mit beinahe hundertprozentiger Sicherheit schief. Wenn Sie selbst nicht von sich überzeugt sind, werden Sie auch andere kaum für Ihre Sache gewinnen können. Ein ruhiges Abwarten der Entwicklungen hat dagegen in diesem Fall sehr viel mehr Chancen auf Erfolg. Achten Sie bewusst auf die Signale, die Ihr Geist und Ihr Körper Ihnen senden. Häufig entwickeln sich im Unterbewusstsein recht schnell Tendenzen für eine Entscheidung; es dauert manchmal eben eine Weile, bis dieses Wissen an die Oberfläche gelangt.

Die richtige Mensur oder der optimale Abstand

Der richtige Abstand zum Gegner, die richtige »Mensur«, wie es in der Fechtersprache heißt, ist ebenfalls entscheidend für den angestrebten Treffer. Nur aus der richtigen Distanz kann es gelingen, einen strategisch richtigen Angriff erfolgreich abzuschließen. Ein Angriff aus einem zu weiten Abstand kann dem Gegner die Zeit lassen, sich auf Ihren Angriff einzustellen. Sind Sie zu nah am Gegner, kann er Sie treffen, ehe Sie reagieren können.

Es gehört zur hohen Kunst des Fechtens, den Gegner auf Distanz zu halten und sich gleichzeitig in den für die eigenen Ziele optimalen Abstand zu bringen.

Dabei ist es nicht nur wichtig, im Kampfgeschehen ein gutes Augenmaß zu beweisen, sondern auch den nötigen emotionalen Abstand zu wahren, um überlegt handeln zu können.

Gesunde Distanz wahren

Gesunde Distanz zu wahren ist in allen Bereichen des Lebens unabdingbar. Der professionelle Umgang mit den Teamkollegen ist dabei nur eine der vielen Facetten. Die Zweckgemeinschaft eines Büros lässt sich mit der Trainingsgruppe im Sport vergleichen. Trotz der Freude am Zusammensein lernt man in einem sozialen Gefüge wie der Sportgruppe auch, sich mit der Konkurrenz in den eigenen Reihen auseinanderzusetzen und damit umzugehen. Gerade in einer Zweikampfsportart wie dem Fechten sieht man sich beim Training ständig potenziellen Wettkampfgegnern gegenüber und muss sich trotzdem miteinander arrangieren, da man als Trainingspartner aufeinander angewiesen ist.

Auch im beruflichen Umfeld oder auf dem Weg zu einem persönlichen Ziel befinden Sie sich selten in einem frei gewählten Personenkreis, sondern müssen sich mit verschiedensten Charakteren auseinandersetzen. Keiner verlangt, dass alle ein Herz und eine Seele sind – setzen Sie sich das auch nicht zum Ziel. Man kann nicht immer mit allen Mitstreitern auf einer Wellenlänge liegen. Das ist normal und sollte Sie deshalb nicht zu sehr belasten. Es lohnt sich auch nicht, persönliche Fehden zu beginnen oder sich zu emotionalen Reaktionen verleiten zu lassen und dadurch den eigenen Erfolg zu gefährden. Sich komplett abzuschotten bringt einen wahrscheinlich auch nicht weiter. Viel angenehmer ist es, wenn auf professioneller Ebene alle miteinander auskommen und harmonisch zusammenarbeiten können. Gegenseitiger Respekt ist sicherlich für eine gute Zusammenarbeit die wichtigste Voraussetzung.

Sich nicht von äußeren Einflüssen aus der Bahn werfen zu lassen, scheint mir bis heute eine der schwierigsten Herausforderungen zu sein. Wir sind nun einmal besonders anfällig für schlechte Resonanzen, die von anderen Menschen kommen. Wenn der Ärger über das Verhalten anderer Ihr Gleichgewicht aus dem Lot zu bringen droht, sollten Sie sich die folgende Weisheit von Konfuzius zu eigen machen: »Fordere viel von dir selbst, und erwarte wenig von den anderen. So wird dir viel Ärger erspart bleiben.« Atmen Sie tief durch, und versuchen Sie, die Dinge nicht zu emotional zu betrachten. Nehmen Sie lieber diese negative Energie auf, und wandeln Sie sie in positive Energie um. Die durch schwierige Umstände und Ihre Portion Wut im Bauch entstehenden Kräfte lassen sich bündeln und konstruktiv einsetzen, nach dem Motto: »Nicht mit mir!« Woher Sie die Energie dafür nehmen, ist eigentlich egal.

Niemand ist davor gefeit, einmal in eine Situation oder gar in eine Phase zu geraten, in der man unfair über andere redet, missgünstig ist und den objektiven Blick auf die Situation oder gar den Überblick verliert. Solche Momente sind aber meist anstrengend und belastend, und man schadet damit hauptsächlich sich selbst. Wenn Sie also auf der einen oder anderen Seite in diese Mühle geraten, versuchen Sie am besten, sich schnell wieder daraus zu befreien. Es kostet Sie unnötig Kraft, die Sie woanders besser einsetzen könnten!

Mein Tipp →

Geraten Sie nicht in den Abstand Ihres Gegners, in dem er Sie leicht treffen kann, sondern zeigen Sie ein feines Gespür für die richtige Mensur. Sie haben mitbekommen, dass Ihr Kollege schlecht über Sie gesprochen hat? Wurde Ihnen irgendeine böse Absicht unterstellt? Ging Ihnen das »nah«? Verschwenden Sie nicht zu viel Nervenkraft und Zeit damit, Ihre Gegenspieler vom Gegenteil überzeugen zu wollen – Sie werden es in der Regel nicht schaffen. Beschäftigen Sie sich daher so wenig wie möglich mit den nervigen Angewohnheiten oder stichelnden Bemerkungen Ihrer Arbeitskollegen. Und vor allem: Schlagen Sie nicht mit den gleichen Waffen zurück – das kostet Sie nur Nerven, Ihre gute Laune und höchstwahrscheinlich auch den Erfolg. Denken Sie daran, stets einen gesunden emotionalen Abstand zu wahren. Vermeiden Sie Reibungsverluste, die Sie unnötig Energie kosten.

Die eigene Leistung zählt

Auch am Wettkampftag gilt es, den nötigen Abstand zu wahren. Das Unglück oder das Schicksal eines anderen Menschen, also eines Kollegen im Berufsleben oder eines Konkurrenten im Sport, ist nicht mit dem eigenen Glück zu verwechseln. Immer wieder geschieht es, dass sich Athleten intensiv mit den Erfolgen und Misserfolgen ihrer vermeintlich schärfsten Konkurrenten auseinandersetzen – um dann selbst zu scheitern. Der Bezug und der Fokus, die erforderlich sind, um sich auf die eigene Leistung zu konzentrieren, gehen dann nämlich oftmals verloren. Wer nur auf andere schaut und auf die Niederlagen der Konkurrenz hofft, kann selbst nicht erfolgreich sein.

Auch ich habe in der Vergangenheit schlechte Erfahrungen damit gemacht, auf die Leistung meiner Konkurrentinnen zu schauen statt auf meine eigene: Es war der letzte Wettkampf bei der Qualifikation für die Jugendweltmeisterschaft, und ich war so sehr auf meine damalige Konkurrentin auf der Nachbarbahn fokussiert, dass ich mich nicht auf mein Fechten konzentrieren konnte und mich schließlich nicht qualifiziert habe. Das war mir eine Lehre! Versuchen Sie also, sich von einem solchen Verhalten zu distanzieren, und nehmen Sie sich lieber als Vorsatz, nicht auf die Schwächen von Dritten spekulieren zu müssen, um Ihre Ziele zu erreichen.

Mein Tipp →

Es ist unerheblich, wer schlechter als Sie abschneiden könnte, sodass Sie sich positiv abheben. Man muss *selbst* etwas leisten, um ganz nach oben zu kommen. Vor Ihnen liegt der Weg – nicht neben Ihnen! Schauen Sie dahin, wo Sie hinwollen. Alles andere lenkt nur unnötig vom eigenen Erfolgsweg ab. Außerdem bringen Ihnen Gehässigkeit und Schadenfreude keine echte innere Zufriedenheit.

4 | Die Minutenpause:
Wertvolle Auszeit

Ich stehe im olympischen Halbfinale 2008, meine Gegnerin ist die Chinesin Li Na. Es ist das dritte Mal, dass wir uns in unserer Laufbahn im Halbfinale oder Finale einer Meisterschaft gegenüberstehen. Der Obmann hat gerade nach Ablauf des zweiten Drittels das Kommando »Minute« gerufen und somit die Minutenpause eingeleitet.

Während ich ans Ende der Bahn zu unserem Bundestrainer Manfred Kaspar gehe, schreit das chinesische Publikum in einem ohrenbetäubenden Lärm durcheinander. Mir ist es in diesem Moment egal, dass die lauten Stimmen nicht mich anfeuern, denn ich habe gerade andere Probleme: Ich habe keine Ahnung, wie ich das Gefecht drehen soll, fühle mich total gehemmt. Es ist zwar bisher noch nicht allzu viel passiert – es steht 3 zu 2 für die Chinesin, ich bin also nur mit einem Treffer im Rückstand, aber ich befinde mich in einer Art Schockzustand: halb akzeptierend, dass ich wohl verlieren werde, halb starr vor Angst, dass genau das passieren wird.

Aber warum? Das erste Gefecht in diesem Turnier gegen die Koreanerin Hyo Jung habe ich am Ende haushoch gewonnen, obwohl der Trefferstand lange Zeit ausgeglichen war. Gegen die Schwedin Emma Samuelsson, die bereits zwei Favoritinnen aus dem Rennen befördert hatte, konnte ich mich im Viertelfinale vor allem mental gut zusammenreißen. In diesem Gefecht stand es nach dem ersten Drittel 5 zu 5 – und es brachte mich nicht aus der Ruhe. Wieso also bin ich jetzt so ängstlich?

Ich bin froh, noch einmal durchatmen und meinen Trainer um

Rat fragen zu können. Denn zum ersten Mal heute keimt in mir der Gedanke auf, dass ich verlieren könnte. Mein Trainer kommt an die Bahn und scheint gar nicht so aufgeregt zu sein. Das beruhigt mich. Er rät mir: »Das ist gar nicht mal so falsch, was du machst. Setz das konsequent fort, aber mit ein bisschen mehr Mut und Entschlossenheit. Britta, hier geht es nicht mehr um die Frage, was du machen sollst, sondern darum, wie sehr du es willst! Komm schon, jetzt ganz ruhig, nicht panisch werden, atme noch einmal tief durch. Das klappt schon. Ich mache mir da keine so großen Sorgen.«

Ich schiebe ein »Na ja, mal sehen …« hinterher und mache mich wieder auf den Weg zur Startlinie, an der die Chinesin scheinbar selbstbewusst bereits auf mich wartet. Die letzten beiden Male, bei denen wir uns bei Meisterschaftsendkämpfen gegenüberstanden, habe ich gegen diese Gegnerin gewonnen. Mein Trainer hat recht: Eigentlich sieht es gar nicht so schlecht aus für mich. Das chinesische Publikum ruft jetzt im Chor »Jia you«, also »Auf geht's«, um die Landsfrau anzufeuern. Irgendwo schräg hinter mir höre ich ein »Auf, Brittaaaa!« aus der Menge herausschallen. Ja, auf geht's – auch für mich.

Ich gehe in Stellung.

Am Ende habe ich dieses Halbfinale gewonnen – mein Trainer hatte mich in der Minutenpause tatsächlich beruhigen und mich an meine Stärken erinnern können. Er gab mir die Gewissheit, dass ich mich auf dem richtigen Weg befand.

Nach jeweils drei Minuten Kampfzeit hat man die Gelegenheit, eine Minute zu verschnaufen und sich etwas zu erholen, um runterzukommen und seine Gedanken sammeln zu können. Gleichzeitig wird man die Zeit nutzen, um sich mit dem Trainer, seinem Vertrauten, zu besprechen und sich möglicherweise taktisch umzustellen. Auch hat sich in der Minu-

tenpause bereits eine bestimmte Konstellation von Trefferstand, Gefechtsverlauf und mentaler Stimmung ergeben, in
der es nun die Frage ist, wie man sich die restliche Gefechtszeit taktisch einteilen sollte. Erholt, beruhigt, mit neuem Elan
und neuen Ideen im Gepäck lässt sich eine Fortsetzung des
Wettkampfs besser angehen.

Mein Tipp →

Vergleichbar mit der Gefechtspause zwischen den Dritteln
müssen Sie auch in den lebensnahen Gefechten immer mal
wieder eine Pause einlegen und sich Klarheit über den Stand
der Dinge verschaffen. Gönnen Sie sich Zeit zum Nachdenken.
Atmen Sie tief durch, dann erst kann die Analysephase beginnen und die weitere Taktik inhaltlich wie zeitlich geplant werden. Nehmen Sie sich die Zeit, Ihre Wunden zu lecken, einen
Rückstand zu akzeptieren, die irrationale Wut auf den Gegner
abzubauen, den Ärger über die eigene Schwäche zu überwinden oder das Glücksgefühl, in Führung zu liegen, rational zu
betrachten. Schalten Sie einen Gang herunter, zögern Sie Entscheidungen hinaus, deren Sie sich nicht sicher sind, und nehmen Sie die Gedanken mit in Ihre persönliche Minutenpause.

Durchatmen und Kraft tanken

Innezuhalten ist aus meiner Sicht einer der Schlüsselfaktoren,
um langfristig glücklich zu sein. Nach Pausen kann man effizienter weiterarbeiten und ein erholter Geist ist ausgeglichener.

Doch es gehört eine Portion Mut dazu, sich diese notwendigen Ruhephasen zu nehmen. Ich hatte es schon angesprochen: Wir zieren uns gerne, wenn es darum geht zu erkennen, dass weniger manchmal mehr ist.

Hören Sie daher auf die Warnzeichen Ihres Körpers, und nehmen Sie sich eine Auszeit, wenn er danach verlangt.

Erholung statt Frust

In der Minutenpause befinden wir uns noch immer auf dem Weg hin zum großen Ziel, das Gefecht ist noch nicht vorbei. Es ist wichtig, sich nach dem Erreichen von Teilzielen Belohnungen zu gönnen, wie ich bereits erwähnt habe. Auf die Wettkampfsituation bezogen könnte man sagen, dass man sich zwischen den einzelnen Gefechten immer wieder neu motivieren und auch mal kurz abschalten muss. Niemand kann die gesamte Zeit zwischen den einzelnen Kämpfen in Dauerspannung verbringen.

Aber Teilziel erreicht hin oder her: Ohne Erholung nonstop durchzuarbeiten kann schnell zu Frust führen. Selbst wenn man in einer gewissen Zeitspanne ein Projekt erledigt haben muss – zwischendurch Luft zu holen, die Gedanken zu ordnen gehört dazu, wenn man erfolgreich seine Ziele erreichen möchte. Denn diese Balance steigert die eigene Leistungsfähigkeit. Die Kunst dabei ist, in diesen Momenten die Gedanken an Alltagsprobleme vollständig auszuschalten. Wenn Sie Ihr Belohnungssystem ein paar Mal angewendet haben, werden auch Sie diese Phasen bestimmt genießen können.

»Rituale etablieren« habe ich das für mich genannt. Sobald ich zum Beispiel ein Buch in die Hand nehme und anfange zu lesen, bin ich vollkommen darauf fokussiert und vergesse alles um mich herum. Es kann dann schnell passieren, dass ich den ganzen Tag weiterlese – und sich mit dem letzten Satz des Buchs und der damit verbundenen Atempause die vermeintliche Dringlichkeit eines Problems als unwichtig entpuppt.

Mein Tipp →

Sich bewusst eine kurze Auszeit zu nehmen – und wenn es nur ein paar Stunden sind –, entspannt so sehr und erlaubt es, so viel Energie zu tanken, wie man es in einer ganzen Woche Urlaub manchmal nicht schaffen kann. Aber das funktioniert nur, wenn Sie sich die kurze Pause genau dann gönnen, wenn Sie sie brauchen. Etablieren Sie Rituale für diese Ruhemomente, dann halten Sie sie auch eher ein.

Die kleinen Freuden des Lebens genießen

Ich glaube, dass wir uns in unserer Wohlstandsgesellschaft häufiger hinterfragen sollten, warum wir glauben, dass nur ein Urlaub am anderen Ende der Welt ein »echter« Urlaub ist und ob der neueste Flachbildfernseher oder der teuerste Wagen uns wirklich so viel glücklicher machen.

Bodenständigkeit ist in meinen Augen etwas Sinnvolles und Erstrebenswertes, unabhängig von den finanziellen Möglichkeiten. Meine Familie kommt beispielsweise aus dem Mittelstand, meine Eltern legen aber keinen Wert auf klassische Statussymbole, sie scheren sich bei der Bewertung, was etwas

»wert« ist, um keinerlei Konventionen. So würden sie sich zum Beispiel aus voller Überzeugung nie einen Neuwagen kaufen. Ihre häufigste Antwort auf eine Nachfrage dazu: »Wieso? Brauchen wir nicht. Der gebrauchte Wagen fährt sich doch super!« Verstehen Sie mich nicht falsch: Ich bin nicht der Ansicht, dass derjenige, der gerne teure Markenklamotten kauft, nicht genau das tun sollte. Aber eben nicht, weil man es tun *muss*, sondern weil es einen erfüllt.

Mein Tipp →

Schöpfen Sie Kraft aus den kleinen Freuden des Lebens. Wann haben Sie zuletzt einen Spaziergang gemacht und Kleeblätter gesammelt, sich mit guten Freunden zum Tee trinken verabredet oder sich mit einem Buch aufs Sofa gekuschelt? Wer im Moment leben und ihn genießen kann, erholt sich schneller.

Eine meiner besten Freundinnen erzählt mir am liebsten von einem herrlich erfrischenden Gespräch mit einer alten Freundin beim Spaziergang durch den Kölner Stadtwald, von einem Kurztrip an die Ostsee, bei dem sie Muscheln gesammelt und die Einsamkeit am Strand genossen hat oder ähnlichen vermeintlichen Kleinigkeiten und Selbstverständlichkeiten. Ich glaube, diesen kleinen Momenten im Leben schenken wir oft viel zu wenig Beachtung und vergessen sie häufig. Wir sollten wieder lernen, den Moment zu genießen, egal ob auf den Malediven oder auf der eigenen Terrasse.

Wie man sich bitte schön mitten im Arbeitsleben erholen soll, fragen Sie sich jetzt vielleicht. Ich weiß, was Sie meinen. Auch ich habe in meinem Jahresablauf selten die Möglichkeit, spontan und nach meiner jeweiligen Befindlichkeit mein tägliches Training in der Gruppe oder womöglich sogar einen Wettkampf einfach abzusagen. Ich muss mich, selbst wenn ich gerade ein hartes Turnier hinter mir habe, oft gleich dem nächsten stellen. Es gibt feststehende Termine, wenn eine Saison beginnt, und aufgrund meiner mentalen und körperlichen Situation wurde und wird sicherlich keine Olympiaqualifikation verschoben. Das Leben ist immer im Fluss, und wir alle können uns nur im Rahmen unserer Möglichkeiten bewegen.

Durchzuatmen bedeutet allerdings nicht automatisch, dass man drei Wochen Urlaub nehmen muss. Abgesehen davon, dass es nicht möglich ist, seinen Job bei der kleinsten Befindlichkeit sofort zu unterbrechen, ist es in der Regel auch gar nicht nötig. Es geht vielmehr um das Abschalten des Kopfs für einen absehbaren Zeitraum, also um ein aktives Entspannen, um sich gar nicht erst zu überlasten.

Erkennen Sie die Momente, in denen Sie sich bei der Arbeit geistig ein wenig zurücknehmen können. Es gibt entscheidende Phasen, in denen Sie alles geben sollten. Bei mir sind es die sportlichen Höhepunkte wie Olympia oder Weltmeisterschaften. Genauso gibt es dazwischen zahlreiche Aufgaben, die Sie auch mit etwas weniger Einsatz erledigen dürfen, mit angezogener Handbremse also. Sie werden hierbei nicht die besten Ergebnisse erzielen – das muss aber auch gar nicht sein. Durch die mentale Pause sind Sie genau dann wieder fit, wenn die nächste wirkliche Herausforderung ansteht.

Bevor Sie in eine psychische wie physische Abwärtsspirale geraten, hören Sie also lieber auf die Zeichen, die Ihnen Körper und Geist geben, und schrauben Sie Ihre Aktivitäten bei ersten Anzeichen von Überforderung sofort runter. Leisten Sie in dieser Zeit nur das, was unbedingt notwendig ist. Und ganz bestimmt lassen sich einige Termine auch einmal verschieben oder absagen. Falls Sie in solchen Situationen genauso wie ich mit sich hadern: Ich habe die Erfahrung gemacht, dass ich mich häufiger darüber geärgert habe, einen beruflichen oder privaten Termin trotz ungutem Gefühl wahrgenommen als abgesagt zu haben.

Mein Tipp →

Die Kunst ist, gar nicht erst übermäßigen geistigen Druck entstehen zu lassen. Niemand kann dauerhaft einen hohen Stresspegel aushalten und damit erfolgreich sein, geschweige denn mit Elan zu Werke gehen. Fahren Sie Ihr Engagement deshalb runter, sobald Sie erste Anzeichen der Überbelastung bemerken, oder sagen Sie Termine ab. Nehmen Sie sich die Zeit, um die für Sie richtige Art der Erholung herauszufinden. Tut Ihnen aktive Erholung gut, weil Sie sonst nur im Büro sitzen? Oder reisen Sie beruflich so viel, dass Sie sich lieber eine Massage ohne großen Fahrtaufwand gönnen sollten? Mit dem Mut zu kleinen Pausen – ob gedanklich, durch aktive Erholung oder weniger Termine im Kalender – bleiben Sie über längere Zeit ausgeglichen und leistungsfähig und beugen gleichzeitig einem Burn-out vor.

Fehleranalyse und Taktikbesprechung

Die Minutenpause ist entscheidend, um etwas Abstand zur Hitze des Gefechts zu gewinnen. Zumeist werden bereits in diesen kurzen Pausen einige Gedanken klarer und lassen einen die Dinge nüchterner betrachten. Erhitzte Gemüter können zu Kurzschluss- und Überreaktionen führen – Sie wissen sicherlich, wovon ich spreche. Doch nur mit klarem Kopf kann ich gemeinsam mit meinem Trainer den bisherigen Gefechtsverlauf analysieren und die weiteren Schritte planen.

Fehler eingestehen: konstruktive Kritik annehmen

Wer weiß, wo seine Stärken liegen, kann diese im Gefecht bewusst ausspielen und sie im Training weiter ausbauen, während er seine Schwächen im Kampf so wenig wie möglich zeigt und ihnen im Trainingsalltag durch gezielte Übungen entgegenwirkt. Um Stärken zu stärken und Schwächen zu schwächen, muss man beides zunächst herausarbeiten. Dafür bedarf es einer großen Portion Ehrlichkeit mit sich und häufig eines Regulativs von außen. Nicht immer sehen wir klar, ob wir uns auf dem rechten Pfad bewegen oder Fehler korrigieren müssen.

In der Gefechtspause muss ich daher bereit sein, mich der Meinung meines Trainers zu öffnen und mir die Sicht der Dinge von außen zumindest anzuhören. Er kann mir bei der Beantwortung folgender Fragen helfen: Habe ich zu Recht Zweifel an meiner Leistung, oder bin ich einfach unnötig aufgeregt? Bin ich zu selbstsicher, oder bin ich auf einem guten Weg? Danach kann und muss ich selbst entscheiden, wie ich weiter vorgehe.

Beim Babyschwimmen musste meine Mutter mir noch unter die Arme greifen

Weil mein Vater Sportler ist, bin ich wortwörtlich auf dem Trainingsplatz großgeworden

Die zwei Musketiere: mein Bruder Gerrit und ich in unseren ersten Fechtanzügen

Meine Familie hält fest zusammen, früher wie heute

Meine ersten Olympischen Spiele und gleich die erste Medaille –
Athen 2004

Bei den Spielen in
Peking 2008 setzte
ich mich gegen Ana
Maria Brânză durch
und wurde mit dem
Olympiasieg belohnt.
Das Gefühl nach dem
letzten Treffer war
einmalig!

„Wahnsinn!" Gerrit und ich im Freudentaumel

Und dann auch noch
zweitplatziert als „Sportlerin
des Jahres"

Meine Goldmedaille und ich
strahlen um die Wette

Ein entwaffnendes Lächeln bringt einen oft am weitesten. Diese freundlichen Herren sorgten bei den Olympischen Spielen in London für Sicherheit

Heimatgefühle: Im olympischen Dorf werde ich von meinem eigenen Plakat begrüßt

Während der „längsten Sekunde der Welt" im Gefecht gegen Shin A Lam hieß es Nerven behalten – und das hat sich gelohnt! Ich gewann die Silbermedaille

Als Jugendliche habe ich es gewagt, für mehrere Monate nach Peking zu gehen. Das gab den Anstoß zu vielen weiteren glücklichen Entscheidungen. Heute bin ich gefragte China-Expertin

Im Sport wie im Leben ist es wichtig, mit Vertrauten Fehler zu analysieren und das weitere Vorgehen zu besprechen – hier mit Sportpsychologen Lothar Linz (links) und Trainer Gabor Salamon (rechts)

Vielseitigkeit motiviert mich. Darum habe ich mir neben dem Fechten immer noch andere Aufgaben gesucht und zum Beispiel für das Morgenmagazin von der Fußball-Weltmeisterschaft in Brasilien berichtet

Das Leben ist spannend! Meine Begeisterungsfähigkeit versuche ich auch bei Vorträgen und Fechtworkshops weiterzugeben

Das Entscheidende ist, immer die Freude zu behalten. Dann macht auch Kämpfen Spaß!

Für mich war es ein essenzieller Prozess zu lernen, mit Kritik umzugehen oder sie sogar einzufordern. Konstruktive Kritik bringt einen nämlich weiter, ob in der Zwischenanalyse in der Minutenpause, nach einer Niederlage oder einem Sieg. Nach jedem Turnier geht mein Trainer mit mir jedes einzelne Gefecht durch und übt Kritik, positiv wie negativ. In der täglichen Lektion, dem Techniktraining mit dem Trainer, das vergleichbar ist mit dem Pratzentraining im Boxen, höre ich mir am laufenden Band Technikkorrekturen an. Jeder, der jemals Tennis- oder Klavierunterricht genommen hat, weiß, wovon ich spreche. Doch nur dieses intensive Feilen an Kleinigkeiten führt dazu, dass ich am Ende mit dem besten Ergebnis vom Turnier nach Hause kommen kann. Um Fehlerquellen zu finden und zu beheben, muss Klartext gesprochen werden.

Ein Umfeld, das einem sagt, dass man trotz eines Misserfolgs alles richtig gemacht hat, bringt einem nichts. Es hilft Ihnen im Gegenteil bei der Vorbereitung auf zum Beispiel Prüfungen oder bei dem Verfassen von Berichten, wenn Ihnen jemand eine kritische Rückmeldung zu Ihrem Text gibt, damit Sie ihn vor Abgabe noch optimieren können. Ich selbst bitte beinahe bei jedem Schriftsatz meinen Bruder um seine Meinung dazu, und umgekehrt genauso. Auch wenn ab und zu der Rotstift großzügig zum Zuge kommt, geben wir uns damit einander die Gewissheit, dass wir nicht völlig mit dem Geschriebenen danebenliegen, und wir haben zudem die Sicherheit, dass mögliche Unstimmigkeiten im Text aufgedeckt werden. Jemandem bei dessen Aufgabe zu unterstützen und Vorschläge miteinzubringen, kann übrigens auch Ihnen Freude bereiten und Sie zudem für Ihre eigenen Ziele in Schwung bringen.

Auch wenn man sich Schwächen eingestehen und Selbstkritik zulassen kann oder stark in der Selbstanalyse ist, baut eine gute Kritik einen weiter auf, bestärkt einen oder bringen konstruktive Hinweise von außen die zündende Idee. Fragen Sie also Vertraute um Rat und deren ehrliche Meinung, wenn Sie nicht wissen, warum Sie mit einer Problemstellung nicht weiterkommen. Nach dem von Einstein beschriebenen Prinzip »Man kann Probleme niemals mit derselben Denkweise lösen, durch die sie entstanden sind« kann es nicht schaden zu überprüfen, ob die eigene Sichtweise auch wirklich die ist, mit der man sich weiterentwickeln kann.

Möchte ich eine konstruktive Korrekturschleife durchlaufen, gehört allerdings ein möglichst ruhiger Gemütszustand dazu. Niemand kann abgeklärt und vernünftig sein eigenes Verhalten oder seine Leistung beurteilen, geschweige denn sich von anderen etwas sagen lassen, wenn er gereizt oder gar aggressiv ist. Wer emotional ist, kann die Dinge schlecht objektiv betrachten. Nur mit Ehrlichkeit und Besonnenheit lassen sich Fehler eingestehen und erkennen. Diskutieren Sie Ihre Leistung also erst, wenn Sie sich in der richtigen Verfassung befinden. Akzeptieren Sie gut gemeinte Kritik, ohne es Ihrem Kritiker übel zu nehmen. Er will Ihnen helfen, und Sie profitieren davon.

Passen Sie allerdings auf: Es gibt auch Menschen, deren Meinung Sie sich besser nicht zu Herzen nehmen sollten. Haben Sie das Gefühl, Ihr Kritiker hat persönliche Avancen gegen Sie und möchte Sie einfach nur verletzten, sollten Sie auf Durchzug schalten.

Begreifen Sie konstruktive Kritik als Chance zum Lernen und Optimieren. Fordern Sie sie aktiv ein, wenn Sie sich im Schaffensprozess befinden. Eine kritische Rückmeldung hilft Ihnen aber nur weiter, wenn Sie einen klaren Blick behalten und nicht emotional werden. Überlegen Sie zudem genau, wessen Meinung Sie heranziehen sollten und auf wessen Urteil Sie wirklich vertrauen können.

Rückschläge akzeptieren

An den vielen verschiedenen Stationen auf dem Weg zu Ihrem persönlichen Glück werden Sie immer mal wieder Rückschläge erleben. Im Job wie im Privatleben wird es Momente geben, in denen Sie feststellen, dass Ihnen etwas nicht gut gelungen ist. Vielleicht bekommen Sie auch eine entsprechende negative Rückmeldung. In China besagt ein Sprichwort: »Die Menschen stolpern nicht über Berge, sondern über Maulwurfshügel.« Einige lassen sich von kleineren Widrigkeiten oder im ersten Trotzmoment direkt vom Ziel abbringen, der erste Gegenwind bringt sie zu Fall.

Doch so ist das Leben – wir alle straucheln ab und zu auf dem Weg zum Glück. Lassen Sie sich daher nicht von den kleinen Unebenheiten aus der Balance bringen – und wenn Sie stolpern, dann richten Sie sich wieder auf und gehen erhobenen Hauptes weiter. Machen Sie sich klar: Es ist vollkommen normal, dass man nicht alles perfekt hinbekommt. Wichtig ist, dass Sie Ihr Ziel nicht aus den Augen verlieren. Ich habe über die Jahre gelernt, nicht an einer Serie schlechter Wettkämpfe in Folge zu verzagen und Niederlagen beim Training nicht überzubewerten.

Ich musste akzeptieren: Kein Degenfechter dieser Welt gewinnt immer. Bei einem Pool von fünfzehn Fechtern ist es unmöglich, immer zu gewinnen. »Frustrationstoleranz« ist ein viel benutztes Wort bei uns. Wie häufig plage ich mich mit der Frage, warum ich gerade einen Treffer einstecken musste, obwohl ich die bessere Fechterin bin, wieso ich ein scheinbar sicheres Gefecht doch noch verloren habe und wieso ich überhaupt verlieren muss. Da muss man durch. Optimalerweise haben Sie wohlmeinende Kritiker und Vertraute, die nicht unnötigerweise den Teufel an die Wand malen, sondern Ihnen konstruktive Vorschläge liefern und Sie dabei unterstützen, wieder Fuß zu fassen.

Mein Tipp →

Verzagen Sie nicht wegen Kleinigkeiten. Lassen Sie nicht zu, dass Sie durch eine Unebenheit auf Ihrem Weg scheitern. Lassen Sie sich auch von einer Reihe an Niederlagen nicht entmutigen, sondern versuchen Sie, Ihre Fehler zu erkennen und zu analysieren, um sie dann im weiteren Verlauf wieder auszubügeln. Rufen Sie sich Ihre Stärken ins Gedächtnis, und setzen Sie diese gezielt ein. Dann geht es auch irgendwann wieder bergauf, und Sie kommen Ihrem Ziel einen Schritt näher!

Stimmt die Taktik noch?

Vieles hängt beim Fechten wie im Leben von der Taktik, von der Herangehensweise ab. Im besten Falle hat man sich von Beginn an richtig, also für eine erfolgreiche Strategie, entschieden. Um dann nicht vom Erfolgspfad abzukommen und sich in irrationale Zweifel zu verstricken, hilft es, wenn ein Vertrauter von außen einen bestärkt.

Manchmal muss man aber eben auch erkennen, dass sich eine gewählte Strategie aus irgendeinem Grund als undurchführbar erweist, sich nicht umsetzen lässt oder sogar nach hinten losgeht. Vielleicht hat sich auch der Gegner umgestellt, haben sich also die äußeren Bedingungen geändert. Warum auch immer Sie auf eine Niederlage zusteuern: Finden Sie es heraus, welche Felsen Sie umschiffen müssen, und ändern Sie dementsprechend den Kurs.

Unveränderbare Gegebenheiten akzeptieren

Meine Mutter hat mir einst folgenden Satz aufgeschrieben, der seitdem einer meiner Leitsprüche ist und bis heute über meinem Schreibtisch hängt: »Gib mir die Gelassenheit, Dinge hinzunehmen, die ich nicht ändern kann, den Mut, Dinge zu ändern, die ich ändern kann, und die Weisheit, das eine vom anderen zu unterscheiden.« Auch wenn nicht ganz klar ist, wer der Autor dieses sogenannten Gelassenheitsgebets ist – mir gefällt es. Denn im täglichen Leben müssen wir häufig genug erkennen, dass wir manche Dinge nicht beeinflussen können, weil sie nicht in unserer Hand liegen. Was-wäre-wenn-Überlegungen mögen kurzfristig dabei helfen, sich abzureagieren, wenn etwas schiefläuft, doch sie sind absolute Energieräuber. Nach dem ersten Ärger – der sich im besten Falle nicht so lange hinzieht wie in meiner Olympiaqualifikation für London – mache ich daher eine Lageanalyse: Was kann ich noch beeinflussen? Was muss ich hinnehmen? Wie gehe ich mit der Situation um, damit am Ende ein möglichst positives Ergebnis herauskommt?

Nicht nur in der Minutenpause, sondern generell erhöhen ein gewisser Pragmatismus und ein wenig Anpassungsfähigkeit die Chance auf mehr Leichtigkeit und damit auf einen Erfolg. Immer wieder werden wir mit Veränderungen konfrontiert und müssen entsprechend reagieren. Die Regeln haben sich geändert, Ihr Geschäftspartner hat seine Strategie umgestellt, der Chef wurde abgelöst, die Arbeitszeiten sind anders als vorher. Auch Sie können sich Ihren Gegner oder Gegenspieler in der Regel nicht aussuchen, Sie bekommen ihn zugeteilt und müssen sich mit dem auseinandersetzen, was und wen Sie vor sich haben – egal ob es Ihnen passt oder nicht. Lassen Sie sich davon nicht unterkriegen! Wenn Sie am Ende gewinnen wollen, müssen Sie sich durchbeißen und sich gegen alle durchsetzen. Es gibt oft Momente, in denen Sie sich an Vorgaben von außen und zuweilen unangenehme Gegebenheiten anpassen müssen.

Den Kurs anpassen

Im Sport muss ich mich ebenfalls mit vielen Regeländerungen anfreunden, die ich nicht beeinflussen kann. Ich habe unerwartete Trainerwechsel erlebt, den Vereinswechsel von Teamkameraden oder den Austausch meines Lieblingsphysiotherapeuten. Ein Jahr vor den Olympischen Spielen in Peking fand bei uns zum Beispiel ein Trainerwechsel statt. So musste ich mich unter neuen Bedingungen schnell wieder zurechtfinden, die Olympiaqualifikation stand schließlich vor der Tür. Die Kunst bestand darin, sich den neuen Umständen anzupassen und das Beste daraus zu machen. Während der Olympischen Spiele in Peking hielt ich es genauso: Ich überlegte mir, wie ich mein bestehendes Team – Trainer, Physiotherapeuten, Freunde und Familie – so aufstellen konnte, dass wir unter den gegebenen Umständen das Bestmögliche für den olympischen Erfolg erreichen konnten. Damals hatte es perfekt funktioniert.

Natürlich tut man sich in manchen Momenten besonders schwer, bestimmte Bedingungen zu akzeptieren. Ich kann mich noch gut an meine haarige Olympiaqualifikation für London erinnern, in der ich mich monatelang von den suboptimalen äußeren Gegebenheiten runterziehen ließ, statt sie hinzunehmen. Wenn Sie erfolgreich und glücklich sein wollen, gibt es nur eine Lösung: Sie müssen einfach irgendwann die Kurve bekommen. Lamentieren bringt überhaupt nichts, und eine gehörige Portion Pragmatismus gehört einfach dazu.

Mein Tipp

Sich flexibel an veränderte Situationen anzupassen oder sie pragmatisch für sich zu nutzen, ist einer der wichtigsten Grundsätze, um erfolgreich zu sein. Also, geben Sie nicht auf, sobald sich Ihnen ein ungewohntes oder unerwartetes Hindernis in den Weg stellt, es kann sich im Nachhinein sogar als Glücksfall erweisen!

Erfolgsfaktor Zeiteinteilung

Ein Gefecht ist mit neun Minuten maximaler Kampfzeit end-lich, wie auch ein Tag mit seinen vierundzwanzig Stunden zeitlich begrenzt ist. Deshalb ist es wichtig, sich die zur Ver-fügung stehende Zeit möglichst gut einzuteilen, um am Ende des Tages nicht gestresst oder überfordert zu sein. Zeitfenster richtig zu planen ist im Kleinen wie im Großen wichtig. Wir müssen uns nicht nur immer wieder wie in einer Minuten-pause die Zeit nehmen, um uns für ein Gespräch oder auf eine bestimmte Situation vorzubereiten – auch die übergeordnete Zeitplanung spielt eine große Rolle dabei, wie wir uns in kon-kreten Situationen schlagen.

Im Fechten spricht man von einer psychologischen Zeitein-teilung des Gefechts, um unnötiger Hektik am Schluss vorzu-beugen, durch die man sich womöglich nicht mehr auf seine Aktionen konzentrieren kann. In der Minutenpause zeichnet sich bereits eine erste Tendenz ab, wie sich die weiteren Zeit-fenster gestalten lassen.

Struktur statt Ablenkung

Es ist sicherlich von Vorteil, wenn man sich mit seinem Trai-ner für eine oder zwei taktische Varianten für das weitere Ge-fecht entscheidet, statt mit zehn verschiedenen Alternativen ins nächste Drittel zu gehen. Denn wenn die Anzahl an Mög-lichkeiten reduziert ist, fällt es leichter, die passende zu finden und überzeugt anzuwenden. Wenn ich im Gefecht zu viele Al-ternativen habe, kann ich mich meist gar nicht mehr entschei-den, und auch außerhalb der Fechtbahn bin ich gehemmt oder geistig blockiert, wenn ich zu viele Optionen habe. Wo soll ich bloß anfangen? Wie ordne ich meine Gedanken? Ob bei der Küchenplanung oder bei Lebensentscheidungen: In beiden Welten kann ich mich am besten konzentrieren, wenn ich vorher meinen Aktionsrahmen beschränkt habe.

Wie erreicht man den notwendigen Grad an Konzentration, besonders in Zeiten, wo man dauernd von Handy, Internet und Konsum abgelenkt wird? Wie kann man effizient arbeiten, was sind die Voraussetzungen dafür? Wie managt man die zur Verfügung stehende Zeit optimal? Das sind Fragen, die ich überaus spannend finde und deren Beantwortung auch mir immer wieder Schwierigkeiten bereitet.

Struktur finden: Pläne schreiben

Zunächst lautet die Frage: Wo soll ich anfangen? Was ist der erste Schritt? Wie gehe ich an die anstehende Herausforderung, etwa das Erstellen eines Texts, die Vorbereitung einer Präsentation oder die Planung einer Jubiläums- oder Geburtstagsfeier, heran?

Manchmal ordne ich meine Gedanken auch mithilfe kurzer Texte. Das Aufschreiben meiner Gedankengänge hat mir schon immer geholfen, Ordnung in mein Inneres zu bringen. Zudem erstelle ich Listen mit Dingen, die noch anstehen und die ich nicht vergessen darf. Wenn ich zum Beispiel abends nicht einschlafen kann, weil mir noch zu vieles im Kopf herumgeistert, hat mir mein Sportpsychologe Lothar Linz den Tipp gegeben, auf einem Blatt alle Punkte aufzulisten, mit denen ich mich am nächsten Tag auseinandersetzen kann. Ich bin sicher, das kann auch Ihnen helfen. Unterschätzen Sie niemals die nervliche Belastung, die dadurch entsteht, dass man nicht (mehr) genau weiß, was man am jeweiligen Tag noch erledigen muss, oder sich ständig fragt, ob man auch wirklich nichts vergessen hat.

Mein Tipp →

Schreiben Sie zunächst stichpunktartig alles auf, was Ihnen zur aktuellen Herausforderung einfällt. Als Nächstes sortieren Sie die Einträge und erstellen einen Zeitplan. Sie werden sehen: Ein Projekt auf dem Papier fertig erstellt zu sehen und zu erkennen, dass die zur Verfügung stehende Zeit reichen wird, und diese bereits gedanklich in verschiedene Phasen unterteilt zu haben, entlastet den Geist ungemein. Die aufkommende Panik, dass man es nicht schaffen könnte, da alles zu unübersichtlich und überwältigend ist, verringert sich merklich.

Raum für Umsetzung schaffen

Nach der Strukturierung Ihrer Zeiteinteilung und der Planung des Projekts geht es in die Umsetzungsphase, in der Konsequenz gefragt ist. Ob Olympiasieg und Studienabschluss im selben Jahr oder Abiturprüfungen und die Teilnahme an meinen ersten Weltmeisterschaften innerhalb weniger Wochen – dass ich das alles geschafft habe, lag sicherlich nicht daran, dass ich ein Wunderkind bin. Nein, es war und ist Arbeitsmoral gepaart mit Konsequenz bei der Umsetzung. Und zu einem gewissen Teil auch mein Wunsch nach ausreichend Freizeit, der mich antreibt, möglichst schnell und effizient zu arbeiten. Zudem ist es jahrelange Übung und Erfahrung.

Meiner Meinung nach kann es jeder schaffen, seine Pläne umzusetzen – vorausgesetzt man kann sich selbst gut einschätzen. Arbeitsstil und -rhythmus sind nämlich bei jedem anders. Ich kann zum Beispiel unheimlich gut am Ball bleiben, wenn ich einmal bei der Sache bin. Wie eine Bulldogge beiße ich mich dann daran fest und bewältige in kurzer Zeit ein hohes Pensum. Mein Gedanke dabei: Wenn ich einmal im Fluss bin und alles sofort erledige, habe ich es hinter mir. Sich immer wieder neu in eine Sache hineindenken zu müssen fällt mir außerdem schwer und erscheint mir in der Summe mit mehr Arbeit und Überwindung verbunden zu sein. Ich glaube einfach daran, dass disziplinierte Einheiten mit anschließend echten Ruhephasen effizienter sind als langatmige, zähe Lernphasen, in denen man sich ständig auf einem höheren Stresslevel befindet.

Mein Tipp →

In welchem Umfeld können Sie am besten arbeiten? Brauchen Sie absolute Ruhe, oder hilft Musik im Hintergrund? Es ist egal, ob Sie sich an Ihren Schreibtisch zu Hause setzen oder auf Reisen Ihren Plan umsetzen. Nehmen Sie sich gewisse Zeiten vor, in denen Sie sich nicht stören lassen. Stellen Sie das Handy aus, machen Sie keine Kompromisse. Denn letztlich zählt die Konsequenz! Und: Zur organisatorischen und zeitlichen Bewältigung eines hohen Arbeitspensums gehört die Bereitschaft, einen straffen Zeitplan zu akzeptieren, diesen dann konsequent einzuhalten und die zur Verfügung stehende Zeit optimal zu nutzen.

Zudem nutze ich gerne »tote Momente«. Für mich heißt das zum Beispiel, mich im Flugzeug auf Gespräche und Vorträge vorzubereiten oder in der Bahn Texte zu schreiben und zu lernen. Diese Stunden sind sowieso nicht anderweitig zu verwenden, gleichzeitig wird man hier nicht abgelenkt und am Ende bleibt mehr Zeit für die Regeneration. Diesen Weg habe ich mir über die Jahre angeeignet, das ist meine Art. Aber welche Herangehensweise für *Sie* passt, müssen Sie selbst herausfinden.

Sich die Zeiträume und auch Orte zu schaffen, in denen man länger konzentriert arbeiten kann, ist der erste Schritt. Wer sich ständig ablenken lässt, kommt kaum oder gar nicht voran. Denn in dem Fall muss man sich wieder neu in die vor einem liegende Arbeit eindenken. Das kostet zusätzlich Zeit, ist nervig und führt dazu, dass man umso schneller die Lust verliert. Wenn man einmal »drin« ist und dann konzentriert bei der Sache bleiben kann, läuft es meist von selbst. Sogar langweilige Themen gewinnen an Reiz, wenn man erst einmal Muster entdeckt hat. Sich Erkenntnisse aufzuschreiben, zu strukturieren, das ist dann der eigentliche Spaß. Zu merken, wie man den Berg an Arbeit langsam abträgt. Außerdem haben Sie insgesamt weniger Stress, weil Sie auf diese Weise vermeiden, unangenehme Aufgaben monatelang vor sich herzuschieben, bis sich ein riesiger Stapel gebildet hat, der sich nicht mehr so leicht abarbeiten lässt.

Zuverlässigkeit trainieren

»Ach, ich habe ja noch Zeit«, sage auch ich mir manchmal mit einem Blick auf einen Abgabetermin oder eine Deadline, setze mich aufs Sofa und schalte den Fernseher ein. Sie kennen es sicher auch aus eigener Erfahrung: Egal ob in der Schule, in der Ausbildung, im Beruf oder im Privatleben – oftmals beginnt man mit der Vorbereitung auf Klausuren, Präsentationen oder andere wichtige Termine erst, wenn der zeitliche Druck deutlich spürbar wird. Denn so sind wir gestrickt: Wir brauchen einen gewissen Zeitdruck, eine treibende Kraft, die uns überhaupt erst zum Loslegen animiert. Die Aussicht, Dinge koordinieren zu müssen, und die latente Angst, gar nichts zu schaffen, wenn wir nicht endlich loslegen, lässt uns zur Hochform auflaufen und urplötzlich um einiges produktiver werden.

Gutes Zeitmanagement und die Kombination vieler verschiedener Dinge sind nicht unbedingt ein Gegensatz. Die Herausforderung, mehrere Projekte gleichzeitig anzugehen, weckt den Ehrgeiz und schafft einen Antrieb, den Sie wahrscheinlich nicht erleben würden, wenn Sie täglich nur eine Aufgabe zu erledigen hätten, bei der die Zeiteinteilung auch noch flexibel ist.

Mein Tipp →

Halten Sie sich mit einem ambitionierten Pensum auf Trab, sonst nehmen Sie am Ende Ihren eigenen Zeitplan nicht ernst. Finden Sie Tricks, die Sie persönlich auch in langweiligen oder anstrengenden Projektphasen bei Laune halten. Trainieren Sie auch Ihre Zuverlässigkeit. Wenn Sie jemandem etwas zu einem bestimmten Termin versprechen, dann halten Sie sich daran. Lassen Sie keine Ausreden für sich selbst zu. Der positive Effekt: Die anderen merken, dass auf Ihr Wort Verlass ist, und auch Sie selbst werden mehr Selbstvertrauen entwickeln.

Nicht verzetteln

Natürlich darf man sich nicht immer mehr in den Terminkalender packen, bis man zusammenbricht. Zwar glaube ich, dass uns in der Regel höhere Zielsetzungen oder größere Herausforderungen erst richtig Fahrt aufnehmen und mehr Dinge schaffen lassen. Aber wenn Sie sich zu viel aufbürden, geht der positive Effekt verloren.

Ich kenne das nur allzu gut: Wenn ich zahlreiche Entscheidungen auf einmal treffen muss, setzt nicht selten eine Entscheidungsblockade ein. Manchmal sitze ich dann vor einem vollen Schreibtisch oder Unmengen von E-Mails und starre Löcher in die Luft. In solchen Momenten kann ich mich einfach nicht entscheiden, mit welchem Projekt oder mit welcher E-Mail ich beginnen soll, und male mir schon Horrorszenarien aus, weil nichts rechtzeitig fertig wird. Meist stehe ich dann auf und fange an, die Wohnung aufzuräumen – mich beruhigt das. Oder ich trinke in Ruhe eine Tasse Kaffee. Nach einiger Zeit kehre ich wieder an den Schreibtisch zurück und starte einen neuen Anlauf.

Sobald ich merke, dass ich mich trotz meiner Aufräumaktionen oder anderen Tricks, um mich geistig zu sortieren, durch die Vielzahl an verschiedenen Aufgaben auf keine einzelne richtig konzentrieren kann, ziehe ich schnellstmöglich die Reißleine und versuche mindestens eines der laufenden Projekte zu verschieben.

Wenn Sie hier ein bisschen, dort ein wenig und an dritter Stelle auch noch aktiv sind, können Sie schnell den Überblick verlieren. Was steht auf Ihrer To-do-Liste, das gut und gerne ein paar Tage warten kann? Müssen Sie *unbedingt* heute die Blumen umtopfen, stundenlang Urlaubsangebote im Internet vergleichen oder das Wohnzimmer streichen, wenn doch wichtigere Dinge wie Abgabetermine, Bewerbungsgespräche oder Ähnliches anstehen? Wenn Sie unter Zeitdruck stehen, müssen Sie rigoros Prioritäten setzen. In der Regel reicht es, ein paar zeitraubende oder auch einfach nur den Tagesplan unterbrechende Tätigkeiten für eine kurze Zeit aufzuschieben, und schon kehrt eine gewisse innere Ruhe ein. Denn Hektik bringt Sie nicht zum Ziel – zeitlich gestresst können Sie in keinem Feld gute Leistung bringen.

Mein Tipp →

Eine gute Zeiteinteilung ist ein großer Schritt in Richtung Effizienz – und damit auch zu mehr Freizeit. Wenn Sie dennoch Panik verspüren und sich die Frage stellen, wie Sie das alles bloß bewerkstelligen sollen, nehmen Sie Ihre Aufgaben sorgfältig unter die Lupe: Was muss gleich, was kann später erledigt werden? Auch wenn Sie das Gefühl haben, ständig Ihrem Zeitplan hinterherzurennen, müssen Sie handeln: Sobald Sie Ihr Pensum ein wenig reduzieren, gestaltet sich der restliche Tagesablauf in der Regel bereits viel angenehmer, und Sie können wieder voller Elan durchstarten.

Die Voraussetzungen für effizientes und konzentriertes Arbeiten liegen also darin, sich eine Struktur zu schaffen und zu versuchen, die anstehenden Aufgaben nacheinander abzuarbeiten. Es ist wichtig, nicht den Überblick zu verlieren und in gewissen Zeiträumen auch einmal konsequent die elektronischen Geräte, die einen immerzu ablenken, abzuschalten. Sich bei Zeitdruck nur auf die wichtigsten Aktivitäten zu beschränken hilft bei der Fokussierung auf das Wesentliche.

Regeln oder Chaos: Beides funktioniert

Den roten Faden nicht zu verlieren, ist sicherlich wichtig zur eigenen Orientierung und Strukturierung. Ich bin aber auch davon überzeugt, dass für ein gutes Zeitmanagement ein gewisser Grad an Flexibilität nötig ist. Vor allem ist es wichtig, dass man nicht bei der kleinsten Abweichung oder unerwarteten Planänderung in Panik verfällt. Von den Chinesen habe ich in dieser Hinsicht viel gelernt: In Deutschland haben wir gerne einen minutiösen Plan von A bis Z vorliegen, setzen diesen dann dogmatisch von A bis Z um. Auch die Chinesen haben Pläne, doch sie beginnen einfach mit A und schauen ganz pragmatisch, wohin sie das bringt und ob der geplante Schritt B eingehalten wird oder ob sich eine bessere, effizientere oder schnellere Alternative ergibt, um zum Ziel zu gelangen. Diese für uns Europäer zumeist gewöhnungsbedürftige und zuweilen anstrengende Herangehensweise führt dazu, dass Chinesen extrem flexibel sind – so lassen sich gute Ideen, die im Verlauf eines Projekts entstehen, relativ problemlos nachträglich einbauen. Doch egal ob minutiöse Planung auf deutscher Seite oder vermeintliches Chaos auf chinesischer Seite: Beide Varianten funktionieren.

Ich habe die chinesische Vorgehensweise mehr als einmal erlebt, aber meinen Live-Auftritt in der chinesischen Version des *Aktuellen Sportstudios* einen Tag nach meinem Olympiasieg werde ich nie vergessen: Ich wurde im olympischen Dorf pünktlich zur Fahrt ins Fernsehstudio abgeholt, doch danach lief alles nach chinesischem Muster. Ich saß im Backstage-Bereich mit meinem Bruder Gerrit, den ich zur Unterstützung mitgenommen hatte. Er ist genauso wie ich Chinawissen-schaftler, spricht hervorragend Chinesisch und kennt Land und Leute bestens. Ich wusste überhaupt nichts über den Programmablauf, also weder wie lange mein Auftritt dauern würde noch was ich dort machen sollte oder wann es losgehen würde. Auf unsere diesbezüglichen Fragen bekamen wir keine konkreten Antworten. Dann, nach ziemlich viel Aufregung und einigen spontanen Interviews, wurde ich plötzlich gebe-ten, im Laufschritt auf die Bühne zu kommen. Mein Bruder sollte sich, so die Anweisung der Regie, in die erste Reihe der Zuschauer an den Rand setzen, um die Show von dort aus mit-zuverfolgen.

Wir standen direkt hinter der Bühne, und ich wartete auf meine Anmoderation. Meiner Einschätzung nach reichte mein Chinesisch für etwa eine Viertelstunde Konversation, und da ich nicht wusste, was mir bevorstand, war ich ganz schön auf-geregt. Der Vorhang ging auf, ich joggte los – und auf einmal lief Gerrit neben mir her, der ja eigentlich in den Zuschauerbe-reich hätte abbiegen sollen. Jetzt war er mit mir auf dem lan-gen, schlauchähnlichen Weg zum Moderator. Die Redakteure hatten ihn, wie er mir später erzählte, spontan in Richtung Bühne geschubst, nachdem er sich mit ihnen auf Chinesisch unterhalten hatte. Unglaublich! Und so saßen wir dann – nach-dem kurzerhand ein weiterer Stuhl gebracht worden war – als Geschwisterpaar für ein fünfundvierzigminütiges Live-Inter-view auf Chinesisch, das ein Millionenpublikum am Fernseher verfolgte, auf der Bühne. Ähnlich erging es mir übrigens ein Jahr später bei meinem Auftritt bei der chinesischen Fassung von *Wetten, dass …?*, bei dem ich im Vorfeld ebenfalls nicht näher über meine Aufgabe auf der Bühne informiert worden war.

Jedes Mal wenn ich an diese Auftritte zurückdenke – die mich viele Nerven kosteten, obwohl letzten Endes beide ein großer Erfolg waren und ohne größere Zwischenfälle verliefen –, wundere ich mich von Neuem, wie die Chinesen es in dieser Hektik schafften, den Überblick zu behalten und die Ruhe zu bewahren. Das zeigte mir, dass kurzfristige Planänderungen durchaus nicht verrückt und undurchführbar sein müssen, nur weil dies unserem Denkmuster widerspricht. Oft könnte uns etwas mehr Flexibilität unnötige oder umständliche Prozeduren ersparen. Das habe ich von den Chinesen gelernt: Es ist sehr wohl sinnvoll, einen Plan zu erstellen. Ob man ihn Schritt für Schritt dann tatsächlich genauso abarbeitet, ist allerdings nicht entscheidend.

Mein Tipp →

Oft führt einen das Leben auf Wege, die man im Vorfeld unmöglich einplanen kann. Es ergeben sich zufällige Begegnungen und Ereignisse, und unerwartete Chancen tun sich auf. Seien Sie flexibel genug, um solche Möglichkeiten zu nutzen! Nehmen Sie sich aber unbedingt die Zeit, Ihre Planungshorizonte zumindest grob zu strukturieren, denn auf diese Weise vermeiden Sie unnötigen Stress, der Sie von der effizienten Erledigung Ihrer Aufgaben abhält. Mit einem groben Leitfaden können Sie in kniffligen Situationen erst überlegen, anschließend ruhig ans Werk gehen und Ihre mentale Stärke ausspielen.

5 | Die Abschlusstreffer:
Mentale Stärke zeigen

Unfassbar, ich stehe im olympischen Finale!

Eines ist sicher: Ich werde auf jeden Fall mit einer Medaille nach Hause zurückkehren. Aber ich merke, dass ich noch nicht satt bin, nun da ich so weit gekommen bin. Ich mache mich langsam auf den langen Weg zurück in den Warm-up-Bereich und muss unweigerlich an meine Gedanken vor dem Halbfinale denken.

Ich saß auf meinem Stuhl in der Warm-up-Halle und wartete. Zwischen Viertel- und Halbfinale lagen einige Stunden – und ich kann lange Wartezeiten nicht ausstehen. Ich fühlte mich elend. Ich hätte mich am liebsten versteckt, wäre weggerannt oder gar nicht mehr angetreten. Allein der Gedanke daran, dass die anderen drei Fechterinnen, die in der Halle umherliefen, alle denselben großen Traum hatten wie ich, machte mich fast wahnsinnig. In jenem Moment verspürte ich die große Angst, ausgerechnet diejenige von uns vieren zu sein, die ohne Medaille nach Hause fahren würde – doch das wollte ich auf gar keinen Fall! Ich wollte mich nicht jahrelang grämen, so eine Chance ausgelassen zu haben. Je mehr mich dieser Gedanke beschäftigte, desto dringender wollte ich das Halbfinale gewinnen.

Auch schoss mir der Gedanke durch den Kopf, dass ich im Falle einer Niederlage wahrscheinlich, wie bereits bei den Olympischen Spielen in Athen 2004, gegen die Ungarin Ildikó Mincza-Nébald um Bronze würde antreten müssen. Sie würde im Halbfinale gegen die Rumänin Ana Brânză kämpfen, die ich als stärker einschätzte. Gegen die Ungarin wollte ich nun überhaupt nicht fechten, weil ich bei den Olympischen Spielen in Athen gegen sie im Sudden Death in der Runde der letzten sechzehn Fechterinnen verloren hatte. Daher wäre es doch das Beste, das bevorstehende Gefecht gegen die Chinesin zu gewinnen. Nun, das habe ich ja geschafft – auch wenn mir alleine bei dem Gedanken an das überstandene Nervenspiel übel wird. Und meine nächste Gegnerin heißt Ana Brânză, so wie ich es mir gedacht hatte.

Während ich meine Eltern und meinen Freund anrufe, um die gute Nachricht vom Einzug ins Finale zu überbringen, tigere ich auf den Aufwärmbahnen hin und her und gehe dabei immer wieder exakt dieselben Linien ab: vom Start bis zum letzten Meter, um die Kabelrolle herum und wieder zurück. Immer schön im selben Rhythmus – damit ich jetzt bloß nicht das Finale verliere, nur weil ich beim Abschreiten der Bahn aus der Konzentration geraten bin.

Ich fühle mich wie ein Roboter und kann mich gar nicht auf den Inhalt des Gesprächs konzentrieren. Nach ein paar weiteren Worten lege ich daher benebelt wieder auf. Schon jetzt weiß ich nicht mehr, was meine Eltern und mein Freund eben gesagt haben, aber darüber mache mir keine Gedanken. Ich schreite im immer gleichen Rhythmus weiter die Bahn ab. Um mich herum bekomme ich nichts mehr mit.

Die Phase der Zweifel ist vorbei. Jetzt will ich nur noch gewinnen!

Diese Sequenzen zwischen Halbfinale und Finale meines Olympiatags in Peking 2008 sind für mich Ausdruck von allem, was in diesem Kapitel folgt. Ich war so fokussiert und in mich gekehrt, dass ich an das Gespräch mit meinen Eltern keinerlei Erinnerung habe. Es spiegelt den Fokus, den unglaubliche Konzentrationstunnel wider, den ich am Olympiatag erzeugen konnte. Einmal in diesem Zustand kann man alles erreichen.

Genauso weiß ich, wie verführerisch es ist, sich aus einer Konfrontationssituation herauszunehmen. In meinem Gedankenspiel vor dem Halbfinale bei Olympia wäre es ein Leichtes für mich gewesen wäre, mich mental zurückzuziehen. Ein falscher Gedankengang, und der Tag hätte vielleicht einen anderen Ausgang genommen. Ich mag gar nicht daran denken, wie schnell es hätte passieren können, dass ich diesen großen Erfolg nicht erreiche.

Sicher kennen auch Sie den berühmten »Breaking Point«, den Scheidepunkt, an den man immer wieder im Leben gelangt: Gebe ich auf oder mache ich weiter? Wie entscheide ich mich in dieser Situation? Kann ich das überhaupt, bin ich gut genug, um das zu leisten? Will ich bis zum Ende weitermachen, um mein Ziel zu erreichen? Gegen den inneren Widerstand anzukommen ist eine Kunst für sich. Die Gedankenwelt des Menschen ist kompliziert. Obwohl sich konkrete Denkabläufe oft vorhersehen lassen, scheinen wir in Stresssituationen immer wieder dieselben Verhaltensmuster anzuwenden, aus denen es sich nicht so einfach ausbrechen lässt.

Wie genau schaffe ich es also, in Stresssituationen zu bestehen? Wie bereite ich mich mental auf diese Situation vor, wie halte ich dem Druck stand, und was kann ich tun, damit ich die Chance erhöhe, den letzten Treffer zu setzen?

Selbstsicher in die letzte Phase des Gefechts

Konzentration sowie das Fokussieren auf das Wesentliche und den richtigen Augenblick – das sind wichtige Bestandteile mentaler Stärke. Druck standzuhalten und sich trotz Anspannung gut zu präsentieren ist etwas, was mir durch das Fechten en passant mitgegeben wurde. Wie konzentriert man sich vor wichtigen Gesprächen, Terminen oder Prüfungen? Wie hält man dem Erfolgsdruck von außen und von innen stand? Die Erfahrungen aus dem Fechten haben mich den Umgang mit genau diesen Fragen gelehrt.

Die mentale Vorbereitung

Trotz der besten Vorbereitung kann man scheitern, und das wird auch immer mal wieder im Leben vorkommen. Doch man erhöht damit die Chance, erfolgreich abzuschneiden. Eine gute Vorbereitung allein nimmt viel von der Angst, physisch oder mental zu versagen. Nicht nur der Körper muss trainiert und auf den entscheidenden Moment vorbereitet werden, sondern auch der Geist. Und der ist zufrieden, wenn er die Gewissheit hat, dass das Vorbereitungspensum ordentlich absolviert wurde, dass man über einen ausreichend langen Zeitraum trainiert, geübt oder gelernt hat, statt hektisch kurz vor einer Prüfung oder einem Wettkampf zu versuchen, das bislang nicht Geschaffte nachzuholen. Wenn ich der Überzeugung bin, ausreichend und sinnvoll trainiert zu haben, wirkt sich das nämlich in der Regel positiv auf mein allgemeines Wohlbefinden am Wettkampftag und damit positiv auf meine Psyche aus. Und mit dieser Selbstsicherheit kann ich mich auf das Wesentliche konzentrieren und im entscheidenden Augenblick bestehen.

Ruhe: die Basis schaffen

Den ersten Schritt der Vorbereitung habe ich bereits angesprochen: Wenn ich mich auf etwas konzentriert vorbereiten möchte, verschiebe ich zunächst die nervigen Kleinigkeiten des Alltags – etwa die Koordination der anstehenden Arzttermine, Überweisungsaufträge oder eine ausstehende Postsendung – auf einen späteren Zeitpunkt. Das alles sammelt sich in solchen Phasen eine Zeit lang an und wird später en bloc abgearbeitet und geregelt.

Mein Tipp →

Da besonders der erste Schritt beim Fokussieren der schwierigste ist, schalten Sie zumindest das Handy und das Telefon aus. Vereinbaren Sie zusätzlich mit Ihrer Familie und Ihrem Partner ein paar Stunden »Funkstille«. Denn, um sich zu sammeln, die eigene Situation zu ordnen und zu erfassen, brauchen die meisten Menschen vor allen Dingen eines: Ruhe.

Gedankliche Vorlaufzeit nicht unterschätzen

Die mentale Vorbereitung auf ein wichtiges Ereignis kann nicht erst am Tag des Wettkampfs beginnen. Wenn ich in die Weltcupsaison starte, beschäftige ich mich gedanklich mindestens schon eine Woche vorher mit dem anstehenden Wettkampf, bei Weltmeisterschaften ist der Gedanke daran bereits Monate vorher da.

Sich bereits vor einer Diskussion mit Argumenten sowie möglichen Fragen und Antworten zu beschäftigen hat den gleichen Effekt wie eine Trainingseinheit beim Sport. Sie üben, sich mit der Situation auseinanderzusetzen und einer bestimmten Herausforderung zu begegnen. Diese mentale Vorbereitungszeit ist nicht zu unterschätzen.

Ich für meinen Teil kann jedenfalls sagen, dass die Zeit, die ich zur gedanklichen Vorbereitung auf einen wichtigen Wettkampf aufwende, meine Trainingszeit in der Fechthalle bei Weitem übersteigt. Dabei stelle ich mir die Wettkampfsituation im Geiste vor. Das lässt sich mit den Dialogen vergleichen, die man im eigenen Kopfkino mit dem Arbeitgeber führt, wenn etwa eine Gehaltsverhandlung ansteht. Mich durch die Visualisierung auf das einzustimmen, was kommt oder kommen könnte, hat sich für mich bereits oft genug ausgezahlt. Diese intensive Beschäftigung mit einer bevorstehenden Konfrontation bringt mich in den richtigen Modus, um mich darauf voll und ganz konzentrieren zu können.

Mein Tipp ➤

Lassen Sie sich im Moment des Geschehens nicht von den Ereignissen überrollen. Die gedankliche Einstellung auf eine wichtige Situation und die Beschäftigung damit im Vorfeld sind von enormer Bedeutung für den späteren Erfolg. Man braucht eine gewisse Vorlaufzeit, um sich mit Problemstellungen auseinanderzusetzen. »Proben« Sie durch Gedankenspiele Ihren Auftritt, gehen Sie mögliche Argumente durch. Es hilft Ihnen später in der realen Situation.

Doch welche konkreten Übungen dienen der mentalen Vorbereitung, dem Fokussieren? Man kann sich mit Selbstgesprächen auf eine Situation einstellen, und auch das Visualisieren, also das Übersetzen in innere Bilder, sowie das gedankliche Durchspielen von schwierigen Situationen sind probate psychologische Mittel. Ob man sich dabei ritualisiert auf einen Stuhl setzt und das Kommende Schritt für Schritt noch einmal durchgeht, ob man sich vor dem Wettkampf ein Handtuch über den Kopf legt oder Musik hört, um sich zu konzentrieren und die Außenwelt fernzuhalten, oder ob man diese mentale Einstimmung, so wie ich es mache, über den Tag verteilt in den alltäglichen Lebenssituationen wie nebenher laufen lässt, ist dabei eher eine Typfrage.

Daneben gibt es weitere kleine Tricks, die auch mir weiterhelfen. So erzählte mir mein Sportpsychologe vom »weißen Papier«, als ich einmal in einer mentalen Krise steckte: Im Deutschen Juniorennationalteam hatte ich eine Angstgegnerin, eine kleine flinke Fechterin, mit der ich damals um einen Platz in der Nationalmannschaft kämpfte. Vor lauter Sorge, sie könnte besser sein als ich, hatte ich in wichtigen Wettkämpfen bereits zwei Mal verkrampft gefochten, auf die Nachbarbahn geschielt, mir dunkle Szenarien meines Versagens ausgemalt und mich zunächst nicht qualifiziert. Mein Sportpsychologe empfahl mir danach, alles, was mich bedrückte, zu notieren, mir alles von der Seele zu schreiben und diesen Zettel dann in eine Schublade zu stecken. Als die nächste Qualifikationsperiode bevorstand, riet er mir, den Zettel erst wieder hervorzuholen und mich mit den darauf notierten Problemen zu beschäftigen, wenn diese wichtige Phase vorbei sei. In der

Zwischenzeit, so meinte er, würde ich jedes Mal, wenn meine Gedanken zu meinen Bedenken abschweifen wollten, vor meinem geistigen Auge nur ein leeres Blatt sehen. Denn der Text sei ja in der Schublade.

Ich wusste anfangs nicht so recht, was ich von dieser Methode halten sollte, hatte aber keine eigene Lösung parat. Also machte mich ans Schreiben und versteckte den Zettel in einer Ausgabe von Goethes *Leiden des jungen Werther* – und da ist er auch heute noch. Ich fand die Wahl des Buchs damals sehr passend, denn ich litt ja auch. Was dann geschah, hätte ich nicht für möglich gehalten: Es funktionierte! Ich schaffte es auf diese Weise, meine Ängste für eine bestimmte Zeit auszublenden. Ich ließ sie schlichtweg nicht zu. Letztlich qualifizierte ich mich und musste mein »Bedenken-Papier« nicht mehr hervorholen und mich damit auseinandersetzen, denn meine Ängste waren – wie sich herausstellte – unbegründet.

Diese Methode funktioniert übrigens mit etwas Übung auch im Kopf: Man kann seine Probleme gedanklich in eine Schublade stecken. Bis heute schalte ich so negative Gedanken aus, wenn ich vor wichtigen Situationen stehe und mich nicht ablenken oder beeinflussen lassen darf.

Die richtige Selbsteinschätzung

Die Auseinandersetzung mit der Frage, wo ich derzeit stehe, empfinde ich als einen sehr wichtigen Baustein der mentalen Vorbereitung. Die Bedeutung der passenden Messlatte, der gelungenen Selbsteinschätzung wird hier deutlich und hilft bei der Antwort weiter.

Ich habe die für mich prägende Erfahrung gemacht, dass

mich manchmal eigene Gedankenkonstrukte von einem höheren Ziel abhalten: Ich war noch etwas jünger, und mein Ziel beim letzten Wettkampf der Saison lautete, in der Riege der besten zehn deutschen Fechterinnen zu bleiben. Ich hatte mich innerlich darauf eingeschossen, den zehnten Platz zu halten, und äußerte meine Ängste, das nicht zu schaffen, gegenüber meinem Sportpsychologen. Doch statt einer Aufmunterung erntete ich für meine Darlegungen einen bösen Blick – und eine peinliche Pause entstand. Ich fragte mich, was ich wohl Falsches gesagt hatte.

»Britta, wohin willst du eigentlich?«, fragte er mich dann. »Also wirklich, du machst dir Gedanken, ob du dich auf Platz zehn halten kannst? Du gehörst doch eher auf Platz drei! Mach dir lieber mal Gedanken darüber, wie du dich da hinarbeiten kannst und nicht wie du nach hinten verteidigen kannst. Schau nach vorne!« Ich war baff von dieser Rede, denn darüber hatte ich noch gar nicht nachgedacht. Bei dem besagten Wettkampf war ich dann so gut, dass ich vom einen auf den anderen Tag in der Nationalmannschaft war. Ich kämpfte mich tatsächlich auf Platz drei vor. Damals wurde mir zweierlei klar:

Oftmals begrenzen wir unsere Gedanken selbst. Wir versuchen gar nicht erst, unseren Horizont zu erweitern, über den Tellerrand hinauszuschauen. Ich bin davon überzeugt, dass ein Vorhaben, das auf Verbesserung abzielt, leichter zu erreichen ist als die reine Verteidigung einer Position. Der Verteidigungsgedanke, also der krampfhafte Versuch, an etwas festzuhalten, ist immer mit Ängsten oder sogar Panik verbunden – und das geht häufig schief.

Bei der mentalen Vorbereitung ist es eine große Hilfe, die aktuelle Situation nicht nur mit sich selbst zu klären, sondern auch mit dem Umfeld zu besprechen – vor allem wenn man merkt, dass man nicht vorankommt oder sich von einer Angst nicht aus eigener Kraft befreien kann.

Mein Tipp →

Analysieren Sie schon vor einer Konfrontation, wo Sie stehen und wo Sie hinwollen. Verfangen Sie sich dabei nicht im eigenen festen Gedankenkonstrukt, sondern tauschen Sie sich dazu mit Ihrem Unterstützerkreis aus. Was können Sie, wohin wollen Sie? Ihr Umfeld wird Ihnen bei diesen Fragen helfen können.

Analoges Mentaltraining: Vorbereitung abseits der Planche

Shanghai, eine riesige Konzertarena mit fünfzehntausend Zuschauern. Mit ein paar Notizen stehe ich total nervös mit schweißnassen Händen hinter der Bühne. Ich hoffe inständig, dass in den nächsten drei Stunden alles gutgeht. Ich soll beim heutigen Konzert von André Rieu als Übersetzerin für das chinesische Publikum fungieren. »Hoffentlich sagt er auch wirklich das, was vereinbart wurde, und weicht nicht allzu sehr vom Skript ab!«, hoffe ich inständig. Doch dann ist keine Zeit mehr für Grübeleien – die Show beginnt.

Das Publikum ist von dem Konzert begeistert, und auch auf meiner Seite läuft es ziemlich gut, auch wenn ich mich natürlich ein paar Mal verhasple. Doch dann passiert es tatsächlich: Vor lauter Aufregung übersetze ich etwas völlig anderes, als André Rieu gerade eben gesagt hat. Sehr zur Erheiterung derjenigen Zuschauer im Publikum, welche die englische Ansprache des Virtuosen verste-

hen. O nein! Nach dem ersten Schockmoment, begleitet von einem
kurzen Ohnmachtsgefühl, fange ich mich zum Glück gleich wie-
der. Einer spontanen Eingebung folgend, verkaufe ich das Ganze
als kleinen Witz. Das Publikum lacht, André Rieu zum Glück
auch.

Gerade noch einmal gutgegangen ...

Erlebnisse und Erfahrungen, die nichts mit dem Fechten zu
tun haben, gaben mir in der Vergangenheit immer wieder
einen Motivationsschub. Einige meiner Engagements in den
letzten Jahren – ob meine Live-Reportagen für das ARD-*Mor-*
genmagazin während der Fußballweltmeisterschaften in Brasilien oder die Übersetzung von André Rieus Bühnenshow in
China – hatten zudem beinahe schon Wettkampfcharakter.
Sie sind außerdem ein psychologischer Ausgleich zu meinem
sonstigen Training. Dass diese positive Effekte haben, ist aus
meiner Sicht daher keine Überraschung oder eine Ausnahme,
sondern die Konsequenz – solange man es damit nicht über-
treibt.

Solche Herausforderungen abseits der Fechtbahn empfinde
ich jedenfalls als sehr bereichernd. Denn so etwas, am Ende
Banales, wie ein Sudden Death in einem Gefecht kann mich
nach einer dreistündigen Moderation auf Chinesisch vor fünfzehntausend Menschen nicht mehr allzu sehr schockieren. Es
ist immer eine Frage der Perspektive. Ich nenne das »analoges
Mentaltraining«. Auch Sudoku, Rechenrätsel, Tischtennis-
spielen oder andere mentale Herausforderungen sind für mich
Entspannungs- und Fokussierungsmaßnahmen zugleich.

Meine letzte Diplomprüfung schrieb ich zum Beispiel vier
Wochen vor Beginn der Olympischen Spiele in Peking 2008.
Nichtsdestotrotz bereitete ich mich gründlich auf die bevor-

stehende Klausur vor, denn ich wollte die letzte Prüfung unbedingt bestehen. Als ich in der Klausur saß und mir bereits beim ersten Blick klar war, dass ich die Prüfung schaffen würde, fiel mir ein riesiger Stein vom Herzen, und ich glaube, dass ich die ganze Bearbeitungszeit im Hörsaal gegrinst habe. Ich hatte einen Dreifacheffekt erzielt: Durch die Konzentration auf die Klausur und die anstrengenden Lernphasen zum Thema Beschaffungswirtschaft war ich abgelenkt von dem potenziellen Negativstrudel, in den man sich vor lauter Aufregung schnell begibt, wenn man sich vor einem Wettkampf gedanklich nur noch mit dieser Herausforderung beschäftigt. Gleichzeitig konnte ich meinen hohen Konzentrationsgrad nutzen und auf das Fechten übertragen. Und schließlich beflügelte mich das Glücksgefühl der bestandenen Klausur – meine gute Laune war für ein paar Wochen gesichert.

Mein Tipp →

Wenn Sie Probleme haben, sich zu konzentrieren, helfen spezielle Konzentrationsübungen weiter. Es gibt genügend Denksportaufgaben, die sich mit Logik, Kreativität und Wortspielen beschäftigen. Das trainiert die Konzentrationsfähigkeit. Nutzen Sie ruhig auch andere Aktivitäten als »analoges Mentaltraining«. Finden Sie heraus, mit welchen Maßnahmen Sie sich gut fokussieren können, was Sie innerlich Ruhe finden lässt. Zusätzlich können solche Ablenkungen Ihnen die Sorge vor der eigentlichen Herausforderung nehmen.

Tunnelblick: der richtige Fokus

Ich stehe im olympischen Finale von Peking meiner rumänischen Konkurrentin Ana Brânză gegenüber. Die letzten drei Minuten haben begonnen. Jetzt kommt es darauf an. Ich führe mit einem sehr komfortablen Vorsprung von 12 zu 8. Eigentlich dürfte nichts mehr passieren, das weiß ich. Doch dann schweife ich in Gedanken ab, überlege, was vor mir liegt: ein Leben als Olympiasiegerin ... Von meiner Souveränität spüre ich plötzlich nichts mehr, und ich merke, dass sich meine Gegnerin umgestellt hat. Im Handumdrehen hat sie ihren ersten Aufholtreffer gelandet. Mist!

Ein Anflug von Panik steigt in mir auf, ich kann kaum ruhig durchatmen, geschweige denn mich sammeln. Ich denke an die Zuschauer, an meinen Bruder, der im Publikum sitzt und mir verzweifelt die Daumen drückt. Was, wenn ich sie jetzt alle enttäusche? Zack! Der Treffer zum 12 zu 10 fällt, der zweite Gegentreffer innerhalb von fünf Sekunden. Oh nein!

»Gaaanz ruhig«, rede ich mir gut zu. Mir ist klar, dass ich meine Taktik jetzt anpassen muss. Mir ist auch bewusst, dass mein Problem darin besteht, dass ich mich aus dem Flow-Zustand herausbewegt habe, dem hundertprozentigen Konzentrationslevel, das notwendig ist, um dies hier zu Ende zu bringen. Also versuche ich als Erstes, etwas Spannung rauszunehmen, ich ziehe mich etwas zurück, um Raum zu gewinnen und mich an meine Gegnerin anzupassen.

Ich führe ein positives Selbstgespräch, spreche mir Mut zu und blende wieder alles um mich herum aus. Ich muss mich schleunigst wieder in die Kampfsituation, in den Konzentrationstunnel bringen, bevor meine Gegnerin den nächsten Treffer landen kann. »Komm, jetzt ganz ruhig. Durchatmen und versuchen, eine Minute lang den Trefferstand so zu halten. Ganz ruhig. Spitze nach vorne,

treffen wollen. Nichts überstürzen, aber mutig sein. Konzentrie-
ren. Fokussieren. Wieder die Augen nach vorne auf das Wichtige
richten.« So rede ich mir immer weiter zu und bemerke gar nicht,
dass die Zeit weiterläuft und ich dem Sieg näherkomme. Denn
die Rumänin lässt sich auf meine zurückhaltende Fechtweise ein
und wartet ab. Ich vermute, dass sie mich nicht angreift, um noch
einmal die letzten Kräfte und allen Mut zu sammeln, um ihren
Rückstand doch noch aufzuholen.

Doch ich habe mich wieder im Griff, und meine Gegnerin gerät
jetzt unter Zeitdruck. Ihr bleibt kaum mehr als eine Minute. Als
Ana Brânză wieder energisch auf mich zukommt, sehe ich eine Lü-
cke und greife an. Sie versucht mich auszuparieren – mein Herz
macht einen Sprung, die Panik droht mich eine Sekunde lang wie-
der zu übermannen –, aber im letzten Moment treffe ich zum 13 zu
10. In diesem Augenblick weiß ich, dass ich gewinnen werde! Dieser
Vorsprung muss genügen.

Ich könnte schreien vor Glück.

Lassen Sie sich im Gefecht nicht von Gedanken verleiten, die
Sie von dem ablenken, was für Sie wichtig ist. Lassen Sie sich
vom sogenannten »Flow« tragen – dieser Begriff wird von
Psychologen wie Mihály Csíkszentmihályi benutzt, um das
Gefühl zu beschreiben, so in einer Aktivität aufzugehen, dass
man voll und ganz im gegenwärtigen Augenblick ist. Nutzen
Sie den Moment der totalen Konzentration!

In diesem Flow war ich sicherlich bei den Olympischen Spielen in Peking. Meine Eltern verrieten mir im Nachhinein, dass
sie es bei dem Telefonat, das wir zwischen Halbfinale und Finale geführt hatten, mit der Angst zu tun bekommen hätten,
so apathisch sei ich gewesen. Ich hätte überhaupt nicht auf
ihre Fragen reagiert, sondern nur völlig vom Gespräch losge-

löste Selbstanfeuerungsparolen zum Besten gegeben. Dieses beinahe autistische Verhalten ist normal, es ist ein Ausdruck dieser besonderen Fokussierungsmomente.

Doch im Finale, kurz vor Schluss des Gefechts, war ich plötzlich abgelenkt: Beim Stand von 12 zu 8 ging mir durch den Kopf, dass ich jetzt wohl Olympiasiegerin werden würde – prompt kassierte ich in kürzester Zeit zwei Treffer in Folge, und der Stand verkürzte sich auf 12 zu 10. In dem Moment war mir klar, dass ich mich jetzt neu sammeln musste, um überhaupt noch einen Treffer zu machen und zu gewinnen. Ich habe es geschafft, aber durch das gedankliche Abschweifen, das Verlassen des fokussierenden Tunnels, des Flows, hätte ich im letzten Moment um ein Haar meinen Olympiasieg gefährdet. In diesem Gefecht wurde mir deutlicher als je zuvor bewusst, was das Wort »Fokus« bedeutet und wie extrem konzentriert man sein kann.

Das Fokussieren auf einen bestimmten Augenblick und eine bestimmte Aufgabe ist etwas, was man als »positiven Tunnelblick« bezeichnen könnte. Als Fechterin versuche ich, dieses Konzentrationsniveau bei jedem Gefecht zu halten. Beim Fechten kommt es nicht nur darauf an, am Wettkampftag mental gut drauf zu sein, sondern wir haben an einem Finaltag bei Weltcupturnieren mit einem Feld von vierundsechzig Fechterinnen im besten Fall sechs Kämpfe vor uns – und bei jedem Gefecht ist wieder volle Konzentration gefordert. Doch wie gelange ich in diesen Zustand? Wie bekomme ich meine Nervosität in den Griff? Was machen Sie, wenn Sie abgelenkt sind, wenn die Gedanken herumschwirren und Sie Ihren eigenen Geist nicht zu packen bekommen?

Konzentration aufs Wesentliche

Zunächst muss man versuchen, seine Gedanken auf das Wesentliche zu bündeln. Viele achten auf das, was um sie herum geschieht, statt auf die Aufgabe, die vor ihnen liegt und auf die sie sich konzentrieren sollten. Welcher Konkurrent mehr oder weniger trainiert hat, wer gerade wieder komisch geschaut hat oder wer eine neue Jeans trägt, scheint manchmal wichtiger zu sein als alles andere. Doch jedes Mal wenn ich zu sehr darauf geachtet habe, ob meine Gegnerin arrogant auf die Bahn kommt, wie sie sich geschminkt hat oder ob sie merkwürdige Aufwärmübungen macht, habe ich sofort die Quittung bekommen. Spekulationen darüber, ob meine Gegnerin sich die Fingernägel für einen Wettkampf lackiert oder ob sie denkt, sie sei etwas Besseres, sind im Wettkampf nicht von Belang und lenken nur ab.

Folgendes Bild könnte vielleicht auch Ihnen helfen, sich besser zu sammeln. Fechter tragen eine Schutzkleidung, mit der sie sich unbesorgt ins Gefecht stürzen können. Ich habe mich längst daran gewöhnt, in voller Montur und mit Kopfschutz auf die Fechtbahn zu gehen. Häufig wird mir die Frage gestellt, wie es sei, durch ein Gitter zu schauen beziehungsweise durch die Maske nicht erkannt zu werden. Tatsächlich sieht man durch die Maske hervorragend, denn das engmaschige Gitter ist sehr nah am Auge und dadurch wie unsichtbar – die Sicht ist lediglich insgesamt etwas abgedunkelt, wie durch eine Sonnenbrille. Aber es ergibt sich daraus gefühlt wirklich eine Art Tarneffekt: Man selbst kann beobachten, ohne beobachtet zu werden.

Ich persönlich empfinde das Tragen der Maske im eigentlichen wie im übertragenen Sinne als Mittel, den Gegner nicht zu sehr zu personifizieren. Meine Philosophie ist, dass man sich in einem Gefecht mehr mit sich selbst und seiner eigenen Verfassung als mit dem Gegner als Person beschäftigen sollte. Es sollte egal sein, welches Gesicht sich unter der Maske auf der gegenüberliegenden Seite verbirgt und was der Gegner denkt. Noch weniger sollte die Frage eine Rolle spielen, wie Sie Ihr Gegenüber aus dem Konzept bringen können. Das lenkt nur ab und erschwert die eigene Konzentration. Fragen Sie sich lieber: Wie können *Sie* den nächsten Treffer setzen?

Mein Tipp →

Für das Erreichen eines Erfolgs ist es am wirksamsten, wenn man versucht zu siegen, statt einen anderen zu besiegen. Emotionalität wird häufig mit einer Niederlage bestraft, denn sie lenkt von eigenen Stärken ab. Versuchen Sie also besser gar nicht erst, unfair zu kämpfen. Konzentrieren Sie sich lieber auf sich und Ihre eigenen nächsten Schachzüge, statt sich damit zu beschäftigen, wie Sie den Gegner aus dem Lot bringen können. Dann sind Sie bereit für das Wesentliche: Ihre Pläne umzusetzen!

Selbstgespräche führen: im Flow bleiben

Sind Sie nervös, wenn es auf eine Herausforderung zugeht? Keine Sorge, denn einen gewissen Nervositätsgrad mitzubringen, ist grundsätzlich erst einmal gut. Nur wer ein wenig Lampenfieber hat, besitzt die nötige Grundspannung, um eine anstehende Aufgabe zu bewältigen.

Allerdings bringt einen übermäßige Nervosität aus dem Konzept – ob vor oder während des Gefechts. Es ist ein Phänomen des Geists, dass man sich bei einer hohen Führung plötzlich schon mit dem Sieg beschäftigt und dadurch an Konzentration verliert. Gleichzeitig bekommt man es mit der Angst zu tun, doch noch zu verlieren, selbst wenn der Sieg schon greifbar nahe ist. Eigentlich ist man ja im Vorteil – trotzdem muss man sich immer wieder selbst anfeuern und zusammenreißen, um sich nicht mit solchen Gedanken zu beschäftigen, sondern ausschließlich an den nächsten Treffer zu denken und »in der Situation« zu bleiben. Im Verhandlungsgespräch im Berufsleben, bei Vorträgen oder in Prüfungssituationen ist es dasselbe: Versuchen Sie, sich auf den Moment zu konzentrieren – denn das lenkt von der Nervosität ab. Wie gelingt das?

Ich schwöre dabei auf die Wirkung von positiven Selbstgesprächen, so unkonkret sich das anhören mag. Ich sage beispielsweise häufig zu mir selbst folgenden Satz: »Ich kann, ich will, ich schaffe es.« Bei beziehungsweise vor Wettkämpfen führe ich dauernd Selbstgespräche oder innere Monologe, um meine Gedanken in die richtige Richtung zu lenken. Wenn ich vor Gefechten ein Motivationstief habe und Gefahr laufe, mich nicht mehr hundertprozentig einzusetzen, frage ich mich zum Beispiel: »Wer soll in diesem Gefecht gewinnen? Ich! Will ich, dass die Gegnerin gewinnt? Nein! Ist mir egal, wer gewinnt? Nein! Will ich, dass mein Gegner sich über einen Sieg freut und ich mich durch eine Niederlage schlecht fühle? Nein! Also werde ich mein Bestes geben, um zu gewinnen!« Sich selbst motivieren und an die eigenen Stärken erinnern zu können, sich gut zuzureden statt in Selbstzweifel oder Beschimpfungen zu verfallen ist für mich eines der wichtigsten Rezepte zum Erfolg.

Mein Tipp →

Gehen Sie bewusst mit Ihrem mentalen Zustand um – Sie können ihn durch positive Selbstgespräche beeinflussen. Blenden Sie dabei negative Gedanken aus, konzentrieren Sie sich auf das Positive. Also kein »Hoffentlich werde ich nicht getroffen«, sondern ein »Ich will den nächsten Treffer setzen«. Glauben Sie mir, es wirkt! Versuchen Sie gleichzeitig, sich auf Details zu konzentrieren und sich damit zu beschäftigen. Agieren Sie im Moment, dann sind Sie weniger nervös und gelangen schneller in den Moment höchster Konzentration, den Flow.

Bei den Weltmeisterschaften in Sankt Petersburg 2007, wo ich den ersten großen Erfolg meiner Fechterkarriere verbuchen konnte, gab es auch einige äußere Widrigkeiten, mit denen wir Athleten uns arrangieren mussten. Als gerade mein Gefecht um den Einzug ins Halbfinale lief, riefen plötzlich die Zuschauer und andere Anwesende in der Halle wild durcheinander. Der Kampf wurde unterbrochen, und wir sahen uns verstört nach dem Grund der Aufregung um. Es hatte sich auf den anderen Bahnen doch wohl niemand verletzt? Dann entdeckten wir den sprichwörtlichen Brandherd: Eine der Hallenleuchten war durchgebrannt, und die Flammen hatten bereits auf die umliegende Deckenstruktur übergegriffen. Während wir uns nach ein paar Minuten schon fragten, ob der Wettkampf nun für längere Zeit unterbrochen werden müsste und wir womöglich sogar aus der Halle evakuiert werden würden, rief uns der Obmann wieder zum Gefecht auf.

Ich kann Ihnen versichern, dass es nicht gerade leicht ist, nach einer solchen Aufregung und Ablenkung den Faden wieder aufzunehmen und sich wieder voll auf die eigentliche Aufgabe zu konzentrieren. Sich zu ärgern und wegen der Ablenkung Frust aufzubauen bringt in solchen Momenten aber gar nichts. Ich bemühte mich daher, die Unterbrechung auszublenden, zu vergessen, weiter mit mir selbst im Dialog zu bleiben – und habe die Weltmeisterschaften gewinnen können.

Es ist so: Wer voll konzentriert ist, kann sich durchsetzen, egal ob es kalt ist oder warm, ob er müde ist oder ob es eine Verzögerung oder Unterbrechung gibt. Er ist im Flow. Dieses Lockerwerden auf Kommando ist eine der schwierigsten Übungen. Es geht darum, die Balance zu finden zwischen der Nervosität und Anspannung einerseits und der Coolness andererseits, die einem den klaren Kopf beschert. Ich habe die Prinzipien des positiven Selbstgesprächs und des Ausblendens häufig erfolgreich angewendet – glauben Sie mir, sie funktionieren! Und Konzentration kann man trainieren.

Sich wiederholt Situationen aussetzen: üben in der Praxis

Besonders zu Beginn meiner Karriere habe ich mich häufig von den gegnerischen Fans ablenken lassen. Immer wenn die Mütter meiner Gegnerinnen über einen Treffer jubelten, habe ich mich damit beschäftigt und konnte mich nicht auf das Gefecht konzentrieren. Mit meinen Gedanken auf der Fechtbahn zu bleiben, mich zu fokussieren, habe ich dadurch gelernt, dass ich Hunderte Wettkampfgefechte erlebt habe, ebenso wie unzählige Trainingsgefechte, bei denen sich Eltern direkt neben der Bahn laut unterhielten oder die jüngeren Athleten beim Warmkicken den Fußball auf unsere Bahn schossen. Auch im Studium war es so: Mit jeder weiteren Klausur, die ich bestritt, nahm meine Aufregung ab und steigerte sich meine Konzentrationsfähigkeit.

Mein erstes öffentliches Referat habe ich im Alter von fünfzehn Jahren für meinen damaligen Sponsor gehalten. Ich war damals ungemein aufgeregt, und bis kurz vor dem Auftritt war ich mir nicht sicher, was ich überhaupt sagen sollte. »Erzähl etwas von deinen Fechterlebnissen«, hieß es im Vorfeld nur. Ich fing schließlich zunächst etwas zögerlich damit an, von den Dingen zu berichten, die mir am Fechtsport gut gefallen. Im Lauf des Vortrags dann klang immer mehr mein Enthusiasmus durch, und ich berichtete schließlich lebhaft davon, wie ich als ein Niemand gegen die große Laura Flessel angetreten war, damals Weltranglistenerste und absoluter Superstar. Statt mich geschlagen zu geben, hatte ich die Herausforderung angenommen und gekämpft. Die Französin hatte gar nicht damit gerechnet, dass ich mich derart zur Wehr setzen würde, und im Kampf gegen mich Probleme bekommen: Psychologisch gesehen ärgert man sich als nominell stärkerer Gegner darüber, sich nicht deutlicher gegen den Schwächeren durchzusetzen, und gleichzeitig beginnt die Angst an einem zu nagen, dass man vielleicht doch verlieren könnte. Am Ende hatte ich tatsächlich 15 zu 14 gewonnen. Unfassbar! Seit diesem Erlebnis war ich als Favoritenschreck bekannt und fand meine Motivation eine Zeit lang darin, die Erfolgreichen und die Spitzenleute zu ärgern und zu besiegen.

Die vorher teilweise noch verhalten miteinander sprechenden Zuhörer meines Vortrags waren plötzlich aufmerksam – offensichtlich übertrug sich meine Faszination der Spannung, die sich während eines Gefechts im Inneren aufbaut, auch auf mein Publikum. Als ich den Vortrag beendet hatte und applaudiert wurde, war ich erleichtert und glücklich zugleich.

Ich hatte es geschafft und war unglaublich stolz auf mich, dass ich mich getraut hatte, vor einem Publikum aufzutreten. Der erste Schritt war getan und machte mir Lust auf mehr.

Mein Tipp →

Je häufiger Sie sich einer Stresssituation aussetzen, desto besser werden Sie mit ihr umgehen können. Denn Konzentrationsfähigkeit lässt sich trainieren. Ängste, Nervosität und Aufregung bekommt man in den Griff, wenn die Herausforderung zur Routine wird.

Die Macht der Rituale

Ich sitze auf dem Bett in meinem Pariser Hotelzimmer und warte darauf, dass mein Laptop hochfährt. Wie so häufig vor Wettkämpfen möchte ich mir noch eine Folge einer amerikanischen Sitcom angucken. Meine Gedanken schweifen ab zu dem morgigen entscheidenden Wettkampf. Denn morgen ist es so weit, dann weiß ich endlich, wie meine Zukunft aussehen wird. Ich bin auf alles gefasst.

Vorgestern, kurz bevor mein Vater mich zum Bahnhof gebracht hat, habe ich mich in der Wohnung noch einmal umgeschaut: Meine Wohnung ist aufgeräumt, das Bett frisch bezogen, alles für »das Leben danach« bereitet. Alles ist »clean«, wenn ich nach Hause komme, dann kann ich neu starten. Ich schmunzle über mich selbst, denn dieses Verhaltensmuster habe ich auch schon vor anderen wichtigen Wettkämpfen, Klausuren oder wegentschei-

denden Gesprächen angewendet. Das Gefühl, nach meiner Rück-
kehr wieder bei null zu starten, verringert für mich irgendwie den
Druck.

Hat ja schon oft genug funktioniert, denke ich mir und starte
den Film.

Nicht nur vor unserem entscheidenden Olympiaqualifikati-
onsturnier für London in Paris haben meine Vorbereitungs-
rituale mir dabei geholfen, meine Nervosität im Zaum zu halten. Aber nicht nur im Vorfeld, sondern auch beim Wettkampf
selbst helfen mir – für Außenstehende vielleicht merkwürdig
anmutende – Rituale bei der Konzentration. Ich ziehe zum
Beispiel bei Wettkämpfen jedes Mal die gleichen T-Shirts an
und telefoniere am Abend vor dem Turnier immer mit denselben Menschen – und das schon seit Jahren. Auch die Ab-
folge und der Ablauf des Aufwärmtrainings bleiben bei vielen
Sportlern häufig gleich. All diese Dinge tragen dazu bei, dass
man sich sicher fühlt, weil man etwas Gewohntes tut und so
die Aufregung des Neuen aus der Situation nimmt. Routine-
abläufe helfen bei Nervosität, denn wir wissen, was auf uns
zukommt, bewegen uns sozusagen in bekannten Gewässern,
und das beruhigt ungemein.

Beginnen Sie im Augenblick der Konzentration nicht, über
die möglichen Konsequenzen nachzudenken, die sich aus dem
Ausgang Ihres Gefechts ergeben könnten, also über die Folgen einer Niederlage oder einer schlechten Arbeit. Blenden
Sie alle Sinnfragen aus, stellen Sie sich vor, Sie wären ganz allein. Wenn ich auf der Planche im Finale stehe, darf ich mir
zum Beispiel unter keinen Umständen meinen Bruder auf der
Tribüne vorstellen. Denn ich weiß genau, wie sehr er mir die
Daumen drückt und wie niedergeschlagen er ist, wenn ich ver-

liere. Ein einziger solcher Gedanke – und schon ist man nicht nur mental abgelenkt, sondern belastet sich mit noch mehr Druck.

Mein Tipp ➤

Etablieren Sie Rituale, um Ihre Nervosität in den Griff zu bekommen und um sich besser konzentrieren zu können. Gewohnte Abläufe geben Ihnen Sicherheit. Ein wenig Aberglauben schadet auch nicht. Solange es Ihnen mental hilft, wenn Sie vor einem wichtigen Auftritt zum Beispiel Ihre Kette küssen oder Ihren persönlichen Glücksbringer in der Tasche haben, ist es egal, was andere dazu sagen. Finden Sie heraus, was Sie beruhigt, und wenden Sie es konsequent an.

Der Umgang mit Druck

»Wie gehst du mit dem Druck um?« Das ist eine der häufigsten Fragen, die ein Fechter gestellt bekommt. Die Zweikampfsituation und knappe Entscheidungen sind für uns Alltag. Es gibt allerdings verschiedene Arten von Druck, denen man sich stellen muss. Die Möglichkeiten, mit Druck umzugehen, ihm zu begegnen oder wie man ihn überhaupt empfindet, sind vielfältig. Auch hier gibt es ein paar kleine Tricks, durch die man den Druck reduzieren oder sich besser mit ihm auseinandersetzen kann.

Sich bedeckt halten

Es gibt viele Tipps und gute Mittel, um Druck besser auszu-halten und schwierige Situationen souverän zu meistern. Aus meiner Sicht besteht eine besonders probate Methode darin, die Ausgangsposition zu verbessern, bevor man überhaupt mentale Stärke beweisen muss: Mich gut zu präsentieren ist wie gesagt ein wichtiges Moment für meinen Erfolg als Fech-terin wie als Geschäftsfrau.

Ich habe schon bei meiner Abiturprüfung die Erfahrung gemacht, dass man Nervosität und Aufgeregtheit hervorra-gend hinter einer Fassade verstecken kann, indem man lä-chelnd ins Prüfungszimmer geht und den Eindruck erweckt, man habe gar keine Angst vor dem, was nun kommt. Dabei war ich eigentlich ziemlich aufgeregt, habe aber mit einem Lä-cheln und einem lockeren Spruch die Dramatik der Situation überspielt und den Lehrern einen selbstbewussten Eindruck vermittelt.

Sich übermäßig anzupreisen oder zu exponieren kann dage-gen nach hinten losgehen – wie immer entscheidet das rich-tige Maß. Wir müssen uns gedanklich, emotional und geistig nicht vor unserem Gegner offenbaren. Jeder sollte sich so prä-sentieren, wie er sich am wohlsten fühlt. Man muss nicht alle Gefühle und Gedanken, Siegessicherheit und Zweifel nach au-ßen tragen, sondern sollte sich bedeckt halten.

Sicherlich gibt es Situationen, in denen Offenheit zum Ziel und zu den richtigen Kompromisslösungen führt. Schwäche zu zeigen ist schließlich nicht grundsätzlich verkehrt. Für mich ist es beim Fechten entscheidend zu wissen, wie viel man von sich preisgeben sollte, damit es zum Erfolg führt: Manch-mal muss man dem Gegner etwas vortäuschen, manchmal ist es besser, die Emotion rauszulassen. Das muss jeder für sich in der jeweiligen Situation entscheiden.

Besonders wenn es darum geht, in schwierigen Situationen dem Druck standzuhalten, müssen Sie sich schützen. Lehnen Sie sich – auch mit Erfolgsprognosen – nicht zu weit aus dem Fenster, wenn Sie davon ausgehen, dass der Druck dadurch steigt. Erzählen Sie nicht jedem, dass Sie ein Vorstellungsgespräch haben, wenn Sie sich lieber im Stillen darauf vorbereiten wollen und sich nicht mit der Frage herumschlagen möchten, wie Sie es Ihrem Umfeld beibringen sollen, falls es mit der Einstellung bei Ihrem Wunschunternehmen doch nicht klappen sollte. Sagen oder zeigen Sie Ihrem Vorgesetzten oder Verhandlungspartner in einem wichtigen Gespräch nicht, dass Sie aufgeregt sind. Nicht darüber zu reden, dass man nervös ist, sollte um einiges leichter umzusetzen sein, als die Nervosität nicht zu zeigen. Letzteres können Sie meiner Meinung nach nur durch viel Übung und viele Konfrontationssituationen erlernen. Aber den Chef nicht aktiv darauf aufmerksam zu machen, indem Sie ihm zusätzlich noch von Ihrer Nervosität berichten, ist schon einmal ein guter Anfang.

Mein Tipp →

Versuchen Sie von vornherein, den Aufbau von Druck zu vermeiden. Geben Sie nicht zu viel von sich preis. Gehen Sie in Deckung, schützen Sie sich, und legen Sie nur so viele Karten auf den Tisch, wie Sie für richtig halten!

Sich nicht erdrücken lassen

Es gibt verschiedene Arten von Druck, die unterschiedliche Grade an Stress in uns auslösen, positiven wie negativen: Leistungsdruck, also die Notwendigkeit, bestimmte Bedingungen zu erfüllen, um sich für eine Weltmeisterschaft zu qualifizieren. Erwartungsdruck, der von außen auf uns einströmt und gewisse Ansprüche erhebt. Und schließlich der Druck, den wir uns selbst auferlegen – etwa der Wunsch, einen guten Eindruck zu hinterlassen oder sich etwas zu beweisen.

Ich bin Leistungsdruck immer folgendermaßen begegnet: In der Schule setzte ich mir das Ziel, möglichst eine Eins zu schreiben, wenn ich bestehen wollte. Ich habe in Kapitel 2 ja bereits ausführlich erläutert, dass man Teilziele besser erreicht, wenn man sich mit höheren Zielen beschäftigt.

Zusätzlich ist es hilfreich, sich nicht zu sehr in konkreten Details bestimmter Hürden zu verstricken. Sobald man ein Hindernis direkt vor Augen hat, kann es einen hemmen. Im Sport zum Beispiel machte ich mir über Punkte und Ranglisten wenig Gedanken, weil ich ohnehin stets mein Bestes gab. Ich habe immer versucht – auch bei der Olympiaqualifikation für Peking 2008 –, mich davon nicht aus dem Konzept bringen zu lassen. Nach dem Motto: »Ich gebe in jedem Wettkampf mein Bestes – und dann reicht es oder eben auch nicht!« Natürlich ist es grundsätzlich wichtig, den Überblick über den Status quo nicht zu verlieren. Doch mir fiel es immer leichter, Gefechte zu gewinnen, wenn ich nicht *ganz* genau wusste, ob dieser eine Sieg über eine Qualifikation entscheidet. So habe ich häufig genug vermieden, mir unnötig Druck zu machen, bin damit Situationen entgangen, in denen ich bewusst einer Alles-oder-nichts-Entscheidung gegenübergestanden hätte, und habe damit wiederum entscheidende Matches gewonnen.

Erwartungsdruck kenne ich vor allem, seit ich das erste Mal ganz oben angekommen war. Als junge, motivierte Sportlerin hat keiner so richtig sein Augenmerk auf mich gerichtet, weder Trainer noch Medien noch Bekannte. Jetzt werde ich häufig auf vergangene Turnierergebnisse und kommende Wettkämpfe angesprochen. Dabei können Gespräche darüber in meinem Bekanntenkreis, der meine Erfolge und Misserfolge verfolgt und mich diesbezüglich hin und wieder in Erklärungsnot bringt, mir größere Sorgen bereiten als alles andere. Medialen Druck habe ich selten an mich herankommen lassen. Ich bin realistisch: Es gibt im Sport Höhen und Tiefen, entscheidende Augenblicke und nicht so wichtige Phasen – Schwankungen sind vollkommen normal. Ich konzentriere mich darauf, in diesen entscheidenden Momenten in Form zu sein und mich nicht davon beeindrucken zu lassen, wenn ich ein paar kritische Nachfragen von außen bekomme, falls ich einmal nicht so gut abgeschnitten habe.

Dem eigenen, also dem »selbstgemachten« Druck setze ich mich am meisten aus. Wie bereits gesagt: In der Regel sind Sie selbst Ihr ärgster Gegner. Oftmals kommen einem die eigenen Gedanken in die Quere, wenn es um das Erreichen eines Ziels geht. Man hadert mit sich, ob man talentiert genug ist, um ein bestimmtes Ergebnis zu erreichen, ob man in der Lage ist, etwas in einer gewissen Zeitspanne zu schaffen, und man fragt sich, wieso ausgerechnet man selbst derjenige sein sollte, der am Ende Erfolg hat.

Ich weiß, dass es erdrückend und beängstigend sein kann, sich mit solchen Selbstzweifeln zu sehr zu beschäftigen. Einmal in dieser Situation gefangen, ist es ein schwieriger Prozess, sich wieder herauszuarbeiten. Manchmal kommt wirklich alles zusammen, und man hat einen Totalausfall, wie ich bei den Weltmeisterschaften in Italien. Wenn der Druck uns einmal überwältigt hat, überschlagen sich unsere Gedanken, es entstehen Konzentrationslücken und Versagensängste, die das Leistungsvermögen manchmal längerfristig negativ beeinflussen können.

Mein Tipp →

Bleiben Sie mit Ihren Gedanken im gegenwärtigen Moment! Vermeiden Sie es, den ganzen Berg sehen zu wollen, der auf dem Weg zum Gipfel vor Ihnen liegt. Dieser Anblick kann Sie mitunter lähmen. Vermindern Sie den Druck, indem Sie Ihr Blickfeld auf die direkt vor Ihnen liegende Etappe, auf Ihre nächsten Schritte begrenzen. Mit dieser Einstellung erhöht sich Ihre Chance, Außergewöhnliches zu leisten und nicht unter der Last des Erfolgsdrucks zu zerbrechen.

Um übermäßigem selbstgemachtem Druck vorzubeugen – oder es zumindest zu versuchen –, nehme ich mir daher immer zwei Dinge vor, wenn es um wichtige Entscheidungen geht:

- Ich versuche, die äußeren Erwartungen und Forderungen auszublenden. Kein Außenstehender hat einen so genauen Einblick in die tatsächliche Situation und die Erfolgschancen wie ich selbst.
- Ich versuche, mich auf mich selbst zu konzentrieren und den Blick nach innen zu richten. Dabei nehme ich mein

Ziel – ob selbstgesteckt oder vorgegeben – mit in meine Gedankenwelt und baue darum herum ein stabiles Gerüst aus Teilzielen auf. So kann ich mich mit Details beschäftigen, ohne mich von der Gesamtaufgabe einschüchtern oder überwältigen zu lassen.

Warum ändern, was sich bewährt hat?

Sie standen schon oft auf der Bühne – doch diesmal wartet vor dem Vorhang ein besonders großes Publikum? Sie haben bereits viele Vorträge gehalten und Ihre Ergebnisse präsentiert – aber heute sitzt der Chef in der ersten Reihe? Lassen Sie sich bloß nicht einschüchtern! In außergewöhnlichen Drucksituationen ist es nach meiner Erfahrung am besten, sich nicht vom normalen, gewohnten Ablauf abbringen zu lassen – komme, was da wolle. Es ist sogar umso wichtiger, in dieser besonders aufregenden Situation die gewohnte Routine durchzuziehen, denn Gewohntes gibt wie gesagt Sicherheit.

Wenn Sie mit Ihrer bisherigen Methode erfolgreich waren, wäre es ein Fehler, die Art oder den Umfang Ihrer Vorgehensweise zu ändern, nur weil etwas vermeintlich Besonderes ansteht. Ich habe schon viele Athleten auf dem Weg zu Meisterschaften scheitern sehen, weil sie dachten, sie müssten hierfür auf eine besondere Art und Weise trainieren und sich vorbereiten. Indem sie die Wettkämpfe auf diese Weise über die Maßen aus dem üblichen Rahmen hoben, erhöhten sie den Druck deutlich.

Vor jeder Meisterschaft und vor allem vor Olympischen Spielen wurde ich oft gefragt, ob ich mich jetzt nicht besonders intensiv vorbereiten, noch häufiger trainieren oder spezielle Trainingslager absolvieren würde. Nein, ich mache nichts grundsätzlich anders als sonst, und ich habe mich in den letzten fünfzehn Jahren nie davon abbringen lassen. Wieso sollte mich eine Fahrradtour oder ein Yogakurs zwei Wochen vor den Weltmeisterschaften nach vorne bringen, wenn ich bislang stets mit einer festgelegten Kombination aus Laufen, Schwimmen und Fechttraining die Weltranglistenspitze erobern konnte? Warum sollte ich noch mehr oder anders trainieren als sonst und mir vielleicht Verletzungen zuziehen, statt meinen über viele Jahre bewährten Trainingsrhythmus einzuhalten?

Mein Tipp →

Wenn Sie für sich ein funktionierendes Muster oder System gefunden haben – wie auch immer es aussehen mag –, behalten Sie es bei. Erhöhen Sie nicht selbst den Druck, indem Sie ein großes Ziel zu sehr herausstellen und daraufhin Ihre Arbeitsweise anpassen. Wenn Sie mit einer Methode erfolgreich sind, gibt es keinen Grund, daran etwas zu ändern.

Auch die Weltmeisterschaften sind nur ein Wettkampf. Änderungen nehme ich nur vor, wenn ich feststelle, dass es im Training nicht gut läuft. Der Ansatz, gerade dann nichts grundlegend anders zu machen als sonst, wenn ein großes sportliches Ereignis vor der Tür steht, hat mir viele Erfolge eingebracht, da bin ich mir sicher. Denn so habe ich mir etwas Druck genommen. Ich konnte mich dazu im gewohnten und bekannten Rahmen bewegen und musste mich nie zusätzlich mit völlig neuen Trainingsbedingungen auseinandersetzen. Natürlich gibt es auch Athleten, die jedes Jahr eine spezielle Vorbereitung auf eine Meisterschaft absolvieren – das ist wie ein Ritual, also auch eine Art Routine, und wirkt sich in der Folge oft positiv aus.

Widrige Umstände als Herausforderung sehen

Insgesamt gehört es meiner Ansicht nach zur Entfaltung mentaler Stärke, sich mit der aktuellen Situation auseinanderzusetzen und zu lernen, mit bestimmten, unveränderbaren Gegebenheiten umzugehen. Ich erwähnte es bereits: Beim Degenfechten wie im Leben kann man sich seinen Gegner nicht aussuchen. Meine Erfahrungen aus meiner sportlichen Karriere zeigen aber eines deutlich: Häufig habe ich genau dann am besten abgeschnitten, wenn ich vermeintlich Pech mit meiner Gegnerzuteilung hatte und mich einem schweren Gefecht stellen musste. Für mich persönlich gilt: je größer die Herausforderung, desto besser der Fokus und die Konzentration.

Ich halte es für einen gut funktionierenden psychologischen Trick, mir eines immer wieder vor Augen zu halten: dass im Großen und Ganzen alle die gleichen Rahmenbedingungen haben und dass sich Glück und Pech immer wieder ausgleichen. Natürlich kann es einen in einer denkbar ungünstigen Situation treffen, zum Beispiel wenn man sowieso nicht besonders konzentriert ist – dann wirkt eine zusätzliche Ablenkung noch stärker. Aber ansonsten sind alle müde, wenn der Wettkampf schon um acht Uhr morgens losgeht; alle schwitzen, wenn im Sommer die Halle nicht gekühlt ist; alle frieren, sollte im Winter die Heizung nicht angestellt sein. Mal kann man mit den gegebenen Umständen besser umgehen, teilweise spielen sie einem sogar in die Karten, manchmal kämpft man mit ihnen mehr als andere. Doch genau das ist die Kunst und die Herausforderung: sich auf die verschiedenen Bedingungen einzustellen und nicht immer alles von äußeren Umständen abhängig zu machen.

Wenn ich an meine Olympiaqualifikation von London 2012 zurückdenke, kann ich mich an kaum eine Begebenheit erinnern, die mir den Weg geebnet hätte. Am Ende haben diese Umstände mich aber nicht daran gehindert, eine olympische Medaille zu gewinnen.

Mein Tipp →

Oft sind die Umstände nicht perfekt. Nehmen Sie die Gegebenheiten hin, und betrachten Sie diese als Herausforderung. Machen Sie sich klar: Nicht nur Sie haben vermeintliches Pech. Es gibt eine ausgleichende Gerechtigkeit, denn auch Sie haben irgendwann mal Glück. Denken Sie daran, dass Sie Ihr Ziel trotz oder gerade aufgrund von Widrigkeiten erreichen können.

Die letzten Sekunden: die Entscheidung

In den letzten Sekunden des Gefechts entscheidet sich, ob Sie wirklich den Willen und die Nerven haben, um das, was Sie begonnen haben, auch zu Ende zu bringen. Halten Sie bis zur allerletzten Sekunde Ihre Spannung, Ihre Motivation aufrecht. Sonst kann es Ihnen leicht passieren, dass Sie auf der Zielgeraden noch eingeholt und von Ihrem Gegner überflügelt werden. Nach dem Motto »Freuen Sie sich nicht zu früh« sollten Sie in dieser Schlussphase noch einmal richtig Gas geben.

Wir Fechter bekommen immer wieder von unseren Trainern folgenden Satz zu hören: »Spannung halten, das Gefecht ist erst mit dem letzten Treffer und der letzten Sekunde vorbei!« Wie häufig habe ich die Wahrheit dieser Worte am eigenen Leib zu spüren bekommen! Und wie häufig werden die letzten Sekunden eines Gefechts noch einmal ein richtiges Nervendrama, besonders für den Führenden. Denn oft genug holt der Zurückliegende noch auf – er hat ja nichts mehr zu verlieren. Der Fechter auf der Siegerstraße hat so gut wie gewonnen, ist meist nicht mehr so konzentriert, will es einfach nur hinter sich bringen – und bekommt nun Angst, seinen fast sicheren Sieg im letzten Moment zu verspielen. Nun kommt es darauf an, wer konsequenter ist.

Die Chance nutzen: Konsequenz bis zum Schluss

Buddha hat einen Satz geprägt, der sich häufig bewahrheitet: »Das Geheimnis eines außerordentlichen Menschen ist in den meisten Fällen nichts als Konsequenz.« Die Konsequenz, etwas Begonnenes durchzuziehen, eine gefällte Entscheidung umzusetzen, und sich nicht von einer Phase der Lustlosigkeit davon abbringen zu lassen.

Im Gefecht wie im Leben ist es meist relativ einfach, eine Sache zu beginnen und sie dann dahinplätschern zu lassen, ohne dass etwas richtig schiefgeht oder man eine negative Erfahrung daraus mitnimmt. Der schwierige Teil kommt, wenn es darum geht, den rechten Abschluss zu finden: eine Diplomarbeit zu Ende zu bringen, das Dokument, das inhaltlich in Ordnung ist, abzurunden, im Gefecht den Vorsprung gegen einen schwächeren Gegner souverän zu verteidigen.

Wie viele Male habe ich in meinem Leben gehört, dass jemand ja *eigentlich* etwas gekonnt oder geschafft hätte, wenn er alles gegeben und es wirklich gewollt hätte – und wenn die Umstände besser gewesen wären. Bei der Zulosung der Gegner ist Pech im Spiel, das Gefecht beginnt zu früh am Morgen, der Kampfrichter ist parteiisch, der Chef ist unfähig, an den schlechten Noten sind die Lehrer schuld, die Verwaltung an der Uni ist undurchsichtig, die Klausuren sind absichtlich so schwer, damit möglichst viele Studenten durchfallen. Komischerweise gibt es immer Leute, die es trotz dieser vermeintlich widrigen Umstände schaffen – und das ohne großes Aufsehen. Deshalb und aus eigener Erfahrung weiß ich, dass solche Aussagen häufig eine Schutzbehauptung sind. Auf diese Weise schiebt man eine Situation vor sich her, bei der sich klar herausstellen würde, ob man etwas tatsächlich kann oder nicht.

Auch ich kenne Phasen, in denen ich genau weiß, dass ich ein Gefecht gewinnen könnte, sollte, müsste. Wenn ich es dann nicht schaffe, finde ich natürlich zahlreiche Begründungen dafür. Nur ändert sich an der Tatsache nichts, dass ich es hätte packen *können*, es aber dennoch nicht geschafft *habe*. Da hilft kein Gerede. Denn der Ausgang solcher Gefechte zeugt meiner Meinung nach von Inkonsequenz, zumeist gepaart mit einer gewissen Feigheit, sich dem Druck einer Situation zu stellen und sich mit ihr auseinanderzusetzen. Im Nachhinein versucht man sich zurechtzulegen, dass man mit dem entsprechenden Einsatz *natürlich* hätte gewinnen können. Die entscheidende Frage ist aber: Warum habe ich mich nicht mehr eingesetzt? Wieso habe ich verloren? Denn so richtig Sinn ergibt es nicht. Befriedigung gewinnt man nämlich nicht aus einer Niederlage. »Hätte, könnte, wäre, wenn« bringen niemanden ans Ziel.

Ich führte einmal bei einem Wettkampf gegen eine sehr starke Russin besonders hoch – nach zwei Dritteln lag ich mit 12 zu 7 vorne. Das ist auf Weltklasseniveau ein Vorsprung, den der Gegner eigentlich nicht mehr einholen kann. Ich war mir also bereits in dieser zweiten Minutenpause sicher, dass ich den Sieg in der Tasche hatte. Doch aus irgendeinem Grund kam ich in den letzten drei Minuten nicht mehr richtig in Fahrt, vielleicht hatte ich innerlich mit dem Gefecht schon abgeschlossen. Mein Körper war nicht mehr angespannt, und vor allem gedanklich schweifte ich immer mehr von der aktuellen Situation ab. Die Folge: Die Russin kam Treffer um Treffer näher. Und meine plötzlich aufkeimende Angst, dass meine Gegnerin tatsächlich noch aufholen könnte, so unrealistisch es war, versetzte mich in eine Starre, die mich handlungsunfähig machte, sodass ich am Ende in der Tat eine Niederlage einstecken musste. Ich konnte damals nur schwer fassen, was mir da gerade widerfahren war!

Momente wie diese lassen in mir ein derart ungutes Gefühl entstehen, dass ich oft noch wochenlang davon im Traum verfolgt werde. Jedes Mal nehme ich mir vor, dass ich mich beim nächsten Mal besser zusammenreiße, mich nicht darauf verlasse, dass es schon gutgehen wird, und dadurch die Spannung verliere. Dabei darf man sich ruhig ein wenig von der Sorge antreiben lassen, dass man noch verlieren könnte – denn dadurch bleibt man länger angespannt. So kämpfte ich während der Qualifikation für die Olympischen Spiele in Peking bis ans Ende um jeden Treffer, obwohl ich rein rechnerisch kaum noch von meinem Qualifikationsplatz hätte verdrängt werden können. Ich habe mir nicht erlaubt, mich auf dem Punktepolster auszuruhen – riskieren, dass irgendetwas Unvorhergesehenes passiert, wollte ich nicht.

Wenn Sie merken, dass Sie kurz vor Schluss beginnen, den Faden zu verlieren, steuern Sie sofort dagegen. Richten Sie in diesem Moment den Blick noch konzentrierter nach vorn und achten Sie jetzt noch bewusster auf Ihr Ziel. Nur mit dem letzten Schritt kommen Sie an Ihr Ziel und bekommen damit ein gutes Gefühl.

Mein Tipp →

Wenn Sie etwas können und wollen, dann *machen* Sie es auch! Verstecken Sie sich nicht, und lassen Sie sich an Ihrem tatsächlichen Vermögen messen. Halten Sie sich nicht im Schutz der »Wenns« auf, sondern setzen Sie Ihre Ziele um. Nehmen Sie sich vor, jede Aufgabe komplett zu beenden und erst dann lockerzulassen! Auch Herausforderungen, die eigentlich leicht zu bewältigen sind, sollten Sie tunlichst nicht schleifen lassen. Dieser mentalen Falle müssen Sie unbedingt entgehen! Lassen Sie Ihre Gedanken nicht verfrüht zur Siegesfeier abschweifen. Denken Sie nicht daran, dass das Gefecht schon so gut wie vorbei ist, sondern kämpfen Sie stur bis über die Ziellinie weiter. Denn erst mit Ablauf der Zeit beziehungsweise nach dem Siegestreffer ist man wirklich auf der sicheren Seite!

Alles geben: den letzten Treffer setzen

Ich habe mich bis zum Finale vorgekämpft und bin eigentlich schon zufrieden damit, so weit gekommen zu sein. Ich liege gegen die schwedische Fechterin Maria Isaksson im letzten Drittel 10 zu 14 zurück. Das Gefecht ist also eigentlich schon verloren ...

In diesem Moment überkommt mich jedoch eine Welle der Verärgerung: Ich habe bislang noch nie einen Weltcup gewonnen und lasse mich nun, wo ich im Finale stehe, dazu hinreißen, das Gefecht mehr oder weniger kampflos abzugeben, ohne die nötige Spannung und den angemessenen Kampfgeist! Ich beschließe, wenigstens zu versuchen, der Schwedin noch ein paar Treffer abzuluchsen. Mit einem Blick zu meinem Trainer und einem weiteren Blick auf die Uhr wird mir klar, dass mein Trainer mit meiner Niederlage schon längst abgeschlossen hat. Doch mir bleiben noch zwei Minuten, um noch einmal den Mut für einen Angriff zu finden.

Ich gehe in die Offensive und setze das 11 zu 14. Jetzt will die Schwedin das Gefecht möglichst schnell beenden und den sicheren Sieg nach Hause bringen. Sie greift mich an – was ihr das 12 zu 14 beschert. Nun wird sie sichtlich nervös, und ich rieche die winzige Chance, das Gefecht womöglich doch noch drehen zu können. Ich greife die Schwedin erneut an und pariere sie aus. Das Adrenalin, das mir durch das 13 zu 14 ins Blut schießt, gibt mir den letzten Kick. Und so nutze ich die Gunst der Stunde und gewinne tatsächlich noch.

Mein erster Weltcupsieg!

»Wer kämpft, kann verlieren. Wer nicht kämpft, hat schon verloren.« Die Bedeutung dieses Zitats, dessen Autor nicht eindeutig feststeht, das aber meist Rosa Luxemburg oder Bertolt Brecht zugeschrieben wird, habe ich 2002 bei diesem Weltcup im australischen Sydney wie nie zuvor am eigenen Leibe erlebt. Ich konnte es im ersten Moment kaum fassen – auch die Schwedin konnte es nicht glauben, ihren sicheren Sieg noch vergeben zu haben, und schlug die Hände über dem Kopf zusammen. An diesem Tag ist mir das fast Unmögliche gelungen, und ich weiß seit diesem Moment: Es lohnt sich *immer*, sich noch einmal zu sammeln und alles zu geben, was man hat, auch wenn bereits alles verloren scheint.

Alles geben, kämpfen, bis über die Ziellinie hinaus konsequent bleiben: Von dieser Haltung habe ich im Sport oft profitiert, ob als Nachwuchsfechterin, wo ich die Chance auf meinen ersten Weltcupsieg genutzt habe, ob bei den Olympischen Spielen in Peking, wo ich erst nachgelassen habe, als ich das Gold in den Händen hielt, oder in zahlreichen Situationen, in denen es knapper nicht hätte sein können wie bei meinem Halbfinalgefecht von London oder in denen alles schon verloren schien wie bei unserer Olympiaqualifikation. Genauso hat es sich für mich zumeist ausgezahlt, wenn ich in einer Klausur befürchtete, nicht bestehen zu können, und trotzdem die volle Zeit genutzt habe, um um jeden einzelnen Bewertungspunkt zu kämpfen.

Ich kann mich an eine Prüfung erinnern, in der ich im Hörsaal vor meinen Unterlagen saß und nicht mehr weiterwusste. Ich blätterte vor und zurück, mir wollte aber nirgendwo mehr etwas einfallen. Ärgerlich war, dass ich mich eigentlich gut vorbereitet gewähnt hatte und mir trotzdem klar wurde, dass ich die nötigen fünfzig Punkte zum Bestehen der Prüfung nur schwerlich schaffen würde. Ich überlegte schon aufzugeben, als in der Reihe vor mir ein Kommilitone kopfschüttelnd aufstand und seine halbleeren Blätter abgab. In diesem Moment rief ich mich selbst zur Räson und machte mir klar, dass ich die Klausur mit Sicherheit nicht bestehen würde, wenn ich es jetzt nicht zumindest noch einmal ernsthaft versuchte. Mit neuem Ehrgeiz begann ich, die Klausuraufgaben noch einmal von vorne durchzuschauen. Auch wenn es sehr knapp war, bestand ich am Ende die Klausur. Die wenigen Kleinigkeiten, die ich noch hinzugefügt hatte, gaben am Ende den Ausschlag.

Das letzte Quäntchen aus sich herauszuholen, einhundert Prozent zu geben, erhöht die Chancen auf den Erfolg deutlich. Doch was ist, wenn Sie all Ihre Fähigkeiten aufgeboten und sich Mühe gegeben haben – und es reicht trotzdem nicht? Dann gehen Sie als moralischer Sieger aus der Situation heraus und haben das Gefecht vielleicht sogar trotzdem mit Freude bestritten. Es hat sich zumindest gelohnt, Ihre Grenzen zu testen, um dann mit dem, was Sie dabei herausgefunden haben, zu arbeiten und sich zu verbessern.

Mein Tipp →

Es ist möglich, schier Unglaubliches zu schaffen, wenn man alles, was man hat und will, in die Waagschale wirft und wirklich bis zum Letzten alles dransetzt, das gesteckte Ziel zu erreichen. Zur rechten Zeit, im richtigen Moment sind Dinge möglich, die man sich niemals hätte träumen lassen. Nutzen Sie die Gunst der Stunde, wenn sie sich Ihnen bietet! Kämpfen Sie weiter, selbst wenn alles verloren scheint. Es zahlt sich häufig genug aus! Aber egal, wie der Ausgang ist: Wenn Sie alles gegeben haben, dann setzen Sie den letzten Treffer, den letzten »Touché« zu mehr Zufriedenheit!

6 | »Touché«:
Das Gefecht endet

Nach dem letzten »Touche«, dem letzten Treffer des Gefechts, gibt es einige Regeln, die alle befolgen müssen. Man »grüßt ab«, schüttelt seinem Gegner die Hand, schaut ihm dabei in die Augen und bedankt sich noch einmal beim Kampfrichter. Es ist für diesen Ablauf, dieses im Regelwerk des Fechtens verankerte Ritual unerheblich, wer der Gewinner und wer der Verlierer ist, man nimmt in diesem Moment den Ausgang hin und reagiert sportlich.

Mit dem Augenblick, in dem das Gefecht endet, wird man mit den Reaktionen von außen konfrontiert. Auf dem Rückweg von der Bahn gibt es im Falle eines Siegs Glückwünsche von Kollegen, im Falle einer Niederlage Mitleidsbekundungen und womöglich spöttische Blicke missgünstiger Zeitgenossen. Den richtigen Umgang mit dem Moment unmittelbar nach der Entscheidung des Gefechts, nach dem Augenblick der Wahrheit zu finden, ist nicht immer einfach. In der Regel schießen einem direkt tausend Gedanken durch den Kopf, die man erst einmal ordnen muss – egal ob Sieg oder Niederlage.

Der Siegtreffer

Die letzte Minute des olympischen Finales 2008 bricht an, die Rumänin muss mich nun angreifen. Ich befinde mich auf dem Gipfel meiner Konzentrationsfähigkeit und am Ende meiner Nerven. Der

Treffer zum 14 zu 10 fällt, ich habe ihren Angriff auspariert. Ich bin hoch konzentriert, lasse keine anderen Gedanken mehr zu. Ich will jetzt unbedingt nur noch den letzten Treffer setzen und endlich, endlich von dieser mentalen Last befreit werden, die mich am Ende von vier Gefechten an diesem Tag schier zu erdrücken scheint.

Der Obmann gibt das Startkommando »Allez«, und wir befinden uns wieder im Gefecht. Ich empfinde einen unheimlichen Trieb nach vorne, mein Wille zu treffen ist stärker als der Gedanke an jegliches Taktieren. Direkt nach dem Startkommando sehe ich schon eine Lücke, spüre das richtige Tempo und entscheide mich, diesen ersten möglichen Moment für einen Angriff mit voller Kraft voraus zu nutzen. Es sind zwar erst ein paar Sekunden vergangen, seit wir das Gefecht wieder aufgenommen haben, aber ich warte nicht mehr ab, der Augenblick ist perfekt: Ich nehme all meinen Mut zusammen und greife meine Gegnerin an – und merke im selben Augenblick, dass es reichen wird, ich weiß, dass ich treffen werde ... Doppeltreffer!

Ich bin Olympiasiegerin!

Um mich herum ist es noch immer dunkel, ich höre nur meinen eigenen Atem. Ich habe es geschafft! Am liebsten würde ich explodieren vor Freude, wie es sonst immer nach ganz engen Gefechten passiert, meine aufgestaute Nervosität und Anspannung herausschreien. Aber ich kann nicht, ich bin zu erschöpft, die Atmosphäre ist zu surreal. Stattdessen strecke ich die Arme in die Luft und schließe meine Augen. Erst als das Hallenlicht angeht, mein Trainer mich umarmt, meine Physiotherapeutin schreiend auf mich zurennt und mein Bruder auf die Bahn gerast kommt, mit einer Deutschlandflagge ausstaffiert, und mich stürmisch umarmt, weiß ich die Situation wieder einzuordnen. »Wahnsinn, Britta, Wahnsinn!«, brüllt er.

Das überwältigt mich – und endlich kommen die Freudentränen.

Die Erleichterung, die man spürt, wenn man den letzten Treffer gesetzt hat, ist unbeschreiblich. Jeder, der auch nur einmal gefochten und den Degen in der Hand gehalten hat, weiß, wie einen im Verlauf des Gefechts der Ehrgeiz packt. Dass man nur noch gewinnen will, weil man spürt, welch ein tolles Gefühl des Glücks auf einen wartet, wenn man noch ein letztes Mal seine eigene Lampe aufleuchten sieht! Da ist nur noch der unbändige Wille, diesen verflixten letzten Treffer zu setzen, gleichzeitig aber auch die Angst, es vielleicht doch nicht zu schaffen – und eine Erleichterung ohnegleichen, wenn man es dann geschafft hat. Für mich ist es immer wieder und unvermindert eine Befriedigung, mich selbst besiegt zu haben, mich überwunden zu haben und am Ende den Erfolg genießen zu können.

Den Erfolgsmoment genießen

Ich fühle mich in der Regel im Moment des Gewinnens wie leer. Nach sechs nervenaufreibenden Gefechten, nach einem ganzen Tag in der Fechthalle, bin ich mental ausgelaugt und einfach nur erleichtert, dass ich meine Aufgabe gemeistert habe. Die Augenblicke der wahren Freude hebe ich mir für später auf. Die Glücksgefühle nach einem Erfolg sind erfreulicherweise nicht punktuell, sondern ein langfristiges Erlebnis, aus dem man schöpfen kann.

Ich genieße im ersten Moment nach einem Turniersieg immer die paar Minuten, in denen ich mit mir alleine bin und zurück zur Teambox gehe. Die Vorfreude, meinen Liebsten von dem Erfolg zu berichten, ist die größte. Ich habe mich gerade bewiesen, ich habe etwas geleistet – für mich besteht der Luxus dann darin, dass ich mir erlauben kann, mir keine zermürbenden Gedanken wegen einer Niederlage machen zu müssen, mich nicht aufzuregen, mir des Umstandes bewusst zu sein, dass ich mein Soll für eine gewisse Zeit erfüllt habe. Die Analyse folgt irgendwann automatisch, aber lassen Sie sich Zeit damit.

Mein Tipp →

Fangen Sie nach einem Sieg nicht an, Ihre Leistung sofort zu analysieren oder gar zu bemängeln. Beschäftigen Sie sich nicht mit der Frage, ob Sie nicht noch höher hätten gewinnen können oder ob der letzte Gegentreffer notwendig war. Kosten Sie den Moment aus! Freuen Sie sich, lassen Sie sich beglückwünschen, nehmen Sie diese Momente mit. Dies sind die positiven Erinnerungen, von denen Sie später zehren können, wenn es vielleicht mal nicht so gut läuft. Und das Wichtigste ist: Seien Sie stolz auf sich! Sie haben Ihr Ziel erreicht und dürfen sich jetzt dafür belohnen.

Extremsituation »Sudden Death«

Anders empfinde ich den Moment des Siegens, wenn es sich um ein sehr knappes Gefecht gehandelt hat, wenn also der letzte Treffer die Entscheidung bringt. Dann schießt mir meist ein »Ich habe gewonnen!« wie ein Blitz durch den Kopf, und ich schreie die Emotionen heraus. Das Bewusstsein, dass ich gerade genauso gut als Verliererin hätte dastehen können, lässt mich vor Erleichterung beinahe zittern. Wenn ich Gefechte im Sudden Death gewinne, ist mein Adrenalinspiegel noch lange deutlich höher als bei einem klaren Sieg. Das Gefühl der Erschöpfung stellt sich dann erst im Laufe der nächsten Stunden ein, weil mich die Aufregung des Entscheidungsmoments noch etwas auf Touren hält.

Der »Sudden Death«, der »plötzliche Tod«, ist nämlich die Reinform der nervlichen Anspannung. Hier geht es um alles oder nichts. Wenn im Gefecht nach Ablauf der Zeitvorgabe Gleichstand herrscht, ist in der nun folgenden Verlängerungsminute der nächste Treffer entscheidend. Im Vorfeld wird ausgelost, wer nach Ablauf dieser Minute gewinnt, sollte kein weiterer Treffer fallen. Dieser Fechter bekommt dann die sogenannte »Priorité«, den Vorteil zugesprochen. Der andere Fechter steht dann natürlich unter Zugzwang.

Diese Alles-oder-nichts-Situation vermeidet man beim Fechten eigentlich lieber – besonders für den nominell besseren Fechter ist es allemal angeraten, es nicht so weit kommen zu lassen, da die Chancen auf einen relativ sicheren Sieg rein statistisch rapide sinken. Da es jetzt nur noch um einen Treffer geht, kann eine einzige falsche Bewegung zur Niederlage führen. Wie häufig endete ein sicher gewonnen geglaubtes Gefecht am Ende schlecht für mich, weil ich durch das Gefühl der Überlegenheit meinen Vorsprung verspielt und dann – während ich noch den Ärger über die vertane Chance spürte – im Sudden Death verloren habe. Doch wenn Sie sich in einer solchen Pattsituation wiederfinden, müssen Sie damit umgehen können und die extreme Spannung aushalten.

Wenn Sie in der besseren Position sind, sollten Sie möglichst verhindern, dass sich Ihr Vorteil nivelliert. Machen Sie eine Entscheidung klar, solange Sie die besseren Karten haben. Zögern Sie in solchen Momenten nicht, konsequent die letzten Schritte zu gehen und »den Sack zuzumachen«.

Insgesamt kann ich Sie beruhigen und ermutigen: Selbst wenn es besser ist, ein Gefecht auszufechten und es nicht auf den Sudden Death ankommen zu lassen, so gab es doch für mich bislang so gut wie keinen Wettkampf, bei dem ich mich nicht mindestens einmal in dieser unseligen Situation wiederfand und mich kurz vor dem Sieg noch einmal mental extrem belasten musste. Diese Beinahe-Niederlagen durchzustehen und sich letztlich doch durchzusetzen gehört beim Fechten dazu. Bei den Weltmeisterschaften 2007 in Sankt Petersburg lag ich zum Beispiel gegen eine mittelstarke Französin bereits im ersten Gefecht mit 1 zu 4 im Rückstand und habe glücklicherweise am Ende doch noch im Sudden Death gewonnen. Nach dieser Aufregung musste ich gegen eine relativ erfolgreiche Japanerin fechten, gegen die ich mich ebenso nur im Sudden Death durchsetzen konnte. Mental hat mir das enorm zugesetzt, aber es hat mich auch für die folgenden Gefechte gestärkt. Am Ende ging ich als Weltmeisterin aus dem Wettkampf!

Der Weg nach oben ist nie ein Spaziergang. Es gibt immer wieder Situationen, in denen man beinahe den Boden unter den Füßen verliert, in denen man sich des Siegs nicht sicher sein kann, in denen auch andere Faktoren als der eigene Wille und das eigene Können zählen. Es gibt immer andere Menschen und andere Parameter, die mit in die Geschehnisse des Lebens hineinspielen. Trotzdem bin ich überzeugt – und habe auch die Erfahrung gemacht –, dass sich am Ende die Willensstärksten durchsetzen.

Genießen Sie also Ihre Freude, wenn Sie diesen entscheidenden Treffer gesetzt haben, und heben Sie sich die Erinnerung daran gut auf. Sie kann Ihnen beim nächsten Mal wieder den nötigen Auftrieb geben!

Mein Tipp →

Kaum ein Weg zum Erfolg verläuft ohne einen Moment, an dem man zu scheitern droht. Stellen Sie sich darauf ein und verzagen Sie nicht. Gewonnen oder verloren haben Sie erst, wenn die Ziellinie überschritten ist. Bis dahin haben Sie alle Chancen! Wenn Sie sich erfolgreich durch einen »Sudden Death« gekämpft haben, stärkt Sie das für kommende Gefechte.

Der Moment der Niederlage

Ich bin wie benebelt. Apathisch sitze ich, immer noch schwitzend von der Anstrengung der vorangegangenen Gefechte, in der deutschen Teambox. Ich kann nicht fassen, was gerade passiert ist: Von sechs Gefechten habe ich nur eines gewonnen! Die Ergebnisse der Vorrunden werden auf den Aushängen am anderen Ende der Halle angeschlagen. Wie ferngesteuert stehe ich auf und schleiche mich hinüber – mit der dumpfen Hoffnung, es möge doch durch ein Wun-

der irgendwie gereicht haben, um es in die K.-o.-Runde der besten vierundsechzig Fechterinnen zu schaffen.

Mein Körper gehorcht mir kaum, jeder Schritt ist ein Kampf, meine Beine sind schwer wie Blei. Ich nähere mich der Tafel, wo sich schon eine Traube aus Fechterinnen und Trainern versammelt hat. Aus dem Augenwinkel nehme ich die Blicke der deutschen Presse wahr, die in der Nähe steht. Ich halte unwillkürlich die Luft an, während ich auf die Ergebnisliste schaue und nach meinem Namen suche. Dort steht es jetzt schwarz auf weiß: Platz 126. Nur wenige Plätze gibt es auf der Liste hinter mir überhaupt noch! Natürlich hat es nicht gereicht.

Ich ducke mich regelrecht weg und sehe zu, dass ich schnellstmöglich hier wegkomme, stiere dabei nur geradeaus. Neben der deutschen Teambox entdecke ich eine kleine Hintertür und steuere direkt darauf zu. Dort finde ich hoffentlich einen kurzen Moment Ruhe zum Durchatmen.

Dann stehe ich in einem Hinterhof, wo ausgerechnet der Bundestrainer der Florettfechter Uli Schreck eine Pause macht. Ich versuche durchzuatmen und mich zusammenzureißen. »Du bist Olympiasiegerin, Weltmeisterin, Europameisterin, verdammt noch mal!«, sage ich zu mir. »Kein Grund, die Haltung zu verlieren, nur weil ein Wettkampf mal in die Hose gegangen ist.« Aber es ist nun einmal die Olympiaqualifikation für London, und es sind Weltmeisterschaften. Und ich habe es total vermasselt. Ich habe das schlechteste Ergebnis meines Lebens eingefahren – und das zum denkbar schlechtesten Zeitpunkt! Ich fühle mich hilflos, gleichzeitig aber auch wütend. Ich weiß genau, dass heute einfach gar nichts gepasst hat, dass ich wie weggetreten war. Nicht den Ansatz einer Chance hatte ich gegen meine heutigen Gegnerinnen. Aber wie konnte das passieren? Ausgerechnet mir?

Ich falle Uli Schreck in die Arme und weine bitterlich.

Nicht immer gehen Wettkämpfe so erfolgreich für mich aus wie die Olympischen Spiele in Peking. Nach dem Olympiasieg, dem Europameistertitel und weiteren erfolgreichen Jahren kam das Tief, und zwar ganz plötzlich. Nach der erfolgreichsten Saison meiner Karriere sowie einem beruflich sehr ergiebigen Jahr mit vielen spannenden Einsätzen folgte eine Wendung im April 2010 bei den Deutschen Meisterschaften, die mir über ein Jahr Kopfschmerzen bereiten sollte. Ich kämpfte mich durch das Turnier und einige interne Diskussionen. Als ich nach Hause kam, sagte ich meiner Familie: »Ich habe keine Lust mehr!« Von da an ging es rapide bergab. Ich gewann kaum noch ein Gefecht, fühlte mich nicht mehr wohl in meiner Haut. Ich war so schlecht, dass ich mich nicht mehr unter den in Turnieren direkt am Finaltag gesetzten besten sechzehn Athleten der Weltrangliste befand – das bedeutete für mich eine persönliche Kränkung, einen Ehrverlust, und hatte noch schlechtere Ergebnisse zur Folge.

Trotz einer eher überraschenden Silbermedaille bei den Europameisterschaften im englischen Sheffield 2011 schaffte ich es kurz vor den sich im Oktober desselben Jahrs anschließenden Weltmeisterschaften in Italien nur auf Platz 17 der Weltrangliste. Das bedeutete, dass ich an den Vorkämpfen teilnehmen musste. So eine Schmach! Das war das erste Mal überhaupt, dass ich bei Weltmeisterschaften nicht zu den nominell Allerbesten gehörte. Am Wettkampftag stand ich neben mir, konnte kaum den Degen halten. Am Ende flog ich sang- und klanglos als beinahe Letzte nach der Setzrunde raus und landete auf Rang 126. Man kann mit Fug und Recht behaupten, dass es schwer war, überhaupt so schlecht abzuschneiden. Mit etwas Sarkasmus kann ich heute darüber sogar lachen. Doch damals ging es mir wirklich dreckig.

Mein 126. Platz bei den Weltmeisterschaften in Italien war die härteste Niederlage meines Lebens. Alles, was hätte schieflaufen können, war an diesem einen Tag schiefgegangen. »Im Leben eines jeden Topathleten gibt es mindestens eine Situation, in der alle negativen Parameter, die Spitzensportler jeden für sich in der Regel durch ihre Leistungsfähigkeit kompensieren können, in Form einer ungünstigen Konstellation, ähnlich einer Mondfinsternis, zusammenkommen«, fasste es mein Trainer Manfred zusammen.

Direkt nach dem Wettkampf fingen mich gute Freunde und Vertraute aus dem engen Umfeld auf. »Ach, mein Brittchen«, schloss mich meine Mutter nach meiner Rückkehr sanft in die Arme. »Das Fechten ist nicht alles. Wir haben dich lieb. Unserer Familie geht's gut, dir geht es so gut«, fuhr sie fort. Ich fühlte mich geborgen und wusste, alles wird wirklich wieder gut. Auch mein Freund, mein Bruder und mein Vater waren für mich da, machten mir Mut. Sie prophezeiten mir gleichzeitig, dass ich Zeit brauchen würde, um mich zu erholen.

Ich versuchte mich in den Tagen nach dem Wettkampf gedanklich vom Fechten und von allem, was damit zu tun hat, zu lösen. Dennoch: Nachdem ich bei den Weltmeisterschaften 2011 versagt hatte, keimte in mir die Angst auf, dass solch ein Blackout wieder passieren könnte. Dass ich vielleicht sogar auf Dauer meinen Schneid verloren hätte. Es kostete mich eine große Überwindung, mich einer solchen Situation erneut zu stellen. Natürlich war mir bewusst, dass ich aus diversen Gründen so schlecht abgeschnitten hatte, alle Argumente hatte ich klar vor Augen. Trotzdem, als ich das erste Mal nach der Weltmeisterschaft auf die Wettkampfbahn ging, schlotterten mir die Knie. Ich hatte Panik, ich befürchtete, der Totalausfall könnte sich wiederholen.

Diese innere Einstellung spiegelte sich leider in meiner Körpersprache und auch in meinen ersten Gefechtsergebnissen wider. Ich redete mir ein, dass ich bestimmt wieder versagen würde, was nur dazu führte, dass ich diese selbsterfüllende Prophezeiung prompt mit schlechten Ergebnissen untermauerte. Mein Trainer kam nach dem zweiten der insgesamt sechs Gefechte zu mir, als ich schon hyperventilierte, und sprach mir ruhig, aber bestimmt zu: »Britta, du kannst das. Es ist unmöglich, dass du noch einmal so schlecht abschneidest. Denk gar nicht daran. Konzentriere dich nur auf deine Gegnerin. Und wenn du es jetzt nicht schaffst, dann eben beim nächsten Mal. Aber lieber dieses Mal, richtig? Du kannst das. Die anderen sind egal. Und Selbstmitleid hilft dir jetzt überhaupt nicht weiter. Also los, beweise es dir selbst!«

Zugegeben, im ersten Moment bewirkte diese gut gemeinte und motivierende Ansprache wenig bis gar nichts. Ich war weiterhin total verkrampft. Allerdings schaffte ich dann immerhin doch den Sprung in die K.-o.-Ausscheidungen. Der Knoten war geplatzt. Ich fühlte mich mit jedem Gefecht besser und besser. Mein Instinkt war wieder geweckt. Von da an wusste ich: Auch die längste Tiefphase, Pechsträhne, wie immer man es nennen mag, hat irgendwann ein Ende. Und es hilft absolut nicht, sich in die Angst hineinzusteigern. Von da an liefen die Wettkämpfe wieder, ich orientierte mich wieder automatisch nach vorne.

Durchbrechen Sie Angstzustände, indem Sie sich klarmachen, dass wahrscheinlich eine besonders ungünstige Konstellation zu Ihrem schlechten Abschneiden geführt hat. Selbst wenn es noch einmal schiefgeht – irgendwann kommt der Punkt, an dem es wieder besser läuft. Sobald Sie das auch glauben, entspannen Sie sich wieder und Sie können Druck wieder besser standhalten.

Es ist normal und sicherlich auch gesund, dass man eine Art »Psychohygiene« betreibt und negative Erlebnisse im Laufe der Zeit von sich schiebt – nachdem man sie aufgearbeitet hat. Denn auf Dauer an negativen Ereignissen festzuhalten und sie sich immer wieder vor Augen zu rufen, wenn die nächste ähnliche Herausforderung ansteht, lähmt nur. Sinnvoller ist es, sich die erfolgreichen Momente einzuprägen.

Nach meinen ersten siegreichen Wettkämpfen kommentierte Manfred dann trocken: »Tja, die Klasse, die Substanz und die guten Trainingsgrundlagen setzen sich am Ende eben durch. Du hast jetzt wieder Lust am Gewinnen. Positive Energie ist unaufhaltbar. Dummerweise ist nie vorhersehbar, wann genau sie wieder durchbricht!« Er lachte über seinen letzten Satz – vor Erleichterung. Zum Glück hatte ich meine positive Energie früh genug wiedergefunden, um es zu Olympia in London zu schaffen.

In China ist das Zeichen für Krise – jī – dasselbe wie für Chance. Man ist überzeugt, dass in jeder Krise auch der Samen für eine neue Chance liegt. Nach einem Zusammenbruch ist demnach die Zeit reif, von Neuem ein stabiles Gerüst aufzubauen. Mit dieser Sichtweise lassen sich vermeintliche Katastrophen von einer ganz neuen Seite betrachten. Probieren Sie es selbst aus!

Notwendige Niederlagen

Sie kennen das vielleicht auch aus dem Alltag: Sie arbeiten zum Beispiel im Team an einer Aufgabe, die Sie locker bewältigen könnten. Da es aber immer wieder zu Komplikationen kommt, die ziemlich nervig sind, machen auch Sie Ihre Arbeit immer schlechter – wie um zu beweisen, dass es in diesem Umfeld und mit einer so schlechten Zuarbeit der anderen nicht funktioniert. Unterbewusst möchten Sie zeigen, dass eine Grenze erreicht ist. Doch leider schaden Sie am Ende meist nur sich selbst.

Einige Niederlagen sind daher manchmal der nötige Anstoß, um sich wieder neu zu motivieren. Ich habe vor Kurzem auf einem Weltcupturnier ein sehr unbefriedigendes Gefecht erlebt, bei dem ich beinahe das Gefühl hatte, dass ich um die Niederlage mehr gekämpft habe als um den Sieg. Nach einer Führung von 5 zu 2 gegen eine weniger starke Gegnerin regte ich mich in der ersten Minutenpause lautstark darüber auf, einen Treffer, den ich meiner Meinung nach hätte setzen müssen, nicht platziert zu haben. Ich redete mich so sehr in meinen Ärger und mein Selbstmitleid hinein, dass ich mich trotz des komfortablen Vorsprungs in vermeintlich schlechterer Position wähnte. Dieses Lamentieren hat sich dann insofern gerächt, als meine Gegnerin aufholte, mich überholte und schließlich knapp besiegte. Empört und immer noch verärgert über mich selbst ging ich von der Bahn.

Wenn ich ehrlich bin, fühlte es sich danach so an, als hätte ich diesen Ausgang irgendwie herausgefordert. Ich wollte mehr oder weniger beweisen, dass ich verliere. Aber wem? Keine Ahnung. Und warum? Auch diese Frage kann ich Ihnen nicht beantworten. Es war mir direkt nach dem Gefecht ein absolutes Rätsel, wie ich zweimal einen Vorsprung wieder aufgeben konnte und vor allem warum es mir nicht gelungen war, mich zusammenzureißen. Nach einer ehrlichen Analyse wurde mir klar: Ich hatte jeweils nachdem ich in Führung war völlig unkonzentriert weitergefochten und war mehr mit Angst und Sorgen beschäftigt gewesen als mit dem Gefecht.

Für meine Begriffe ist es dann schon Strafe genug, aushalten zu müssen, dass ich gerade nicht stolz auf mich sein kann. Diesem unangenehmen Gefühl der Schmach kann man sich in keiner Lebenssituation entziehen. Wenn Sie zum Beispiel eine schlechte Präsentation abliefern, müssen Sie diesen Zustand ebenfalls aushalten und ertragen, dass Sie Ihren Chef enttäuscht haben und die Kollegen Sie schief angucken und einige sich womöglich sogar heimlich freuen. Für mich ist allein das schon Motivation genug, es beim nächsten Mal besser zu machen.

Mein Tipp →

Manchmal können einen ärgerliche Niederlagen wieder wach-rütteln und einem neuen Biss, einen Motivationsschub, geben. Wenn plötzlich die eigene Ehre angekratzt ist, will man sich in der Regel wieder beweisen. Seien Sie also ruhig sauer auf sich selbst, wenn Sie eine Niederlage hätten vermeiden können oder einen Vorsprung leichtfertig verspielt haben. Das bringt Ihnen die nötige Energie für das nächste Mal.

Fair bleiben: Niederlagen akzeptieren

Ich erinnere mich an das Finalgefecht der Juniorenweltmeisterschaften 2001 in Danzig. Ich war eine der Favoritinnen des Turniers, Weltranglistenerste und gut in Form. Meine Gegnerin war eine deutsche Mannschaftskameradin. Ich führte die ganze Zeit über mit einem oder zwei Treffern – und verspielte in der letzten Minute aus Nervosität diese Führung und damit einen sicheren Sieg. In dem Moment, als der letzte Treffer ausgefochten wurde, zögerte ich – ich wollte gewinnen, aber nichts überstürzen. Ich wartete lieber auf den Angriff meiner Gegnerin und stieß dann in einem Gefühl der Lähmung nicht richtig zu. Meine Kollegin riss sich die Maske vom Kopf und schrie ihre Freude über ihren überraschenden Sieg heraus. Und ich war damit »nur« Vizeweltmeisterin. Der Sieg war verschenkt – und ich wollte nicht akzeptieren, dass das Gefecht tatsächlich vorbei war. Ich war total geladen und wollte der gegnerischen Trainerin noch nicht einmal die Hand geben. Ich unterstellte ihr in meiner Wut über mein Versagen Häme. Später schämte ich mich sehr für mein Verhalten.

Nach einem vermeintlich unnötig verlorenen oder besonders knappen Gefecht möchte man am liebsten schreien. Noch lange gehen einem die letzten Szenen durch den Kopf, und man begreift nicht, warum man sich nicht zusammengerissen hat oder wie es so schnell in einer Niederlage enden konnte. Doch es hilft nichts: Die Zeit lässt sich nicht zurückdrehen, und man ist im Moment des Verlierens regelrecht gezwungen, sich mit dieser unveränderbaren Tatsache auseinanderzusetzen. Es kann das verlorene Gefecht sein, aber auch die Beförderung, die man nicht bekommen hat, das Ablehnungsschreiben einer Bewerbung, die durchgefallene Klausur. Ich muss dieses ungute Gefühl, das mich zu zerreißen droht, aushalten. Es ist wie es ist – die Frage bleibt, wie ich jetzt mit der Niederlage umgehe!

Geht man als Verlierer von der Fechtbahn, kann es schwerfallen, den Triumph des Gegners oder ein gutes Abschneiden eines Konkurrenten anzuerkennen – so wie es mir bei den Juniorenweltmeisterschaften erging. Aber: Man sollte »jönne könne!«. Diesen kölschen Spruch, man solle »gönnen können«, sollte sich jeder zu Herzen nehmen. Denn wir müssen nach dem Gefecht unserem Gegner die Hand geben, egal ob wir gewonnen haben oder nicht. Und es ist umso souveräner und sympathischer, in solchen Momenten Haltung zu bewahren, fair zu sein und zu gratulieren. Respekt vor der Leistung zollen bringt einen weiter, als eine Schnute zu ziehen. Enttäuschung oder auch Ärger nach einer Niederlage sind verständlich. Aber Missgunst hat noch keinen weitergebracht und ist womöglich sogar ein Hindernis für die Zukunft. Denn die nächste Chance kommt bestimmt, und vielleicht läuft man sogar denselben Leuten ein zweites Mal über den Weg und ist auf sie angewiesen.

Leider ist es inzwischen ein von vielen vor allem im Fußball tolerierter Trend, dass der Gegner für seine Leistung ausgebuht wird. Mir fällt es mittlerweile auch bei den Kleinsten immer häufiger auf: Wenn ich vor Kindergruppen lese – ich bin Patin der Stiftung Lesen – und anschließend die Kinder in eine Fechtdemonstration einbinde, so buhen sie, wenn der Gegner einen Treffer gesetzt hat. Ich unterbreche dann immer und erkläre, wieso das nicht fair ist und sie sich damit nur selbst schaden. Mit negativen Emotionen im Bauch handelt man häufig nicht rational und bereut es später.

Das kann fatal sein, besonders wenn man in der Öffentlichkeit steht. Wir Sportler müssen nämlich häufig unmittelbar nach einem Gefecht Interviews geben. Immer wieder endet solch ein Gespräch in einer Katastrophe, mit unbedachten Sätzen, aggressiven Antworten oder Heulattacken. Wenn man emotional geladen ist, sollte man am besten Dinge nicht sofort kommentieren. In vielen anderen Lebenssituationen kann man erst einmal Luft holen, runterkommen, zum Beispiel eine Antwort-Mail schreiben, aber nicht abschicken und dann noch einmal drüberschauen, wenn man sich beruhigt hat. Im Zorn oder in absoluter Aufregung zu kommunizieren geht meistens nach hinten los.

Mein Tipp →

Erkennen Sie den Sieg Ihres Gegners an und gratulieren Sie ihm zu seiner Leistung! Sie vergeben sich dabei nichts, sondern gehen gestärkt aus der Situation heraus. Anderen Komplimente zu machen bereitet sogar Freude. Probieren Sie es aus!

Verloren: Was nun?

Insbesondere nach einer knappen Niederlage kann es einem schwerfallen sich zusammenzureißen. Wenn man in einem der ersten Gefechte am Morgen des Turniertags ausgeschieden ist, obwohl man sich viel mehr erhofft hatte, kann einen das fast in die Verzweiflung treiben. Im Gegensatz zu einem Erfolgserlebnis habe ich im Falle einer Niederlage immer viel mehr Gedanken im Kopf, die mich belasten und die sich fast nicht ausschalten lassen. Die innere Stimme redet immer weiter auf mich ein, die negativen Gefühle kommen immer wieder hoch. Doch es hilft alles nichts: Man muss die Niederlage akzeptieren und sich beruhigen.

Nach einem langen Wettkampftag fühlt man sich am Ende unabhängig vom Ergebnis wie auf dem Präsentierteller. Entweder heimst man Glückwünsche ein, oder man muss sich nach einer Niederlage mit den Leuten auseinandersetzen, die einem mit tröstenden Worten auf die Schulter klopfen, und gute Miene zum bösen Spiel machen. Häufig bin ich nach einer langen Phase der Anstrengung vor allem mental so ausgepowert, dass ich am liebsten mit niemandem reden möchte. Dann empfinde ich jede kleine Unterhaltung als den Tropfen, der das Fass zum Überlaufen bringt – egal ob ich gewonnen oder verloren habe. Manchmal habe ich nicht die Chance dazu, aber meistens atme ich speziell nach bitteren Niederlagen erst einmal ein paar Minuten durch, gehe an die frische Luft und versuche runterzukommen. Dann erst bin ich für Gespräche bereit.

Mein Tipp →

Hören Sie nach einer Niederlage in sich hinein, und entscheiden Sie, was Sie jetzt dringender brauchen: Ablenkung oder Aufarbeitung. Sie können sich mit einer Vertrauensperson über Alltägliches unterhalten oder sich sofort mit der unangenehmen Situation auseinandersetzen. Es ist auch in Ordnung, wenn Sie sich nach einer Niederlage zunächst in sich zurückziehen und Ihre Wunden lecken. Sie dürfen und sollten sich ruhig ärgern, wenn Sie Ihren eigenen Ansprüchen nicht gerecht geworden sind. Aber danach muss die wichtige Phase des Analysierens und Verarbeitens folgen.

7 | Der Gang von der Fechtbahn:
Das Gefecht verarbeiten

Mein Bruder, meine Physiotherapeutin und mein Trainer schlie-
ßen mich in die Arme und drücken mich, als gäbe es kein Morgen.
Noch völlig verwirrt, versuche ich, meinen Kopf wieder einzuschal-
ten, bin aber nicht sicher, was ich als Nächstes tun soll. Dann sehe
ich die Zuschauer, unter denen auch alle meine chinesischen und
deutschen Freunde aus Peking und China versammelt sind, und
mir wird klar: Auch das, was im Nachgang an den Olympiasieg an-
steht, wird ein Highlight meines Lebens werden. Das, was gerade
passiert ist, ist etwas Außergewöhnliches!

Ich umarme meine Freunde auf der Tribüne, die streng bewacht
ist, sodass wir uns leider nicht alle so richtig miteinander freuen
können, und gehe wieder zurück in Richtung Call-Room. Dort hat
heute alles angefangen, und auf dem Weg dorthin werde ich noch
an der Presse vorbeikommen. Ich sehe mich nochmals auf der Lein-
wand und nehme das starre Glitzern in meinen Augen wahr, das
noch von der totalen Konzentration zeugt, die sich für den ganzen
Tag in meinem Nervensystem festgesetzt hat. Nun stelle ich mich
den ersten Interviews und bekomme die nächsten Minuten nur wie
im Traum mit.

Nachdem ich mich durch den Pressebereich und viele, viele In-
terviews vorgearbeitet habe, schlägt mein Herz – je näher ich der
Tür zum Call-Room komme – immer schneller. Denn nun folgen
die Glücksminuten, auf die ich die ganze Zeit gewartet habe: Die
Telefonate, die ich gleich mit meinen Eltern, mit meinem Freund,
mit meinen besten Freunden führen kann, machen mich gerade so

aufgeregt. Ich weiß, wie stolz alle auf mich sind, die Menschen, die sich ehrlich mitfreuen.

Jetzt, da ich wieder abgeschottet von der Außenwelt im Vorbereitungsraum stehe, habe ich das erste Mal kurz Zeit für mich. Zeit zu begreifen, was gerade passiert ist. Ich spüre den Hype, ich kann es nicht fassen, ich stehe hinter der Halle in diesem Backstage-Bereich und platze fast vor Freude. Oh Gott, was kommt wohl nun alles auf mich zu, was bringt die Zukunft, was bedeutet das alles? Ich bin aufgeregt, überglücklich, will weinen, lache aber, bin etwas beschämt nach tausend Glückwünschen, aber auch total aufgedreht und kann es nicht abwarten, dass die Siegerehrung losgeht. Ich möchte endlich aus der Halle raus und feiern! Oder soll ich doch noch einmal kurz zu Hause anrufen?

In diesem Moment wird die Siegerhymne der Olympischen Spiele in Peking angespielt, und unser Einmarsch zum Siegerpodest beginnt.

Wenn ein Gefecht oder ein Wettkampf vorbei ist, könnte man sich leicht der Illusion hingeben, dass man wieder etwas abgehakt hat. Doch jeder Sportler weiß genau, dass besonders nach einem verlorenen Kampf, aber auch nach jedem gewonnenen Gefecht, die eigentliche Auseinandersetzung mit dem Geschehenen und mit sich selbst beginnt. Dabei gibt es mehrere Zeithorizonte, die alle wichtig sind: die direkte Nachwirkung eines Gefechts, also das Abgrüßen, der Gang zurück zu den eigenen Utensilien, die erste Besprechung des Wettkampfs vor Ort. Anschließend folgt die übergeordnete Phase der Verarbeitung, die Zeit der Analyse, der Regeneration oder der Belohnung. Dann setzt eine neue Findungsphase ein, begleitet von der Suche nach neuen Zielen. Auch hier muss man sich immer wieder ins Bewusstsein rufen, dass man die Komplexität des Lebens am besten in mehreren Etappen bewältigt. Denn der Geist ist überbeansprucht worden, dadurch sind die körperlichen Reserven zumeist auch aufgebraucht. Erfolg und Niederlage liegen so weit auseinander – aber beides muss man verarbeiten, analysieren, sich die Zeit und die Ruhe nehmen, um sich mit der Situation, dem Status quo auseinanderzusetzen.

Nach meinen bisherigen Erfahrungen im Sport und im Leben allgemein kann ich kaum sagen, ob ich es einfacher finde, mit einem Erfolg umzugehen oder mit einem Misserfolg. Natürlich bin ich immer erst einmal froh, wenn ich mich in einer Sache, die mir am Herzen lag, durchgesetzt habe, so wie Sie bestimmt auch – denn ein persönlicher Erfolg bietet die deutlich bessere Ausgangsbasis für alles Weitere als eine Niederlage. Eine Niederlage wirft einen vielleicht emotional zurück, belastet einen womöglich mit vielen Fragen und Sorgen und ist gleichzeitig ein Indikator dafür, dass man etwas verbessern oder ändern muss. Doch auch ein Erfolg bringt Konsequenzen mit sich: Er macht uns zufrieden und stolz, lässt uns aber auch ein wenig ins Leere taumeln. So kann man sich schnell verlieren, jedenfalls dann, wenn es sich um eines seiner großen Lebensziele handelt. Fragen türmen sich in beiden Fällen auf: »Darf ich direkt wieder weitermachen? Soll ich überhaupt weitermachen? Wie viel Regeneration brauche ich jetzt? Wie motiviere ich mich wieder?« Zudem kann es sein, dass man durch einen Erfolg plötzlich unheimlichen Erwartungsdruck verspürt und diesem in der Folge nicht standhalten kann genauso wie möglicher Missgunst. Die ausreichende Verarbeitung von Sieg und Niederlage ist entscheidend für zukünftige Erfolge.

Die Frage ist ganz simpel: Wie kommen Sie aus Sieg oder Niederlage wieder in die Position zurück, aus der Sie wieder durchstarten können? Sobald Sie sich von der Fechtbahn wieder auf »normalen Boden« begeben, beginnt der Moment, in dem Sie die Dinge verarbeiten, die Sie im Gefecht gerade erlebt haben.

Sieg und Niederlage einordnen

Der Prozess nach dem Ende eines Wettkampftags ist ein langer und vielschichtiger, den man sich vor allem deshalb genau anschauen sollte, weil er direkt zum nächsten Gefecht führt. Die Art, wie man mit Erfolg umgeht, welche positiven Aspekte man auch aus einer Niederlage mitnimmt, entscheidet darüber, wie man ins nächste Gefecht geht – wie man sich wappnet und ob beziehungsweise wann man wieder zurück ins Gleichgewicht findet.

Die eigene Messlatte überprüfen

Mit Niederlagen umzugehen, mit Erfolgen zurechtzukommen und dabei die zukünftige Richtung zu bestimmen, ist nicht immer leicht. Am Anfang steht die Analyse des gerade erzielten Ergebnisses. Die Grundfragen lauten jedes Mal: Was war Ihr Erfolgsrezept, wie haben Sie Erfolg und Misserfolg für sich definiert? Was war Ihre Messlatte dafür, haben Sie diese richtig angelegt oder sich nach oben oder unten verschätzt?

Bevor Sie sich nach einer Niederlage in eine Krise stürzen, überlegen Sie, ob das Ziel, das Sie sich gesetzt hatten, für Sie auch wirklich erreichbar war, und wenn ja, ob Sie auch alles dafür gegeben haben. Sie können sich viel Kummer ersparen, wenn Sie sich eingestehen, dass Sie sich an der einen oder anderen Stelle vielleicht doch zu viel Freizeit gegönnt haben, statt sich ernsthaft mit Ihrer Aufgabe zu beschäftigen. Mit dieser Einsicht können Sie in der Analysephase viel realistischer und zielgerichteter arbeiten.

Haben Sie sich Ihr Ziel tatsächlich zu hoch gesteckt, haben Sie sich übernommen und sind panisch geworden, weil Sie mit unzähligen Aufgaben konfrontiert waren, die Sie nicht bewältigen konnten? Haben Sie aus diesem Grund Ihr Ziel aus den Augen verloren? Dann gestehen Sie sich diesen Fehler ebenfalls ein, und versuchen Sie, sich beim nächsten Anlauf ein realistischeres Vorhaben zu suchen. Am besten formulieren Sie hierfür einen konkreten Zeitplan. Was wollen Sie bis wann erreichen? Schreiben Sie sich unbedingt auch Ihre anderen, zusätzlichen Pflichten und Aufgaben auf. Haben Sie genug Zeit, um die nötige Energie für Ihr Ziel aufzuwenden? Sollten Sie sich vielleicht doch lieber mehr Zeit nehmen? Schwarz auf weiß lässt sich häufig besser erkennen, ob eine Aufgabe überhaupt zu bewältigen ist oder nicht.

Vielleicht haben Sie Ihr eigentliches Ziel aber auch nicht erreicht, weil Sie es zu niedrig angesetzt haben. Haben Sie sich unterfordert gefühlt und deshalb nur halbherzig gekämpft? Dann nehmen Sie sich für das nächste Mal mehr vor – so macht der Weg zum Ziel auch mehr Spaß, weil Sie sich gefordert fühlen und stolz auf sich sein können, wenn Sie Ihr Vorhaben meistern.

Wenn Sie den angestrebten Erfolg erzielt haben, können Sie zufrieden mit sich sein. In diesem Fall können Sie für sich mitnehmen, dass Sie sich erstens offensichtlich nicht übernommen haben und zweitens nicht total unterfordert waren. Sie haben Ihre Messlatte auf der richtigen Höhe angesetzt.

Mit der Zeit bekommt man ein ganz gutes Gefühl für die eigenen Möglichkeiten und Grenzen. Dabei meine ich Leistungs- wie Zufriedenheitsgrenzen gleichermaßen. Denn es gibt auch den Fall, dass man zwar sein Ziel erreicht hat, sich aber trotzdem nicht glücklich fühlt. Dann war das Ziel womöglich doch zu niedrig gesteckt. Legen Sie sich in diesem Fall in Zukunft Ihren Zielhorizont etwas höher, dann werden Sie auch mit dem Ergebnis zufriedener sein.

Mein Tipp →

Der Ausgang eines Gefechts kann Ihnen als Orientierungshilfe für die Zukunft dienen. Sie müssen allerdings dafür zunächst in der Analysephase das Ergebnis richtig deuten und es an Ihren eigenen Interessen und Maßstäben messen. Danach können Sie entscheiden, ob Sie Ihre Messlatte anpassen müssen oder ob Sie sich genau richtig eingeschätzt haben.

Keine Ausflüchte: klare Analyse

Nur eine klare Analyse trägt dazu bei, zielführende Entscheidungen für die Zukunft zu treffen. Sollte diese Analyse ergeben, dass ich mich auf einen Wettkampf schlecht vorbereitet habe, muss ich überlegen, ob das Turnier wichtig war und was mein Ziel war. Ist es überhaupt überraschend, dass ich verloren habe? Wenn ja, woran kann es gelegen haben? Doch Achtung: Häufig interpretiert man zu viel in Begebenheiten hinein – manchmal hat man auch einfach nur Pech. Vielleicht war der Gegner heute besonders gut drauf, vielleicht wollte man nicht so richtig aus dem Inneren heraus, vielleicht war es tatsächlich etwas anderes – und das muss man herausfinden.

Die Analyse ist allerdings nicht dafür gedacht, alle Niederlagen, die man eingefahren hat, mit ungünstigen äußeren Faktoren zu entschuldigen: falscher Wettkampfort, schlechtes Wetter, negative Bedingungen in den Wettkampfstätten, die Umstände der Reisen, private Situationen, unfreundliche Kollegen et cetera. Das ständige Abschieben der Verantwortung ist ein sehr wirksames Schutzschild vor der Enttäuschung, sich eingestehen zu müssen, dass man alles gegeben und das Ziel trotzdem nicht erreicht hat. Dieser Selbstschutz kann manchmal richtig und wichtig sein. Aber auf diese Art verhindert man gleichzeitig, dass man es beim nächsten Mal besser machen kann.

Mein Tipp →

Finden Sie nicht jedes Mal einen anderen Grund, warum etwas nicht geklappt hat, sondern nehmen Sie sich auch selbst in die Verantwortung. Um es beim nächsten Mal besser machen zu können, ist eine ehrliche Analyse notwendig. Nachdem Sie Stärken und Schwächen analysiert und herausgefiltert haben, können Sie diese Erkenntnisse einsetzen, um neue Schwerpunkte festzulegen und im nächsten Gefecht erfolgreicher abzuschneiden.

Ich weiß aus eigener Erfahrung, wie schnell man sich in eine solche Negativspirale hineindenken kann, bei der die Begründung für unglückliche Entwicklungen vermeintlich nie bei einem selbst zu suchen ist – das habe ich ja im Einleitungskapitel »Knapp, knapper, Qualifikation« geschildert. Wenn ich mich dabei ertappe, versuche ich, diese Denkmuster zu durchbrechen. Natürlich können hin und wieder auch äußere Umstände für eine Niederlage im Wettkampf verantwortlich sein – aber bestimmt nicht jedes Mal. Wenn Sie diesen Eindruck bekommen, sollten Sie misstrauisch werden!

Das persönliche Erfolgsrezept erkennen

Aber nun noch einmal zu den schönen Seiten des Erfolgs: Sie müssen sich nach einem Sieg im Vergleich zu einer Niederlage nicht wochenlang mit einem Gefühl des Versagens herumschlagen, sondern können die Zeit genießen.

Doch auch nach gewonnenen Gefechten sollten Sie sich die Zeit nehmen, um alleine oder mit dem Trainer oder Ihren Vertrauten nachzuvollziehen, *warum* Sie gewonnen haben. Meistens ist das gar nicht so klar zu beantworten: Warum genau es an dem einen Tag gut gelaufen ist oder auch nicht, hängt schließlich von einem Zusammenspiel unzähliger Faktoren ab. Ob zwischen einer Gegebenheit und dem Erfolg oder der Niederlage ein kausaler Zusammenhang besteht, ist höchstens über eine längere Zeitspanne festzustellen, also wenn sich ein Zusammenhang durch mehrfache Erfahrung zeigt. Um zu erkennen, was Ihr Garant für Erfolg ist, wie Sie also einen Erfolg wiederholen können, müssen Sie sich intensiv mit dieser Frage auseinandersetzen.

Entscheidende Details herausfiltern

Versuchen Sie, bei der Analyse einer für Sie gelungenen Phase hinter die Kulissen zu schauen, auf die zweite, dritte Ebene der Wirkungsmöglichkeiten. Manchmal entpuppt sich dabei ein scheinbar unwichtiges Detail als entscheidender Erfolgsfaktor. Auch wenn man den Zusammenhang mit dem Erfolg nicht auf den ersten Blick erkennt, könnte trotzdem die eine Nachhilfestunde etwas gebracht haben, einfach nur deshalb, weil Sie das Gefühl hatten, besser gewappnet in die nächste Aufgabe zu gehen. Das Gespräch mit dem Chef könnte für Sie positiver ausgegangen sein, als Sie dachten, nicht nur weil Sie sich vorbereitet hatten, sondern auch weil Ihr Kollege Ihnen kurz vorher Mut zugesprochen und dadurch Ihr Selbstbewusstsein gesteigert hat.

Ich habe zu Beginn des Buchs von den kleinen Stellschrauben gesprochen – ich bin überzeugt davon, dass genau solche Dinge dazugehören und am Ende den Ausschlag geben können. Natürlich gehören zu alldem der Wille, die Anstrengung und eine gute Vorbereitung auf das, was ansteht. Aber um wirklich gut abschneiden zu können, um sein Ziel zu erreichen, braucht man ein gutes Gefühl, das einen trägt und stützt. Man muss also herausfinden, wer oder was dieses gute Gefühl in einem auslöst.

Ich bin zum Beispiel am erfolgreichsten, wenn ich mich in meinem Team und mit meinem Umfeld gut aufgehoben fühle, ich mich mitten im Geschehen befinde und ein gutes Klima herrscht. Diese Geborgenheit und Sicherheit beflügeln mich und tragen mich regelrecht zum Erfolg. Im olympischen Dorf in Peking fühlte ich mich zum Beispiel rundum wohl mit den Trainern, Physiotherapeuten, den anderen Sportlern und dem

Betreuerstab: der eine oder andere augenzwinkernde Scherz, das Bewusstsein, dass die anderen an mich glauben, aber auch die Ermutigungen und kurzen Gespräche mit Menschen, die ich gar nicht so gut kannte, aus deren Aussagen ich aber etwas für mich gewinnen konnte. Die konstante Unterstützung aus der Heimat, die zuverlässigen, aufmunternden Kurznachrichten von guten Freunden trugen zu meinem Wohlbefinden bei.

Und ich muss Freude an einer Sache haben. Ein guter Freund von mir meinte neulich sehr treffend: »Britta, wenn du dich in einer Gemeinschaft befindest und viel Gewusel um dich herum hast, wenn es viel zu lachen gibt, dann bist du wie ein Fisch im Wasser.« Exakt so empfinde ich es: Der grundsätzliche Spaß an der Sache gehört für mich zwingend dazu, dann geht der Erfolg wie automatisch damit einher.

Mein Tipp →

Jeder hat sein eigenes Erfolgsrezept, das zur Zufriedenheit und zum inneren Wohlbefinden führt. Um sich der Gründe für einen Erfolg bewusst zu werden, lohnt es sich, zu überlegen, was Sie angetrieben, was Sie wirklich gestützt hat. Machen Sie sich auch Gedanken darüber, ob sich Ihr persönliches Erfolgs- und Glücksrezept womöglich über die Jahre geändert hat. Gab es neue Entwicklungen, die dafür gesorgt haben, dass »ein Knoten platzte« und Sie erfolgreich wurden? Denken Sie über diese Fragen nach, denn die Antworten bringen viel Positives für das nächste Gefecht oder die nächste schwierige Situation im Berufsleben.

Mit einem Sieg oder einer Niederlage kommen auch die Emotionen. Fühlen wir uns ungerecht behandelt oder in unserer Position bedroht, kann es schnell passieren, dass wir unsere guten Vorsätze vergessen und uns im emotionalen Nahkampf befinden. Der Zweikampfsport Fechten ist geradezu prädestiniert für Parallelen zur Bürogemeinschaft: Alle streben nach demselben Ziel – dem Weltmeistertitel, dem Olympiasieg, dem Aufstieg auf der Karriereleiter, der Beförderung, dem Bonus, der Gunst anderer Menschen. Hier ist es nachvollziehbar, dass sich Vorbehalte oder eine Gereiztheit gegenüber denjenigen entwickeln können, die besonders leicht aufzusteigen scheinen, die talentiert sind und dann auch noch die zündende Idee oder den entscheidenden Erfolg haben. Manchmal, weil diejenigen abheben, oft aus Missgunst. Jeder von uns ist mal neidisch oder bekommt den Neid anderer zu spüren, jeder hebt manchmal nach einem Erfolg ein wenig ab oder stößt damit auf Ablehnung – es kommt darauf an, wie wir in der jeweiligen Situation damit umgehen.

Ich kenne das Gefühl, sich benachteiligt zu fühlen. Um die Jahrtausendwende war das deutsche Fechtteam im wahrsten Sinne des Wortes »unanfechtbar« Weltklasse – und wir als Nachwuchs standen hintenan. So habe ich mich ab und zu geärgert, wenn jemand bevorzugt behandelt wurde. Mir wurde allerdings schnell von meinen Eltern klargemacht, dass es mich nicht weiterbringen würde, anderen die Aufmerksamkeit zu neiden oder mich über vermeintliche Ungerechtigkeiten aufzuregen, denn die unterschiedliche Behandlung kam nicht von ungefähr, die anderen Fechter hatten sich diese über die Jahre hart erarbeitet. Mit welcher Rechtfertigung erhob ich also Ansprüche? Ich konnte das jedoch ändern – indem ich mit meiner eigenen Leistung überzeugte und auf mich aufmerksam machte!

Mein Tipp →

Indem Sie sich über Dritte und deren Erfolg oder über vermeintlich ungerecht verteilte Vorteile ärgern, werden Sie selbst nicht besser. Sorgen Sie lieber dafür, dass Ihre Leistungen wahrnehmbar werden, dass Sie im wahrsten Sinne des Wortes »bemerkenswert« werden! Dann können Sie selbst von den Vorteilen profitieren – denn die bringt ein Erfolg mit Sicherheit.

Und wenn Sie gerade die Karriereleiter erklommen oder einen Erfolg errungen haben und nun Probleme mit Ihren ehemaligen Arbeitskollegen oder Konkurrenten haben, gehen Sie in sich und prüfen Sie sich selbstkritisch, ob vielleicht Sie Ihr Verhalten geändert haben. Haben Sie etwa die Bodenhaftung verloren? Sind Sie nach dieser Selbstbefragung mit dem Ergebnis zufrieden, dann haben Sie alles richtig gemacht und müssen sich nichts vorwerfen. Versuchen Sie dann, negative Reaktionen als das zu verbuchen, was sie sind: Neid. Es gibt genug Menschen, die sich in einer ähnlichen Situation wie Sie befinden, und es gibt viele, die Sie für Ihren Fleiß und das Erreichte bewundern. Halten Sie sich an diese Personen. Sollte Sie allerdings jemand aus Ihrem engsten Kreis darauf aufmerksam machen, dass Sie sich zum Negativen entwickelt haben, nehmen Sie den Hinweis ernst. Erfolg darf das Selbstbewusstsein stärken, aber nicht zu Überheblichkeit führen.

Die Balance wiederfinden

Ich stehe auf dem Siegertreppchen und bin noch total eingenommen von all den Eindrücken. Die Nationalhymne beginnt, und ich stimme mit ein, aber ich kann mich kaum aufs Singen konzentrieren. Ich weiß, dass ich gerade Olympia gewonnen habe – und kann es trotzdem kaum fassen.

Ich werde mich wahrscheinlich noch lange nach diesem Ereignis immer wieder kneifen müssen, um festzustellen, ob ich tatsächlich die gleiche Person bin, die 2003, kurz nach der Olympiavergabe von Peking, schüchtern eines ihrer ersten Interviews gab. Die Journalistin hatte mich damals gefragt, ob es denn nicht mein großes Ziel sei, in fünf Jahren in Peking zu starten und auch zu gewinnen. Ich weiß bis heute, was ich geantwortet habe: »Ja, ich würde natürlich gerne dort starten. In Peking Olympiasiegerin zu werden würde für mich bedeuten, dass sich ein Kreis schließt. Aber eigentlich bin ich im Jahr 2008 mit fünfundzwanzig Jahren noch zu jung, um zu gewinnen und dann aufzuhören.« Damals hätte ich nicht im Traum damit gerechnet, dass ich mich tatsächlich qualifizieren und dann olympisches Gold gewinnen würde – weil es mir so fern, so unglaublich erschien. Es wäre einfach zu viel des Guten, wenn es in diesem Land, mit dem mich persönlich so vieles verband, und zu dieser Zeit, mit diesem ganzen Zusammenspiel klappen würde, dachte ich. Jetzt hat am Ende alles perfekt zusammengepasst, und ich stehe hier oben. Es ist fast wie im Märchen!

Mich durchströmt bei dieser Erkenntnis eine nicht leicht nachvollziehbare Kombination verschiedener Gefühle und Einsichten: der ernüchternden Feststellung einerseits, dass ich durch diesen Sieg gar nicht anders bin als vorher und dass in ein paar Monaten, wenn sich das Rad der Zeit weitergedreht hat, schon der nächste Wettkampf wartet, und dem geradezu glückseligen Bewusstsein andererseits, dass sich der Einsatz gelohnt hat. Was ich vor allem empfinde, ist eine kleinkindmäßige Vorfreude auf das, was kommen wird: eine lange Zeit der vielen Glückwünsche, schönen Veranstaltungen, tollen Gedanken, der Empfang durch meine stolze Familie und vieles mehr. Der Sieg an sich war, so wird mir gerade klar, eine weitere Etappe meines Lebenswegs. Ich lächle und schüttle ungläubig den Kopf – ich kann es wirklich nicht fassen.

Die Fernsehkameras zoomen auf mich, ich bin in Nahaufnahme auf den Leinwänden zu sehen. Das reißt mich jäh aus meinen Gedanken: Jetzt muss ich mich aber auf den Text konzentrieren!

Es dauert, intensive Erfahrungen oder Erlebnisse gedanklich »zu verdauen«. Dabei scheint sich ein weiteres Mal der Satz meines Trainers Manfred Kaspar zu bewahrheiten, dass es deutlich schwieriger ist, einen großen Erfolg zu verkraften als eine Niederlage. Direkt nach dem Siegestreffer in Peking mutmaßte der Fernsehsprecher Michael Drevenstedt, dass Benjamin Kleibrink und ich wohl noch gar nicht fassen konnten, was wir an diesem Tag geleistet hatten. Und damit hatte er absolut recht. Die Intensität der Erlebnisse nach dem Olympiasieg 2008 hatte mich schlichtweg überrollt, das Aufarbeiten Jahre gedauert.

Sie haben sicher schon ähnliche Erfahrungen gemacht und Situationen oder Phasen erlebt, bei denen Sie im Nachhinein erst begriffen haben, was Sie geleistet hatten, und dass auch mal eine ordentliche Portion Glück oder Pech mit im Spiel war. Welche besonders aufregende und gleichzeitig belastende Zeit gab oder gibt es in Ihrem Leben? Haben Sie vielleicht gerade geheiratet, das erste Kind bekommen und gleichzeitig einen Umzug organisiert? Oder meistern Sie den gesamten Haushalt und große Anforderungen im Beruf parallel? Wenn wir in bestimmten Situationen stecken, ist uns häufig gar nicht bewusst, was und wie viel wir gerade leisten und wozu wir fähig sind. Um das zu verdauen, braucht es vor allem eines: Zeit.

Mein Tipp →

Sie können sich nicht auf ein neues Ziel konzentrieren und gleichzeitig Ihre Vergangenheit bewältigen. Nehmen Sie sich für diese Phase des Verarbeitens eine körperliche und/oder geistige Auszeit, um Ihre Balance wiederzufinden.

Action oder Ruhe: den Kopf freikriegen

Als ich mit meinem Trainer Manfred, der auch etwas geschafft und daher ziemlich wortkarg ist, endlich im Taxi Richtung Deutsches Haus sitze und mit meinen Hunderten von SMS beschäftigt bin, bin ich mir sicher, dass der Alltag früh genug wieder einsetzt und ich mir keine Sorgen um etwaige erfolgsbedingte Persönlichkeitsveränderungen machen muss. Ich merke gleichzeitig, dass die Anspannung der letzten Monate wie ein Stein auf mir lastete – es rauscht in meinen Ohren, ich fühle mich wie betäubt von der Ruhe, die plötzlich herrscht. Ich bin zur selben Zeit unendlich müde und völlig aufgedreht.

Jetzt, fast allein und ohne die vielen Eindrücke, fühle ich mich wie unter einer Käseglocke. Ich höre mich beinahe mit mir selbst reden, so sehr drängen sich mir die unterschiedlichsten Gedanken in den Kopf. Ich bin sicher, dass es länger dauern wird, bis ich emotional wieder auf ein normales, ausgeglichenes Level gelange. Dass es Zeit brauchen wird, bis ich nicht mehr so schnell überreagiere, wie es vor allem in den letzten Wochen vor Olympia der Fall war, in denen alles einfach am Limit war – so wie es auch in der kommenden Zeit sein wird. Ich weiß aber auch, dass jetzt vieles auf mich wartet, was ich genießen werde. Das, was jetzt kommt, sagt meine innere Stimme, habe ich mir verdient, weil ich alles dafür gegeben habe, und ich werde es auskosten, bis das nächste Ziel im Fokus ist. Ich nehme mir das Recht, glücklich mit meinem Erfolg zu sein!

Wir steigen vor dem Deutschen Haus aus dem Auto und gehen durch den Eingang, an dem meine Freunde und viele andere, die ich gar nicht kenne, Spalier stehen. Irgendwie habe ich den Eindruck, dass ich träume und das alles gar nicht wahr ist. Meine innere Stimme, meine lauten Gedanken werden für den Moment wieder leiser, und ich nehme mir vor, jetzt erst einmal alles zu genießen. Das ist so unwirklich!

Ich schreite die Stufen zum Fernsehstudio hinauf und strahle glücklich vor mich hin.

Sie kennen es sicherlich auch, dieses aufgekratzte Gefühl, wenn Sie etwas geschafft haben. Das Schönste und gleichzeitig Wichtigste nach einem Erfolgserlebnis kommt nämlich jetzt: das Feiern und Genießen!

Nach einer erfolgreichen Leistung oder dem guten Gelingen einer arbeitsintensiven Periode im Beruf freuen auch Sie sich sicher mehrfach: Erstens darüber, dass Sie es hinter sich haben, zweitens darüber, dass Sie gute Arbeit geleistet und womöglich noch ein Lob eingesteckt haben, und drittens auf die Belohnung, die Sie sich dafür gönnen können – zelebrieren Sie die vollbrachte Leistung! Es geht in dieser Phase darum, den Stress, das Adrenalin und die Anspannung, die man vielleicht immer noch spürt, abzubauen, ein paar Gänge herunterzuschalten und den Kopf freizukriegen. Das gilt nach einem Sieg genauso wie nach einer Niederlage.

Nachdem ich am Abend meines Olympiasiegs die Glückwünsche und Interviews hinter mir hatte und sich die Anstrengungen des Tages dann doch auszuwirken begannen, fuhr ich mit unserer Physiotherapeutin Sylvia wieder in Richtung Dorf. Dort angekommen – es muss gegen drei Uhr morgens gewesen sein – waren wir noch so aufgekratzt, dass wir wie zwei Schulmädchen auf unseren Betten saßen und über die unglaublichen Geschehnisse des Tages diskutierten. Während wir so aufgeregt miteinander redeten, ging die Tür auf und Benny kam herein. Sein Zimmer lag unserem genau gegenüber: »Na, könnt ihr auch noch nicht schlafen?«, fragte er und setzte sich zu uns. Das Adrenalin des Siegs war sicherlich noch immer in unseren Körpern, die Aufregung und die Freude über unseren großen Erfolg. Während unserer nächtlichen Unterhaltung beschlossen wir, dass wir drei am nächsten Abend den Olympiasieg ordentlich feiern würden. Und das haben wir dann auch gemacht: Wir waren so euphorisch, dass uns der Dresscode für die Disko völlig egal war – und kamen tatsächlich in unseren offiziellen Sportanzügen aus dem olympischen Dorf an den Türstehern vorbei. Es war eine klasse Party! Das Adrenalin und die innere Spannung konnten wir auf diese Art zumindest ein bisschen abbauen.

Feiern und Action ist die eine, und wie ich finde, notwendige Form der Belohnung. Aber für mich gehört auch die Zeit mit mir selbst dazu, also mich mit Ruhe zu belohnen. Noch immer denke ich im Zusammenhang mit meinem Olympiasieg eigentlich am liebsten an die wenigen Stunden, in denen ich mit meinen Gedanken alleine war, mich im olympischen Dorf auf eine der vielen Bänke setzte und einfach vor mich hinschaute. Oder in denen ich in der Mensa saß, meinen Tee neben mir auf dem Tisch, und so tat, als würde ich meinen Roman von Ken Follett weiterlesen. Natürlich konnte ich mich nicht auf die Lektüre konzentrieren, und am Tag nach meinem Olympiasieg war es mir eigentlich nicht so wichtig, welche Abenteuer die Romanfigur Tom Builder gerade durchlebte. Aber unterhalten konnte ich mich auch nicht, da ich – wie so häufig nach Wettkämpfen – krank war. Ich hatte eine schlimme Erkältung mit Kopf- und Halsschmerzen und zudem durch eine Kehlkopfentzündung meine Stimme verloren. Ich genoss es, ganz mit mir allein sein zu können und über den erfolgreichen Tag und die Ereignisse zu sinnieren.

Hat man einen Misserfolg eingefahren, so gelten teilweise ähnliche Regeln. Das Belohnen fällt natürlich weg, aber den Kopf freikriegen muss man dennoch. Seine Sorgen kurzzeitig – wie auch immer – beiseitezuschieben, hilft sicherlich dabei, sich abzureagieren und auf andere Gedanken zu bringen. Manche versuchen es mit »Frustsaufen«, andere verschanzen sich hinter den eigenen vier Wänden, um ihre Wunden zu lecken. Frauen verlieren sich dazu gerne im »Frustquatschen«, bei dem jede Einzelheit der vorangegangenen Geschehnisse seziert wird. Nachdem ich den ersten Schock und die Erkenntnis verdaut habe, dass ich an einer Niederlage oder einem Misserfolg nichts mehr ändern kann, hilft mir meist eine gute Portion Galgenhumor weiter, mit der ich schnell mein Lachen und meinen Optimismus wiederfinde. Denn ganz ehrlich: Das Leben geht weiter, und meist lassen sich auch einem Misserfolg im Nachhinein ein paar nette Anekdoten abgewinnen.

Jeder hat seine eigene Methode, um Dampf abzulassen. Sich tage- oder sogar wochenlang ausschließlich mit dem Misserfolg zu beschäftigen ist allerdings schädlich. Wer sich zu lange in die Details einer Niederlage reinfrisst, ohne eine Ablenkung zu haben oder sich mit seinen Freunden auszutauschen, der gerät schnell in eine Depression.

Mein Tipp →

Es ist ein wichtiges Element, um die eigene Mitte wiederzufinden, erfolgreiche Ereignisse gedanklich oder im Austausch mit Freunden noch einmal aufzufrischen und die Erlebnisse erneut aufleben zu lassen. Wenn Sie also für sich selbst ein klares Zeichen setzen wollen, dass Sie gerade ein Ziel erreicht haben oder eine lange Etappe überstanden ist, dann genießen Sie Ihren Erfolg ausgiebig und nehmen Sie sich vor allem ausreichend Zeit dafür. Haben Sie eine Niederlage zu verkraften, müssen Sie genauso ein Mittel finden, um Dampf abzulassen und wieder einen klaren Kopf zu bekommen. Beschäftigen Sie sich jedoch nicht tagelang ausschließlich mit dem Misserfolg, sondern verdrängen Sie ihn für einen kurzen Moment. Mit etwas Abstand fällt es dann umso leichter, ihn objektiv zu betrachten.

Regeneration ist unverzichtbar

Das Handy klingelt. Ich drehe mich im Bett um und schaue verschlafen auf die Uhr. Sieben Uhr morgens. Das kann nur mein Bruder Gerrit sein! Er wohnt seit einigen Jahren in Peking und hat einen diebischen Spaß daran, mich in der Früh aus dem Bett zu klingeln. »Was willst du?«, gehe ich ungehalten ans Telefon. Mein Bruder lacht am anderen Ende, er ist hörbar glücklich über seine gelungene Weckaktion. »Sag mal, was hast du eigentlich vor mit deinem Leben? Immer nur schlafen geht ja auch nicht«, ärgert er mich fröhlich weiter. »Ach, lass mich in Ruhe«, murmle ich genervt und lege einfach auf.

Na, warte! Ich nehme mir vor, ihn am Nachmittag, wenn es in Peking tiefe Nacht ist, meinerseits aufzuwecken. Dieser Plan versetzt mich wieder in bessere Laune. Trotzdem bleibe ich gedanklich bei der Frage meines Bruders hängen. Tja, was mache ich …? Gerade ist das Großprojekt Olympia mal wieder erfolgreich vorbei, das Studium schon längst, der Rest läuft. Ich beschließe, dass ich mir eine Künstlerpause mehr als verdient habe. Ständig auf hundert Prozent zu laufen ist nicht möglich – in der nächsten Zeit genügen auch mal achtzig Prozent, bis ich wieder motiviert bin. Das wäre also beschlossene Sache.

»Vor allem darf ich morgens um sieben Uhr noch schlafen«, sage ich mir und drehe mich genüsslich noch einmal um.

Nach der unglaublich aufregenden Olympiaqualifikation für London 2012 und dem dramatischen Wettkampftag bei Olympia habe ich mir mit sofortiger Wirkung eine Auszeit verordnet. Zu dem Zeitpunkt wäre es sicherlich absolut kontraproduktiv gewesen, direkt weiterzutrainieren. Ich musste den Schock des vorangegangenen Dreivierteljahrs verdauen, mich sammeln, wieder runterkommen. Genauso ging es mir nach meiner bitteren Niederlage bei der Weltmeisterschaft 2011 in Catania oder nach dem Sieg bei den Olympischen Spielen in Peking, wo ich jeweils lange Zeit für das Verarbeiten gebraucht habe. In allen Fällen war eine Regenerationsphase nötig, um wieder neuen Schwung zu bekommen.

Intensive Eindrücke zu verarbeiten und aufzuarbeiten ist in der Regel wie gesagt ein längerer Prozess. Mit einem kurzen

Innehalten oder kurzen Päuschen wie in der Minutenpause ist es in dem Fall nicht getan. Echte Regeneration ist jetzt unabdingbar – unabhängig davon, ob man gerade einen Erfolg oder eine Enttäuschung hinter sich hat. Der richtige Mix aus Leistungs- und Ruhephasen ist das A und O. Nach einem abgeschlossenen Projekt oder einer arbeitsintensiven Periode brauchen Sie einfach etwas Ruhe. Wenn der Sprit alle ist, läuft der Motor eben nicht mehr. Also müssen Sie wieder auftanken, und das gilt für den Körper wie für den Geist.

Mein Tipp →

Machen Sie sich klar, dass Regeneration zum Erfolgreichsein gehört, dass diese beiden Elemente untrennbar zusammenhängen! Verbissenheit führt am Ende in den Burn-out und zu dauerhafter Unzufriedenheit. Sie können im ausgepowerten Zustand Ihren eigenen Ansprüchen nicht mehr gerecht werden. Müde und ausgelaugt der Leistungsfähigkeit hinterherzulaufen, hat weder Sinn noch macht es Spaß. Kleine Inseln der Belohnung zwischendurch und eine längere Regenerationsphase nach Abschluss eines Projektes geben dem Kopf das Signal, dass er sich jetzt ausruhen darf. Nur erholt können Sie dauerhaft erfolgreich und glücklich sein.

In der Regenerationsphase kann sich der Kopf wieder in Ruhe mit der Zukunft beschäftigen, mit der neuen Suche nach weiteren Herausforderungen. Das ist es, worum es im Folgenden geht: Man kann und sollte nicht von einer Zielsetzung in die nächste stolpern.

Es ist schwierig zu akzeptieren, dass man ab und zu richtig durchatmen muss. Und es ist weder einfach, den richtigen Zeitpunkt dafür zu erkennen, noch richtig klar, wie die Ruhephase genau aussehen sollte. Unter Umständen gerät man so trotz aller Bemühungen in die Mühlen des Burn-outs. Wie erkenne ich das, und wie schaffe ich es, mich aus ihnen herauszukämpfen?

Im April 2010 – ein Jahr nach meinem Sieg bei den Europameisterschaften in Plovdiv 2009 und damit dem Gewinn meines dritten Titels in Folge –, als ich trotz eines Vizetitels schlecht gelaunt von den Deutschen Meisterschaften nach Hause kam und mir alles öde vorkam, überlegte ich, eine Auszeit zu nehmen, um die zahlreichen Eindrücke der turbulenten Jahre rund um den Olympiasieg in Peking zu verarbeiten sowie dem Karussell meines Alltags, meinen Reisen und Terminen zu entkommen. Ich merkte, es war an der Zeit für eine echte Pause, um neue Motivation zu gewinnen.

Ich marschierte direkt ins Reisebüro und buchte das volle Programm: Mein Freund und ich besuchten innerhalb von zwölf Tagen zwei Länder und füllten das Ganze mit jeder Menge Rahmenprogramm – damit es auch ja nicht zu langweilig wurde. Wenn Sie einen vollen Terminkalender gewohnt sind und im Urlaub zwei Wochen nur faulenzen und sonnenbaden wollen, ist es gar nicht so einfach, die Füße mal stillzuhalten – mir geht es jedenfalls so.

Doch hinsichtlich der richtigen Maßnahme für meine Erholung lag ich genauso daneben wie mit meiner Einschätzung meiner Gesamtverfassung – dafür bekam ich hinterher die Quittung. Mir war nicht klar gewesen, dass ich meine körperliche und geistige Leistungsgrenze bereits deutlich überschritten hatte. Stattdessen wunderte ich mich immer mehr, warum ich auf nichts mehr Lust hatte und mir die kleinsten Widrigkeiten Kopfschmerzen bereiteten. Meine Gereiztheit nahm zu und meine Lust am Erleben, und an der Auseinandersetzung mit Zielsetzungen nahm weiter ab. Der Spaß am Fechten, am Messen mit dem Gegner verflog und damit auch die Freude am Gefechtserlebnis. Meine Energie war auf dem Nullpunkt. Seit meinem Olympiasieg war ich zu lange auf zu vielen verschiedenen Baustellen aktiv gewesen und hatte sie miteinander vermengt. Ich hatte nun den Moment verpasst, mich mit einfachen Ruhepausen aus der Affäre ziehen zu können – und es wurde ein langwieriger Prozess sein, wieder aus diesem Tal hinauszuklettern.

Bis zu meiner Urlaubsplanung hatte ich nicht verstanden, dass meine Rastlosigkeit nicht bedeutete, dass ich Langeweile hatte oder unausgelastet war, sondern dass sie mit gleichzeitigem Dauerstress verbunden war. Ich hatte mir nicht die Zeit genommen, genau darüber nachzudenken, in welcher Situation ich mich befand, wo ich stand und was ich wirklich brauchte, um abzuschalten. Nach dem Urlaub wurde ich krank und hatte auf noch weniger Lust.

Erst nachdem noch mehr Zeit ins Land gegangen ist und endlich mein Umfeld wieder auf mich Einfluss nehmen konnte – damals war es ja mein Bruder mit seiner Ansprache während der Qualifikation für London –, erkannte ich das eigentliche Problem und leitete daraufhin echte Entspannungsmaßnahmen ein. Der Unterschied in der Wirkung auf die Seele war gewaltig!

Viele Gespräche, zahlreiche Kaffeetrinken mit Freunden, der Rückhalt aus der Familie, die ehrlichen Rückmeldungen meiner engsten Vertrauten brachten mich wieder auf die Spur und führten mich sogar in Richtung meiner dritten Olympiamedaille. Die Entspannungsmaßnahme, die mir am Ende half, wieder zu meiner alten Stärke zu finden, war, zuhause zu bleiben und Abstand vom Reisen und dem alltäglichen Stress zu nehmen. Ich schaltete mein Handy aus, ging in Wellness-Tempel, verbrachte mit meiner Familie ein Wochenende in einem Häuschen in der Eifel, und nahm mir Zeit, Freunde zu treffen – und das alles ohne zeitlichen Stress, ohne die Belastung durch lange Flüge, ohne psychischen Druck durch anstehende Termine. Nach meiner Handoperation Ende 2011 konnte ich zudem eine Zeit lang emotional Abstand zum Fechten gewinnen.

Mein Tipp →

Wenn Sie auf nichts mehr Lust haben, Sie jede Kleinigkeit reizt, Ihnen nichts mehr Freude bereitet, Sie nur noch müde sind und der Blick in den Spiegel Ihr inneres Befinden bestätigt, müssen Sie schleunigst handeln: Ziehen Sie gute Freunde zurate, fragen Sie Ihre Vertrauten nach ihrer Einschätzung Ihres Zustands. Einmal am Nullpunkt angelangt, ist es schwierig, selbst zu erkennen, was einem guttut. Nehmen Sie sich dann gemeinsam die Zeit herauszufinden, wie Sie sich erholen können. Nur wenn Sie sich wirklich entspannen, kommen sie in absehbarer Zeit wieder zurück auf die Planche. Nur wenn Sie aus der Abwärtsspirale ausbrechen und eine Zeit lang nicht ständig erreichbar sind, können Sie sich wieder ins Gleichgewicht bringen und das Leben genießen.

Es war insgesamt ein heftiger Einschnitt, aber der war auch dringend nötig. Und am Ende kann ich Ihnen sagen: Ich habe nicht das Gefühl gehabt, dass die Welt ohne mich zusammenbricht. Es fiel mir plötzlich leicht, Anfragen abzusagen oder E-Mails erst Tage später zu beantworten. In jener Zeit habe ich mir auch ein Handy ohne Smartphone-Funktion zugelegt, ich ging gewissermaßen »back to the roots«. Sieh da: Ein Leben ohne ständige Erreichbarkeit ist möglich! Bis heute habe ich mir diesen »Luxus« erhalten. Es tut mir nicht nur seelisch gut, sondern sorgt auch immer wieder für erstaunte Gesichter und Gesprächsstoff.

Das Motivationsloch akzeptieren

Natürliche Motivationskurven nach oben und unten gibt es immer wieder im Leben, das ist normal. So habe ich nach allen Olympischen Spielen irgendwann eine Phase gehabt, in der es mir schwerfiel, in Schwung zu kommen. Dann kam urplötzlich, meist zu Beginn der nächsten Qualifikationsperiode, der Kick, und ich war wieder voll dabei. Auch im Leben außerhalb des Sports gibt es solche großen und kleinen Kurvenbewegungen, die sich in größeren Zyklen zeigen, aber auch an jedem einzelnen Tag. Aus eigener Erfahrung weiß ich, dass es leider nicht möglich ist, jahrelang nur zu siegen und dauerhaft hoch motiviert zu sein. Und auch ich muss mir immer wieder einbläuen, dass dies nicht immer nötig ist und dass ich nicht dauernd einen »Masterplan« haben muss.

Nach dem »letzten Treffer« eines Projekts stehen Sie hoffentlich mit dem guten Gefühl da, Ihr Bestes gegeben und Ihr Ziel erreicht zu haben. Gleichzeitig stehen Sie aber auch vor dem Nichts, eben weil Sie Ihr großes Ziel verwirklicht haben. Was nun? Vor Ihnen liegt eine geistige und planungstechnische Leere: nach dem Schulabschluss, nach der Beendigung eines wichtigen Projekts, nachdem die Kinder ausgezogen sind, generell nach dem Abschluss einer wichtigen Lebensphase.

Lustlosigkeit aussitzen

Sie haben Ihren Erfolg ausgiebig genossen und nun regt sich in Ihnen eine latente Unzufriedenheit? Das ist normal. In der Regel ist dies nur eine vorübergehende Orientierungs- und Findungsphase. Manchmal schließen sich automatisch neue Ziele an den vorangegangenen Erfolg an, sozusagen als nächster logischer Schritt. Manchmal muss man aber auch erst eine Weile abwarten, bevor sich ein neuer, lohnender Weg abzeichnet.

Wichtig ist dabei, die gegenwärtige Situation, den Status quo anzunehmen. Akzeptieren Sie, dass sich die Dinge manchmal erst entwickeln und herauskristallisieren müssen, dass Sie nicht immer sofort alles wissen und planen können. Wenn der Bauch sich nicht gleich für einen zukünftigen Weg entscheiden kann, dann lassen Sie sich, sofern Sie die Möglichkeit haben, etwas Zeit. Vielleicht haben auch Sie schon die Erfahrung gemacht, dass oftmals genau dann der rettende Gedanke auftaucht, wenn man loslässt. Ich bin der Meinung, dass man im Leben immer wieder Zeiten hat, in denen man sich selbst finden muss, und das lässt sich nicht erzwingen.

Ich bin glücklich, dass ich mit einem Trainer gesegnet war, der mich während meiner Tiefphase im Jahr 2005 und 2006 weder rügte noch panisch machte. Er meinte, dass der Biss, der Erfolgswille, dass das alles wiederkäme, sobald eine wichtige Aufgabe vor der Tür stünde. Auch ich hegte die Hoffnung, dass sich mein Zustand mit den kommenden Herausforderungen ändern würde. Es hat ungemein geholfen, dass mein Umfeld nicht in Panik verfiel. So konnte ich das zweite Jahr meiner Lustlosigkeit akzeptieren und sozusagen ausleben. Natürlich gefiel mir das Verlieren ganz und gar nicht, daher beschloss ich, an weniger Turnieren teilzunehmen. Außerdem gönnte ich mir den »Luxus«, keine echte Angst und keine Zweifel an meinen Fähigkeiten aufkommen zu lassen. So kam es, dass zu Beginn der Olympiaqualifikation für Peking 2008 mein Akku aufgeladen und mein Hunger auf Erfolg wieder da war. Ich *wollte* nach Peking. Da war es, das neue Ziel! Nach einigen Startschwierigkeiten, als ich trotz der neuen Motivation noch ein paar knappe Niederlagen einstecken musste, brachen sich meine Motivation und meine Leistungsfähigkeit letztlich Bahn.

Ich empfinde es heute noch wie eine Art Explosion, einen Ausbruch der neu gewonnenen Kräfte und der angestauten Wut über meine vorangegangenen eher schlechten Leistungen. Ich fühle mich in dem Glauben bestätigt, dass meine damalige Situation ausschließlich motivationsabhängig war. Und ich bin froh, dass ich niemals versucht habe, mir etwas anderes einzureden! Seither bin ich überzeugt davon, dass man sich auf keinen Fall selbst zu sehr an die Kandare nehmen sollte, wenn der Geist nach einer Ruhephase verlangt. Das zu akzeptieren ist wichtig, um ein langfristiges Ziel auf Dauer mit Freude und Erfolg umsetzen zu können. Als es mir im Jahr vor Olympia in London genauso erging, konnte ich auf meine Erfahrung vom vorherigen Zyklus zurückgreifen. Am Ende haben genau diese längeren »mentalen Pausen« mir die Stärke gegeben, bei den drei Olympischen Spielen, an denen ich teilgenommen habe, voll motiviert an den Start zu gehen – und dafür mit drei Medaillen belohnt zu werden.

Manchmal muss man eine Phase der Lustlosigkeit eben einfach aussitzen, sich dabei keine Gedanken machen und keine Ängste aufbauen. Immer mal wieder brauchen wir Zeiten, in denen wir nicht so produktiv sind. Das ist nicht schlimm, sondern absolut normal und menschlich. Hören Sie auf Ihren Körper, und gönnen Sie sich die mentale Rehabilitierungsphase. Dann kommt der nächste Motivationsschub wie von alleine.

Mein Tipp →

Nach dem Abschluss einer Hochleistungsphase sinkt der Motivationspegel automatisch. Je mehr Sie in diesem ausgelaugten Zustand von sich verlangen, desto weniger werden Sie leisten können. Echte körperliche wie geistige Regeneration gelingt nur, wenn man in einer Phase, in der man unmotiviert ist, kein neues Ziel für sich definiert. Gönnen Sie sich diese mentale Atempause!

Durchhänger einplanen

Ich bemerke jedes Jahr nach den Weltmeisterschaften, dass sogar mein Körper darauf reagiert, dass eine wichtige Phase vorbei ist. Ich werde so regelmäßig nach Meisterschaften krank, dass ich die Uhr danach stellen kann. Aber ich habe mittlerweile akzeptiert, dass mein Körper sich die Regeneration erzwingt, die er braucht. So mache ich seit einigen Jahren nicht direkt nach den Weltmeisterschaften Urlaub, sondern buche ihn so, dass mindestens eine Woche zwischen beidem liegt. Diese Zeit nutze ich, um mich auszukurieren, damit ich den anschließenden Urlaub gesund genießen kann. Ich plane also meine Erholungszeiten ins Gesamtkonzept ein.

Außerdem beuge ich mental vor, um mich von einer lust- und antriebslosen Periode nicht demotivieren zu lassen. Ich stelle mich demnach bereits im Vorfeld gedanklich darauf ein, dass es in nächster Zeit wohl nicht ganz so gut laufen wird. Jeder durchläuft solche Phasen. Akzeptieren Sie, dass Sie gerade viel geleistet haben und jetzt für eine gewisse Zeit nicht mehr Vollgas geben können. Und nur Sie selbst kennen die Antwort auf die Fragen nach der richtigen Balance: Wie lange wollen Sie sich treiben lassen? Wie viel Zeit brauchen Sie für die Regeneration? Wann geht es weiter? Keine Sorge, Sie werden früh genug und zum richtigen Zeitpunkt wieder Signale von Ihrem Körper und Ihrem Geist bekommen, die Sie wieder unruhig werden lassen und zu neuen Zielen führen.

Mein Tipp →

Setzen Sie bereits im Vorfeld Auszeiten fest, in denen Sie sich vermutlich erholen müssen. Planen Sie Ihre Ruhephasen also in Ihren Terminkalender ein. Mit dieser Voraussicht verringern Sie die Gefahr, dass nötige Auszeiten mit festgesetzten Terminen kollidieren. So können Sie sich zum rechten Zeitpunkt erholen und Kraft tanken. Hören Sie in sich hinein, wann der Zeitpunkt für den Neustart gekommen ist. Wenn Sie wieder unruhig werden, es in den Fingern kribbelt, geht es weiter!

Das Schöne am Fluss des Lebens ist, dass Sie, sobald Sie Ihr Gleichgewicht wiedergefunden haben, voller Elan und Energie neue Ziele angehen können. Auch beim Fechten ist es so: Wenn ich nach einer längeren Regenerationsphase oder auch einem Motivationstief den in die Ecke gestellten Degen wieder hervorhole, juckt es mich in den Fingern, endlich zum nächsten Training zu starten.

Auf zu neuen Taten

Monate nach meinem Olympiasieg sitze ich mit meinem Freund bei einem Gläschen Wein im neu renovierten Wohnzimmer meiner Wohnung in Köln und schaue etwas gedankenverloren und staunend in die Runde: Überall stehen noch immer Geschenke von meinen Freunden und Bekannten, DVDs vom Olympiasieg, Bilderrahmen mit Fotos aus Peking. Dazwischen habe ich meine Weihnachtsdeko drapiert. Im Fernseher läuft eines der Privatvideos, die einer meiner Freunde von der Tribüne aus gefilmt hatte. Ich sehe meinen Bruder, wie er sich zwischen den Gefechten aufgeregt auf die Lippen beißt, wie er unsere Physiotherapeutin Sylvia Henn nach dem Sieg umarmt und sie zu ihm sagt: »Mensch Gerrit, wir haben es gemacht. Wir haben es echt geschafft!«

Ich lächle. Diese Aufnahmen sehe ich zum ersten Mal, und es ist für mich unbegreiflich, dass dieser Dialog stattgefunden hat, während ich mich den Pressevertretern gestellt habe. Die Frage, was mich nun noch motivieren sollte, habe ich seit meinem Olympiasieg nicht nur in diesen ersten Interviews, sondern wohl tausend Mal gehört. Ich schaue weiter auf den Bildschirm. Aufhören? Aufgeben? Keine Ziele mehr? Jetzt, da ich diese Bilder im Fernsehen sehe, erwacht in mir wieder die Lust auf mehr.

Was genau das Mehr sein wird – wer weiß? Im Hintergrund lau-
fen die Fernsehbilder weiter, während ich mich nach vorne beuge
und in dem Papierstapel herumsuche, der vor mir auf dem Tisch
liegt und den ich jetzt erst wieder bewusst wahrnehme. Ich fische
nach den Gesprächsnotizen meines Uniprofessors, der meine noch
ausstehende Diplomarbeit betreuen wird. »Die Windkraftindus-
trie Chinas wird also mein Thema der nächsten Monate sein«, sage
ich mir in Gedanken. Ich lege das Blatt auf den Tisch zurück und
schaue zufrieden auf den Bildschirm.

Ich bin glücklich, wieder zur Tat schreiten zu können.

Meine Motivationskurve schlug wieder nach oben aus, die
Findungsphase war vorbei. Ich war »back on track«, fühlte
mich gut, beinahe euphorisch. Es ging wieder los! Belohnt
wurde mein neu gewonnener Elan damals mit dem Diplom-
abschluss. Und mit einem Europameistertitel sowie mit vielen
neuen Aufgaben im beruflichen Bereich.

Am besten gelingt es mir, mich auf neue Ziele einzustellen, wenn ich mich Schritt für Schritt an die neuen Aufgaben
herantaste: Wenn ich ein Ziel vor Augen habe, versuche ich
zunächst, mich langsam an die nächste Konzentrationsphase
heranzuarbeiten und meinen Kopf darauf einzustimmen, dass
er bald wieder etwas zu tun bekommt. Dazu lege ich mir zum
Beispiel meine Fechtsachen zurecht und packe meine Fecht-
tasche. Während des Studiums stapelte ich die Uniunterlagen,
die es zu bearbeiten galt, vorsorglich auf dem Tisch, damit ich
ab und zu im Vorbeigehen vielleicht hineinschaute.

Über die Jahre merkte ich, dass diese Art der gedanklichen
Heranführung an eine Aufgabe für mich gut funktioniert, da-
her habe ich diesen kleinen Trick für mich dauerhaft etabliert.
Heute halte ich es mit allen möglichen anstehenden Aufga-

ben so, die der Vorbereitung am Schreibtisch bedürfen. Dabei steigt die Vorfreude auf die Aufgabe, die es zu bewältigen gilt oder die ich angehen möchte, also die Vorfreude auf den nächsten spannenden Weg.

Mein Tipp →

Wenn Sie Ihre neuen Projekte »griffbereit« haben, erleichtert Ihnen das den Einstieg in die neue Aufgabe.

Nach dem Gefecht ist vor dem Gefecht

Die Leute klatschen – zum Glück! – und ich gehe müde, aber glücklich von der Bühne. Geschafft! Eine Dreiviertelstunde lang habe ich den Zuhörern nun von den Wirren des Sportlerlebens berichtet, chinesische Weisheiten zum Besten gegeben, nervenaufreibende Situationen beschrieben, in denen ich mich meinen Ängsten gestellt habe, und von Ruhephasen philosophiert, die ich für einen wichtigen Erfolgsfaktor halte. Vor allem habe ich wahrscheinlich so oft betont, wie entscheidend Freude und Begeisterung, also die richtige Haltung ist, mit der wir uns Herausforderungen stellen, dass einige davon heute Nacht träumen werden.

Zu guter Letzt habe ich dann noch zwei »Freiwillige«, die ich freundlich lächelnd gezwungen habe, mir auf die Bühne zu folgen, im Degenduell gegeneinander antreten lassen. Auf meinen hohen Schuhen habe ich sie in den Fechtsport, die Fechtstellung und die Haltung eingewiesen. Meine Füße schmerzen jetzt zwar, und meine Bluse ist verschwitzt, aber dafür haben wir alle viel Freude gehabt.

Gestern noch habe ich mir Gedanken darüber gemacht, ob ich heute überhaupt frisch genug sein würde, um mich dem Publikum zu stellen – der Jetlag lässt nämlich grüßen. Ich bin gerade erst von einem nervenaufreibenden Weltcupturnier am anderen Ende der Welt zurückgekehrt. Doch jetzt bin ich wie so oft froh, dass ich es durchgezogen habe.

Ich habe mich der Highheels entledigt, die in der letzten Stunde meine Füße malträtiert haben, und trete in meinen neonpinken Sneakers zu einer kleinen Gruppe von Herren in Anzügen. »Ach, Frau Heidemann! Also Wahnsinn, dass Sie so diszipliniert sind.

*Man muss sich als Sportler ja so sehr zusammenreißen und quälen
können«, wendet sich einer aus der Runde an mich. Oha! Ich ziehe
gedanklich meine Augenbrauen hoch, kaue an meiner Currywurst,
die ich mir eben von einem Kellner ergattert habe, und grinse in
mich hinein. Diszipliniert – wenn mein Gegenüber wüsste, wie es
manchmal bei mir zu Hause aussieht! Ich muss an die Wollmäuse
denken, mit denen mein Freund und ich seit Jahren in beinahe
freundschaftlicher Symbiose leben. Auch die Entscheidung, wer den
Müll runterbringt, saugt oder den Abwasch macht, ist bei uns hart
umkämpft und endet meist in einem Patt: Das bedeutet, keiner
macht's, zumindest nicht freiwillig. Und Treppenstufen – wir woh-
nen im zweiten Stock ohne Aufzug – sind für mich ein Graus. Keinen Fuß setze ich vor die Tür, wenn es nicht unbedingt sein muss!*

*Ich überlege kurz, ob ich dem Herrn entgegnen soll, dass die
Kunst des Erfolgs für mich mehr in der Leichtigkeit als in der Verbissenheit liegt. In der Fähigkeit, beides zu können: absolut diszipliniert zu sein und vollkommen faul. Sich zu konzentrieren, wenn
es darauf ankommt, und ansonsten losgelöst zu sein. Und dass sich
alles gegenseitig bedingt.*

*»Sie verzichten auf so vieles, um erfolgreich zu sein«, setzt er
nun hinzu. Jetzt muss ich doch lachen. Seine Annahme ist weit
verbreitet, ich kann es ihm nicht übelnehmen.*

*»Ja, vor allem verzichte ich auf Langeweile«, antworte ich und
proste ihm zu.*

Summa summarum: Das Leben ist spannend! Wir können
nicht immer steuern, wann es wieder eine besonders for-
dernde Phase für uns bereithält. Bestimmt haben Sie auch
schon erlebt, dass Sie sich gerade gemütlich aufs Sofa setzen
wollten, als das Telefon klingelte und Sie wieder irgendwo ein
»Feuer löschen« müssen? Genau das macht das Leben aber

auch so lebendig: Es wird nie langweilig. Irgendwo findet sich wieder ein tolles neues Projekt, eine neue Herausforderung. Sie sind jetzt erholt und frisch, gehen Sie es also an!

Denn egal ob Sie einen Sieg oder eine Niederlage hinter sich haben – das Leben geht weiter, und es stellt Ihnen nach einer kurzen Verschnaufpause automatisch wieder neue Aufgaben. Die zahlreichen Eindrücke, die wir in einem Gefecht oder auch im ganzen Wettkampf gewonnen haben, nehmen wir mit und rüsten uns mit den dadurch gewonnenen Erfahrungen für zukünftige Herausforderungen. Der Ausgang eines bestimmten Gefechts ändert möglicherweise Ihre Lebensrichtung. Der manchmal lange Weg aus dem Motivationsloch nach einer Niederlage, die Verarbeitung eines Siegs, das Wiederfinden der Balance ändern nichts daran, dass Sie sich am Ende immer wieder in einer Situation befinden, in der es weitergehen muss. Irgendwann wird es Zeit, neu durchzustarten.

Das Leben stellt uns immer wieder vor unterschiedliche Gefechtssituationen. Es liegt in Ihrer Hand: Sie können selbst entscheiden, wie Sie diesen Herausforderungen begegnen wollen, Sie haben die Wahl. Mit Begeisterung und Neugierde behalten Sie die Leichtigkeit. Mit Konsequenz setzen Sie sich besser durch. Mit Mut zu Ruhephasen sind Sie umso erfolgreicher. Voller Elan erarbeiten Sie sich Ihre Chancen im Leben und erhöhen die Wahrscheinlichkeit für Ihr persönliches Glück.

Freuen Sie sich auf die nächste Herausforderung, und nehmen Sie Haltung an, denn: Nach dem Gefecht ist vor dem Gefecht!

Mein Tipp →

Schauen Sie lieber auf das, was vor Ihnen liegt, und nicht auf den Weg, den Sie hinter sich haben. Hadern Sie nicht mit getroffenen Entscheidungen, regen Sie sich möglichst wenig über unabänderliche Tatsachen auf. Achten Sie nicht darauf, wer versucht, Sie einzuholen, sondern verwenden Sie Ihre Energie darauf, Ihren eigenen Weg fortzusetzen. Gehen Sie mit Elan und Mut die neuen Herausforderungen an. Es gibt dabei nicht nur »die eine wahre« Methode oder Herangehensweise, um zum Ziel zu gelangen – untersuchen Sie Ihre Gefühlslage, und finden Sie Ihre optimale persönliche Mischung, wie Sie das Beste aus sich herausholen können.

Nachwort

Ich bin froh, dass ich Eltern, also erwachsene Respektspersonen, zu Hause hatte und keine Freunde. Wir haben unseren Eltern stets vertraut, und sie waren bei jeder Frage, bei jeder Unsicherheit unser Fels in der Brandung. Durch ihre Erziehung haben sie uns aber auch früher als vielleicht andere Kinder von der Leine lassen können, zum Beispiel bei meinem ersten Auslandsaufenthalt in China. Andere Eltern waren entsetzt und hätten ihrem Sprössling eine solche Reise im jugendlichen Alter niemals erlaubt – sie wären tausend Tode gestorben. Doch meine Eltern wussten, dass sie mir vertrauen können, wenn ich etwas versprochen hatte. Ich hielt mich an Absprachen, weil ich wusste, dass meine Eltern das Beste für mich wollten und sie nicht ohne Grund bestimmte Regeln aufgestellt hatten.

Daher soll an dieser Stelle mein Vater zu Wort kommen, um seine Ansichten und Einsichten hinsichtlich der Kindererziehung, dem Umgang mit Teenagern und jungen Erwachsenen sowie dem Elterndasein mit den Eltern von heute und jenen von morgen zu teilen.

Schutz vor Überlastung

Auch wenn wir unsere Kinder immer gefördert und auch gefordert haben, so war das Wohl der Kinder stets das Wichtigste. Ich erinnere mich daran, dass Britta im Jahr 2002, nach ihrer ersten Medaille bei den Weltmeisterschaften in Lissabon, wieder ins Training einsteigen wollte, sich aber schlapp fühlte. Es stellte sich nach einigen Wochen heraus: Pfeiffersches Drüsenfieber. Kompromisslose Schonung und Ruhe sind notwendig, um diese Krankheit in den Griff zu bekommen.

Einige Trainer sahen das anders: »Komm, was nicht zum Tode führt, macht hart« oder »Willst du weiterhin im Fechten oben mitmischen oder deinen Kaderplatz verlieren?«, waren einige der inakzeptablen Kommentare aus der Sportwelt. Wir konnten Britta überzeugen, dass ihre Gesundheit Vorrang hat und dass eine Pause nicht automatisch bedeuten musste, dass sie plötzlich sehr viel schlechter abschneiden würde. Vielmehr führt eine konsequente Erholung dazu, dass man umso schneller wieder intensiv trainieren und Höchstleistungen erbringen kann.

Und siehe da: Nach ein paar Monaten Wettkampfpause und behutsamen Aufbautraining konnte sich Britta gleich beim ersten Weltcup mit einem Sieg empfehlen und qualifizierte sich für die nächsten Weltmeisterschaften.

Fehler selbst ausbaden lassen

Eine unserer Überzeugungen war es, die Kinder auf das wahre Leben vorzubereiten. Dazu gehörte unter anderem, dass sie durch kalkulierbare Situationen erfuhren, dass es Konsequenzen gibt, wenn man sich falsch verhält, und die Eltern einen nicht vor jeder unangenehmen Situation bewahren. Es ging darum zu lernen, selbst Verantwortung für sein Handeln zu tragen.

Eines Schulmorgens im Sommer 1991 verschlief Britta den Unterricht. Vorher hatte meine Frau sie im gewohnten Muster geweckt: »Britta, zum dritten Mal: Aufstehen! Frühstücken!« – »Ja, gleich ...« Es war jeden Morgen ein harter Kampf, unsere Tochter überhaupt zum Aufstehen zu bewegen. An diesem Tag war es meiner Frau zu viel. Als Britta dann zwei Stunden später verschlafen in der Tür stand und meinte: »Oh, Mist, ich hab verschlafen! Mama, kannst du in der Schule anrufen und mich krankmelden?«, blieb meine Frau, die Ärztin ist, standhaft. »Nein, du hast verpennt. Also, ab in die Schule, und stell dich der Situation.« So fuhr Britta schließlich mit schlechtem Gewissen und Magengrummeln in die Schule, musste ihrem Lehrer beichten und bekam ein kleines Referat als Zusatzaufgabe und die Erfahrung mit auf den Weg, dass es für Fehler Konsequenzen gibt und man sie selbst ausbaden muss. Sie hat nie wieder verschlafen – das Erlebnis war ihr offensichtlich eine Lehre.

Lust auf Neues fördern

Uns war es immer wichtig, den Erziehungsauftrag als Eltern ernst zu nehmen. Wir wollten Werte vermitteln und unsere Überzeugungen auch unseren Kindern mit auf den Weg geben. Dazu gehört es, seinen Kindern ein dementsprechendes »Angebot« zu machen und sie so sanft in gewisse Richtungen zu lenken. Wir haben also einige Dinge tendenziell mehr unterstützt als andere. So wurde das Fußballspielen immer wieder vertagt, das Orgelspielen hingegen spielerisch schmackhaft gemacht. Es gibt einige Bereiche, in denen ein fünfjähriges Kind nicht selbst entscheiden kann, was ihm langfristig guttut – mit solchen Entscheidungen wäre es völlig überfordert. Ein gutes Beispiel sind die Essgewohnheiten kleiner Kinder. Viele Kinder würden auf die Frage, was sie heute essen mögen, höchstwahrscheinlich antworten: »Spaghetti!« Pizza wäre die zweite Wahl. Aber: Gibt man seinem Kind wirklich jeden Tag Nudeln oder Pizza zu essen, nur weil es sich das wünscht? Tut man ihm damit auf lange Sicht etwas Gutes?

Wir haben für uns beschlossen, dass es unsere elterliche Aufgabe ist, unseren Kindern eine grobe Richtung anzubieten, von der wir annahmen, dass diese langfristig zu einem erfüllten und glücklichen Leben für unsere Kinder führen würde. Den genauen Pfad sollten sie selbst wählen. So haben wir hier und da mit kleineren Tricks gearbeitet und vor allem viel Motivation eingesetzt – wie etwa bei der Frage nach der roten oder blauen Schwimmhose, die von der grundsätzlichen Frage ablenkte, ob es zum Schwimmen geht oder nicht. Die häufig schwierige Geschmacksfrage und auch die abgedroschene Phrase »Es wird gegessen, was auf den Tisch kommt« haben wir spielerisch umgangen: Unsere Kinder durften mit uns einkaufen gehen und die Farbe der Paprika aussuchen. Sie halfen dann auch mit, das Gemüse zu schneiden, und konnten zusehen, zu welchen Kunstwerken man sie dekorieren konnte. So wurde die Frage, ob sie Gemüse essen wollten oder nicht, unbemerkt in den Hintergrund gedrängt.

Ein wichtiges Credo lautete bei uns: Neugierde und Freude fördern, der Rest kommt von alleine! So haben wir die Kinder für viele Dinge motivieren können, indem wir es ihnen schlichtweg nicht *schlecht*geredet haben. Es ist wie in der Werbung: Häufig kommt es auf eine schöne Verpackung an. Also haben wir unsere Kinder dafür gelobt, dass sie schon so groß seien, dass sie sogar schon in die Schule gehen können. Wir stellten in Aussicht, dass sie würden lesen können und mit vielen anderen Kindern spielen. Beide wollten unbedingt in die Schule.

Loben, motivieren, an die Ehre appellieren

Wir haben unseren Kindern den Freiraum gegeben, wann sie Hausaufgaben machen. Uns war es egal, ob sie sich mittags oder nachmittags hinsetzten. Hauptsache, sie waren abends erledigt. Ich kann mich nicht erinnern, dass wir uns jemals mit unseren Kindern zum gemeinsamen Hausaufgabenmachen hingesetzt hätten. Selbstbestimmung übten wir mit Britta und Gerrit auf diese Weise. Hausaufgaben gehörten einfach dazu, das wussten die beiden – ein unumstößliches Gesetz, das von unseren Kindern nie infrage gestellt wurde.

Wir philosophierten allerdings mit den beiden über die Frage der Effizienz: »Wollt ihr lieber direkt nach der Schule Hausaufgaben machen, um den Rest des Tages frei zu haben, oder später, aber dann die ganze Zeit noch die Hausaufgaben im Hinterkopf haben? Überlegt mal, was mehr Sinn hat! Entscheiden könnt ihr selbst.« In der Folge wollten die beiden meistens direkt nach der Schule diese Pflicht erledigen, um danach den ganzen Nachmittag spielen zu können. Den Rhythmus haben wir unseren Kindern überlassen, teilweise sogar das Mittagessen verschoben. Uns war es wichtiger, dass wir gemeinsam aßen, und nicht so sehr wann.

Wenn die beiden fertig waren, lobten wir, wie fleißig sie waren und dass sie so eigenständig lernten. Das hat Britta und Gerrit stolz gemacht und mit Zufriedenheit erfüllt, so sagen die beiden heute. Außerdem haben sie dadurch erlebt, dass es sich meist lohnt, sofort und schnell anstehende Aufgaben zu erledigen, um danach umso mehr erholsame Zeit zu haben. Dieses Effizienzprinzip verfolgen beide bis heute.

Gemeines Erleben und Begeisterung entfachen

Es ist wichtig, mit Kindern viel zu unternehmen und viele Reize zu setzen. Das fördert ihre Begeisterungsfähigkeit und erweitert ihren Horizont. Dabei muss man gar nicht viel Geld ausgeben. Wir haben beinahe jedes Wochenende einen Ausflug gemacht: in die Eifel, an den Rhein oder in die »Wallachei«, wie meine Frau als Berlinerin sagen würde. Ein Spaziergang an der Talsperre, ein Besuch in einem der vielen Schlösser in Nordrhein-Westfalen oder auch einfach nur eine Wanderung durch den Wald mit gemeinsamem Pilzesuchen hat uns als Familie viele tolle Erlebnisse geschenkt.

Selbstverständlich haben wir unseren Kindern das jedes Mal als etwas ganz Außergewöhnliches verkauft und meist damit schon auf dem Hinweg zu den »Attraktionen« die Freude der beiden angefacht. Besonders beim Pilzesammeln haben wir Teamwork geübt, und jedes Mal wenn wir einen Röhrenpilz gesichtet hatten, wurde gejubelt, als wäre das der Siegtreffer bei den Weltmeisterschaften gewesen. Wir haben es immer als essenziell angesehen, Britta und Gerrit dadurch »im Vorbeigehen« viele Eindrücke mitzugeben und auch zu zeigen, dass Luxus nicht notwendig ist, um erfüllte Tage zu erleben.

Wir hoffen, diese Begeisterung und den Sinn für Kleinigkeiten sowie Bodenständigkeit vermittelt zu haben, denn das ist es, was glücklich macht. Bei den abends zubereiteten Pilzmahlzeiten zumindest waren alle selig und stolz, das eigene Essen »gejagt« zu haben.

Dinge selbst erarbeiten lassen

Gerade heute ist es für viele Eltern ein Leichtes, ihren Kindern jeden Wunsch, den man von ihren Lippen abzulesen meint, umgehend zu erfüllen. Dabei sollte man aus eigener Erfahrung wissen, dass man sich viel nachhaltiger und intensiver freut, wenn man eine gewisse Sehnsucht nach der Erfüllung eines Wunschs heranreifen lässt, um sich dann diesen selbst zu »verdienen« und zu »erarbeiten«. Den Wert dieses »Geschenks« weiß man dann viel mehr zu würdigen.

Wie alle Kinder wollten auch Britta und Gerrit Mitte der Neunzigerjahre einen Computer – natürlich mit Spielkonsole. »Wir sind die Einzigen in unseren Klassen, die noch keinen haben!«, so ihr allen Eltern bestens vertrautes Argument. Da unsere Kinder bereits gelernt hatten, dass wir als Eltern immer an einem Strang zogen, versuchten sie gar nicht erst, uns gegeneinander auszuspielen, sondern wollten uns von der Zukunftsträchtigkeit überzeugen. Auch uns war natürlich klar, dass die Computertechnik nicht aufzuhalten war – aber warum etwas ohne konkreten Anlass einfach so schenken? Irgendeine sinnvolle Gegenleistung wollten wir den Kindern schon abverlangen.

Also diskutierten wir folgenden Deal: »Meldet euch für einen Schreibmaschinenkurs an! Sobald ihr die praktische Abschlussprüfung bestanden habt, reden wir über euren Computerwunsch.« Erstaunlich, wie schnell unsere Kinder in Erfahrung brachten, wo ein Schreibmaschinenkurs angeboten wurde, und sich dort anmeldeten. Sie übten fleißig das Zehnfingersystem und präsentierten uns nur zwei Wochen später ihr Zertifikat. Darauf waren sie ebenso stolz wie auf den Computer, der wenige Tage später auf dem Schreibtisch stand.

Auch wenn es heute keine Schreibmaschinen mehr gibt, profitieren unsere Kinder bis heute von dem Kurs, da sie nicht auf das »Zweifingersuchsystem« angewiesen sind.

Eine konsequente Erziehung, die auf Respekt und Vertrauen basiert, gibt den Kindern eine grundlegende Sicherheit. Dabei können Eltern liebevoll vorgehen, ohne allzu kumpelhaft zu erscheinen. Eltern und Kinder sind nun mal pädagogisch nicht auf gleicher Höhe, sondern Kinder wollen von ihren Eltern lernen, selbstsicher und selbsttätig ihr Leben zu meistern. Dazu müssen sie in gewissen Situationen auch in die Schranken gewiesen werden. Wir waren davon überzeugt, dass sich unseren Kindern durch eine klar strukturierte Erziehung, durch ein gutes Vorbild und eigene klare Vorstellungen – die für Außenstehende in einzelnen Situationen vielleicht als beengend erscheinen mögen – nachhaltig mehr Möglichkeiten und Freiräume eröffnen. So konnten wir unseren Kindern das Selbstvertrauen geben, dass sie sich zum Beispiel zugetraut haben, sich in jungen Jahren alleine in einer chinesischen Familie und Schule zurechtzufinden.

Reinhard Heidemann

Glossar

Unter Mitarbeit von Manfred Kaspar

Zum **Abgrüßen** gehen die Fechter nach Ende des Gefechts zurück zu ihrer Startlinie, setzen die Fechtmaske ab und grüßen als Geste der Fairness und Höflichkeit mit ihrer Waffe den Gegner, den Kampfrichter und die Zuschauer.

Als **Aktion** wird jede fechterische Handlung mit der Degenklinge oder durch eine Körperbewegung bezeichnet.

Das Kommando **Allez** (franz. »los«) wird vom Kampfrichter zu Beginn des Kampfes und nach jeder Unterbrechung gegeben.

Der **Ausfall** ist eine für den Fechtsport charakteristische, sehr dynamische Beinbewegung beim Angriff.

Die **Blöße** ist eine vom bewaffneten Arm ungeschützte Stelle der Trefferfläche. Sie kann durch entsprechende *Paraden* geschützt werden.

Die **Defensive** bzw. Verteidigung ist eines der strategisch-taktischen Grundelemente. Man verteidigt sich im Fechtsport durch Ausweichen mit dem Körper und/oder durch die Abwehr der Angriffe mit der eigenen Waffe.

Der **Degen** ist eine der drei Waffengattungen im Fechtsport. Beim Degenfechten können Treffer nur durch einen Stoß mit der Spitze der Waffe gesetzt werden, wobei der ganze Körper Trefferfläche ist. In der Degenspitze befindet sich der Elektrokontakt, der bei einem Treffer die elektronische Trefferanzeige auslöst.

Bei einem **Double** oder Doppeltreffer treffen beide Fechter nahezu zeitgleich (innerhalb 1/25 Sekunde). Beide Seiten der Trefferanzeige leuchten auf, und jeder erhält einen Punkt.

Beim Kommando **En Garde** (franz. »in Stellung«) ist es Zeit, in Fechtstellung zu gehen. Die Waffe zeigt zum Gegner, die Beine sind gebeugt und in Spannung.

Fechten ist eine Sportart, die in komplexer Form höchste Ansprüche an Körper und Geist stellt und diese trainiert. Als anspruchsvolles »Schachspiel mit Waffen« ist Fechten in jedem Alter möglich. Es gibt die Disziplinen Degen, Florett und Säbel, die jeweils von Frauen und Männern ausgeübt werden. Seit Beginn der Olympischen Spiele der Neuzeit ist Fechten fester Bestandteil des olympischen Programms. Deutschland gehört zu den international führenden Fechtnationen.

Die **Finte** ist eine Täuschung des Gegners, bei der man eine Treffabsicht andeutet und damit den Gegner zu einer Reaktion (häufig eine *Parade*) verleitet.

Der **Flèche** (franz. »Pfeil«, »Geschoss«) ist eine beim Angriff häufig verwendete Form der Beinbewegung. Wie ein Pfeil streckt sich der Fechter nach dem Abstoß mit den Beinen in der Luft zum Gegner hin und setzt dabei einen Treffer. Die Dynamik der Bewegung erfordert ein sprintartiges Vorbeilaufen am Gegner.

Als **Gefecht** bezeichnet man den fechterischen Zweikampf auf einer Fechtbahn (*Planche*). Zur Erkennung der Treffer wird mithilfe einer elektronischen Trefferanzeige gefochten. In Vorkämpfen wird auf 5 Treffer maximal 3 Minuten gefochten. Gefechte der Finalentscheidung gehen auf 15 Treffer und maximal 9 Minuten (*Minutenpause*, *Priorité*). Der Finaltag im Fechten wird mit dem Tableau der besten 64 Fechter gestartet.

Der **Gegenangriff** ist ein Angriff in den Angriff des Gegners hinein. Es ist ein klassischer »Konter«.

Der **Gerade Stoß** ist die direkteste Art, den Gegner zu treffen. Die Waffe wird durch explosives Armstrecken geradlinig auf eine freie Trefffläche (*Blöße*) geführt.

Die **Maske** ist der Kopf- und Gesichtsschutz des Fechters. Sie ist ein Teil des Körperschutzes, den ein Fechter zur Sicherheit trägt – Handschuhe, Brust- bzw. Tiefschutz und ein Anzug aus stoßfestem Material komplettieren die Fechtkleidung.

Die **Mensur** ist die räumliche Distanz (der Abstand) zwischen den Fechtern im Gefecht.

Eine **Minutenpause** haben die Fechter im Gefecht nach jeweils 3 Minuten, zur Erholung sowie zur taktischen Planung des weiteren Kampfverlaufs.

Zu einem **Mitstoß** kommt es, wenn nach Beginn eines Angriffs (*Offensive*) ein Armstrecken durch den angegriffenen Fechter erfolgt.

Der **Obmann** oder Kampfrichter leitet das Gefecht und beurteilt die Treffer, sorgt für die Einhaltung der Regeln und verhängt ggf. Strafen.

Die **Offensive** ist eines der strategisch-taktischen Grundelemente. Beim Degenfechten wird ein Angriff durch eine Vorwärtsbewegung meist mit *Ausfall* oder *Flèche* ausgeführt. Dabei werden Waffenarm und Degen kontinuierlich in Richtung der Trefferfläche gestreckt. Im Detail gibt es viele verschiedene Möglichkeiten zur Angriffsgestaltung.

Unter der **Parade** versteht man die Abwehr des gegnerischen Angriffs mit der eigenen Waffe. Man schlägt oder schiebt dabei die gegnerische Klinge zur Seite, bevor man getroffen wird. Ein Ausweichen mit dem Körper kann als Körperparade bezeichnet werden.

Die **Planche** bzw. Fechtbahn ist das »Spielfeld«, auf dem sich die Fechter bewegen. Die Bahn ist 14 Meter lang und ca. 1,5 Meter breit. Ein seitliches Verlassen wird mit Bodenverlust, ein rückwärtiges Verlassen mit einem Straftreffer bestraft. Die Bahn besteht aus elektrisch leitendem Material, um sicherzustellen, dass Treffer nur angezeigt werden, wenn ein Fechter getroffen wurde und nicht der Fußboden.

Die **Priorité** (franz. »Vorteil«) gibt es, wenn ein Gefecht nach Ende der Kampfzeit unentschieden steht und es eine Minute Verlängerung gibt. Damit im Falle eines Unentschieden nach dieser Verlängerung nicht erneut verlängert werden muss, wird vorher die »Priorität« ausgelost. Fällt in der Zusatzminute kein Treffer, so ist der Fechter mit dem Los-Vorteil automatisch der Sieger des Gefechts.

Die **Rimesse** bezeichnet das Durchstoßen durch die gegnerische Parade oder auch das Nachstoßen nach einem zunächst abgewehrten Angriff.

Die **Riposte** ist der Zustoß nach einer Parade, um den Gegner zu treffen.

Bei einem **Sperrstoß** wird die Klinge des Gegners weg von der eigenen Trefferfläche gedrückt, also »ausgesperrt«.

Zum **Sudden Death** kommt es, wenn das Gefecht nach Zeitablauf unentschieden steht. Wer in der Verlängerungsminute zuerst trifft, gewinnt (*Priorité*).

Das **Tempo** ist im Fechtsport nicht der Begriff für Geschwindigkeit, sondern für den richtigen Moment, eine Aktion auszuführen. Kann man nicht unverzögert direkt treffen (*Gerader Stoß*), besteht eine Fechtaktion meist aus mehreren Tempi. In diese hinein ist immer eine Gegenaktion im richtigen Moment (also ins Tempo) möglich.

Nach einem **Touche** (franz. »Treffer«) wird der Kampf unterbrochen und das Gefecht an der Startlinie fortgesetzt.

Die **Trefferfläche** unterscheidet sich in den drei Waffengattungen. Beim Degenfechten ist es der ganze Körper.

Mit einer oder mehreren **Umgehungen** kann man ausweichen, wenn der Gegner versucht, mit einer Waffe einen Kontakt zur eigenen Waffe herzustellen.

Die **Zweite Absicht** ist eine taktische Handlung, bei der man mit einer dosierten Offensive beginnt und damit eine geplante Gegenreaktion des Gegners provoziert, die man dann vorteilhaft für einen eigenen Treffer nutzt.

Wettkämpfe, auch Wettbewerb oder Turnier genannt, werden nach Alter und Geschlecht, im Einzel oder in der Mannschaft ausgetragen. Fechtwettbewerbe beginnen auf regionaler und nationaler Ebene und haben als Höhepunkte jährliche Welt- und Europameisterschaften. An den für ein Einzelweltcupturnier üblichen zwei Wettkampftagen sind die Besten der Weltrangliste direkt in Reihenfolge ihrer Platzierungen ins Hauptfeld gesetzt. Der Rest der Fechter ermittelt in Vorkämpfen die Teilnehmer am Haupt- und Finaltag der besten 64.

Danksagung

Es war gar nicht so einfach wie gedacht, dem Buch ein Update zu verpassen. Ungerne habe ich mich von bestehenden Passagen gelöst, an denen ich lange gefeilt hatte, die aber durch neue Ereignisse in den letzten Jahren veraltet waren. Genauso schwer fiel es mir, die zahlreichen neuen Erfahrungen an den passenden Stellen einzubringen. Umso mehr bedanke ich mich bei Michael Schickerling, der mir dabei mit Rat und Tat zur Seite stand und mir ein gutes Gefühl gab. Außerdem möchte ich mich bei meinem Trainer Manfred Kaspar bedanken, da er nicht nur das Glossar geschrieben, sondern mir über die Jahre viele philosophische Denkansätze vermittelt hat, die teilweise im Buch wiederzufinden sind. Danke an meine Literaturagentin Rebekka Göpfert, mit der ich mich immer produktiv austauschen kann, und an Mareike Neukam, die von Verlagsseite aus zum zweiten Mal ein Buch von mir betreut. Und meinem Vater danke ich einmal mehr für die zündende Idee, überhaupt ein Buch zu schreiben, und die Ermutigung dazu, selbst den Stift in die Hand zu nehmen.

Auch möchte ich die Gelegenheit nutzen, mich bei denjenigen zu bedanken, die mir meine Erfolge ermöglicht haben und damit die Grundlage für dieses Buch schufen. Allen voran meinen Eltern, die mich beflügeln, die mich durch ihre positive Art ermutigen, die Chancen des Lebens auszuschöpfen und zu genießen, die mich dadurch zu Erfolgen tragen. Ihr steht immer felsenfest hinter mir, ob mit guten Worten, weisen Ratschlägen oder mit angebrachter Kritik. Das Gleiche gilt für meinen Bruder Gerrit: Danke, dass du immer an mich glaubst und mir gleichzeitig ab und an gehörig die Meinung sagst! Ich möchte mich weiterhin bedanken bei meinen Trainern Manfred Kaspar und Gabor Salamon für ihren jahrelangen, aufopfernden Einsatz und ihre tagtägliche Bereitschaft, sportlich und psychisch das Beste aus mir herauszuholen. Danke auch an meine Trainerin Anja Löhr und meine anderen Wegbegleiter, die immer für mich da waren. Mein Dank gilt auch dem TSV Bayer 04 Leverkusen, der mich jahrelang begleitet hat und in dessen fantastischen Sportstätten ich beste Voraussetzungen für sportliche Spitzenleistungen hatte, genauso wie allen meinen Partnern und Sponsoren, die mich auf dem Weg zum Erfolg unterstützt haben.